住民主体の
地域福祉論

理論と実践

井岡 勉 監修　牧里毎治・山本 隆 編

welfare

法律文化社

はしがき

　われらが敬愛すべき井岡勉先生が定年退職するということになって，どこからともなく退職記念論集を出そうという企画が湧き起こってきた。先生を敬う教え子たち，先生を慕う実践家の方々，あるいは先輩として尊敬する後輩や同じ志をもつ同輩たちがいつしか集って出版企画がまとまった。出版業界も厳しい経営にあるなかで，退職記念論集を出すことさえ忌避されるご時世なのに無謀にも企画が先行し，途中，紆余曲折はあったにせよ，こうして本書を上梓することができたのは，先生を敬愛する人々の想いと先生ご自身の人徳がなせる業というほかはない。大橋謙策先生（日本社会事業大学学長，日本地域福祉学会会長）も寄稿することを快諾され，井岡先生が副会長職にあったにせよ，同志的な結びつきがあったればこそと思う。

　井岡先生は，周知のように一見，口べたで控えめで気の弱そうな印象をあたえる人だが，実はけっこう頑固で芯の強い人物でもある。人前で恥ずかしげもなく愚痴ったりぼやいたりするのだけど，かたくなまでにブレることがない信念の人である。いつも庶民派で，虐げられていたり苦しむ者の傍(そば)にいようとする姿勢は，研究・教育・活動においても一貫しているように思う。先生は多くを語らないが，先生の実直さと懐の深さが人々を惹きつけ，本書のような幅広い執筆陣となった。先輩にたいして口幅ったいことを書いてしまっているが，これが後輩である私の偽らざる心情である。

　振り返ってみると，先生は京都府社協職員時代から，地域にこだわり事例に執着してきた。神戸市刈藻（真野）地区のモノグラフ研究や寝屋川市地域福祉推進計画をはじめ，多くの社協活動計画，地域福祉計画の策定の際には地区分析，住民からの直接ヒアリングを欠かすことがなかった。先生ほど地道に丹念に「住民主体の地域福祉」に関心を寄せ続けた研究者はいないのではないかとさえ思う。ロンドン経済大学（LSE）での在外研究以後はイギリス，スウェーデンなどとの地域福祉の国際比較に情熱を注がれるようになったが，社協を愛

し社協に関心を寄せる熱意は衰えることがなかった。近畿地区の社協が大同団結できているのも先生の存在が大きいし、なによりも小地域福祉活動を大事にする井岡イズムが浸透しているからだろう。

　ともあれ、出版が遅れに遅れ、多くの方々に心配をかけてしまったことは編者としてお詫びしなければならない。ほんとに出版できるのかと気持ちが萎えそうなときにも太っ腹で母なる慈愛に満ちた田靡純子さんのねばり強い支えがなければ、本書が世に出たのかどうか疑わしい。快く本書の出版を引き受けてくださった法律文化社には感謝の念を語り尽くせないが、この場を借りて心から厚く御礼を申し上げたい。

編者を代表して　牧里　毎治

目　次

はしがき

序　生活者視点からの地域福祉をふまえて　　　　　　　牧里毎治　1

「井岡地域福祉論」　本書の構成　地域福祉のめざすもの
(1)：暮らしのセーフティネットづくり　地域福祉のめざすもの(2)：生活ネットワークづくり　地域社会の課題

第Ⅰ部　地域福祉の視点

第1章　地域福祉とは何か　　　　　　　　　　　　　　井岡　勉　11

地域福祉の用語　地域福祉の意味と「地域」の捉え方　地域福祉の目的　地域福祉の位置と役割　地域福祉問題の担い手　地域福祉の政策主体・実施主体　地域福祉の基本理念　地域福祉の構成内容（手段・方法体系）　地域福祉重視の今日的背景

第2章　住民主体をめぐる地域福祉理論　　　　　　　　牧里毎治　22

はじめに　22
1　これまでの地域福祉の概念　23
2　1990年代の地域福祉論　26
3　地域福祉の理論化をめざして　30

第3章　地域福祉政策　　　　　　　　　　　　　　　　河合克義　33

はじめに—戦後の地域福祉の展開と政策　33
1　地域福祉政策の登場と展開　34
2　社会保障・社会福祉の保険主義化と地域福祉政策の課題　40

第4章 地域再生と行財政 ────────────山本　隆　44
■イギリスの地域戦略パートナーシップ

はじめに　44
1 地域再生と地域戦略パートナーシップ　45
2 地域戦略パートナーシップの評価　52
おわりに　53

第5章 地域福祉とソーシャル・キャピタル ────所めぐみ　55

はじめに　55
1 ソーシャル・キャピタルの基本的概念　55
2 ソーシャル・キャピタル論への批判と概念の再構築　58
3 ソーシャル・キャピタルをめぐる議論と地域福祉への示唆　60
4 ソーシャル・キャピタル論への地域福祉研究からの発信　66

第6章 ソーシャル・キャピタル（信頼）構築への地域福祉の可能性 ────竹川俊夫　69

はじめに　69
1 ソーシャル・キャピタルとは何か　69
2 「信頼」の観点からみた日本社会の特徴と課題　72
3 「信頼」の構築への地域福祉の可能性　75
おわりに──「信頼」の構築に向けた地域福祉の課題　78

第Ⅱ部　地域福祉の対象

第1章 地域福祉の対象課題とは何か, どう捉えるか ────高林秀明　85

1 生活問題とは何か　85
2 社会階層にもとづく生活問題分析　87
3 生活問題の階層性にみる課題の連続性・共通性　91
4 地域福祉の対象課題である生活問題の地域性とその認識方法　93

目次 v

第2章　住民と地域福祉 ──────藤井博志　99
はじめに　99
1　地域福祉における住民　99
2　住民概念の変化　100
3　利用者概念を超える住民像—利用者から当事者へ　105
4　行政参加を促進させる主体としての住民　109
結　び　110

第3章　居住と地域福祉 ──────小田川華子　112
1　地域福祉における居住の視点　112
2　住まいと居住環境　113
3　参加と共生のコミュニティづくり　115
4　人間の尊厳を守る安定的な住まいの問題　119
5　居住の権利と地域福祉　121

第4章　高齢者と地域福祉 ──────合津文雄　125
1　人口高齢化の進展と地域福祉　125
2　高齢者福祉制度・住民福祉活動と地域福祉　128
3　高齢者と「共に生きる」地域福祉の基本視点　133

第5章　「しょうがい」が生きる地域社会をめざして
　■共生地域社会の構想 ──────橋本義郎　138
はじめに—共生地域社会の意味と本章の目的　138
1　世界保健機関による障害と生活機能に関する分類と「障害」についての先行知見　139
2　「障害」の両義性と「しょうがい」の概念およびその表記について　141
3　「しょうがい」が生きるとはどういうことか　143
4　「しょうがい」が生きる共生地域社会の基本構造と基本要件　143
「むすび」として—理想の実現に向けて　149

第6章 子ども・家族と地域福祉 ──栗山直子 151
1 近代的育児観を問う 151
2 核家族のもつ閉鎖性 154
3 これからの地域における子育てネットワークと世代間倫理の再構築に向けて 158

第7章 在住外国人と地域福祉 ──佐藤順子 166
はじめに 166
1 浜松市における在住ブラジル人のプロフィールと生活問題 167
2 問題解決に向けた取り組み 169
3 在住外国人のソーシャル・インクルージョンに向けた地域福祉の課題 175

第8章 社会保障と地域福祉 ──木下武徳 180
はじめに 180
1 社会保障の地域福祉への期待 181
2 社会保障における地域福祉の位置づけ 185
3 ナショナル・ミニマムと地域──生活保護を例に 188
おわりに 193

第Ⅲ部 地域福祉の実践

第1章 社会福祉協議会における地域福祉実践 ──佐甲 学 197
はじめに 197
1 市区町村社協における地域福祉実践 197
2 市区町村社協の地域実践をめぐる課題 204

第2章 小地域の福祉実践 ──塚口伍喜夫 207
1 小地域とは 207
2 小地域は住民生活の実態を反映する 208
3 小地域の福祉実践は地域福祉の基礎 209
4 小地域の福祉実践から市町域・都道府県域の地域福祉へ 212

第3章　ボランティアと地域福祉 ——————————— 武　直樹　213

はじめに　213
1　ボランティアは「利用されるための社会資源」か「まちづくりの主体」か　214
2　実践事例からボランティアと地域福祉を考える　215
3　住民主体のまちづくりをめざして　219

第4章　施設と地域福祉 ——————————— 安井喜行　221
　　　　　■地域福祉活動の拠点としての施設

1　住民にとって施設とは—社会的共同生活手段としての施設　221
2　地域福祉の課題と社会的共同生活手段の整備状況　223
3　地域福祉における施設の役割とは何か　225
4　地域福祉活動の拠点になる施設づくりの課題　228

第5章　地域ケアシステムとサポート・ネットワーク ——————————— 川上富雄　233

はじめに　233
1　進む福祉改革　234
2　制度的サービスの限界　235
3　インフォーマルサービスの創出と地域ケアシステム　237
4　地域ケアシステムの要素　239
5　地域ケアシステムの推進者　242
おわりに　244

第6章　地域トータルケアとコミュニティ・ソーシャルワーク ——————————— 大橋謙策　245

1　新しい社会福祉の考え方，サービスシステムとしての地域福祉　245
2　地域自立生活支援と地域トータルケアの必要性　250
3　地域自立支援生活に必要なコミュニティ・ソーシャルワーク　253

第Ⅳ部 地域福祉の展開

第1章 地域福祉計画■宇治市・奈良市・阪南市

1 宇治市―市社協からの参画と推進―岡野英一 263
2 奈良市―住民参加と職員参加―山下憲昭・北森重信 272
3 阪南市―公民協働での地域福祉推進計画の策定と今後―水野謙二 281

第2章 イギリスの地域福祉 ────柴田謙治 289
■貧困問題とセツルメント

1 バーミンガム・セツルメントによる地域再生の意義 289
2 バーミンガム・セツルメントによる貧困への取り組み 290
3 ボランタリー組織の役割と生存 294

第3章 デンマークの地域福祉 ────石黒 暢 297

はじめに 297
1 施設と在宅との融合 298
2 地域社会における住民参加 300
おわりに 302

第4章 韓国の地域福祉 ────金 範洙 304

はじめに 304
1 地域社会福祉協議体機構の組織化の背景 305
2 市郡区の社会福祉協議会の組織化の現況 309
3 地域社会福祉協議体の機能と類型 310
おわりに 313

結 これからの地域福祉の行方 ────井岡 勉 317

あとがき

謝 辞

■執筆者紹介（50音順，所属）

井岡　勉（いおか　つとむ）【監修】
　Ⅰ-1／結／謝辞
　同志社大学名誉教授

石黒　暢（いしぐろ　のぶ）Ⅳ-3
　大阪大学世界言語研究センター

大橋　謙策（おおはし　けんさく）Ⅲ-6
　日本社会事業大学

岡野　英一（おかの　えいいち）Ⅳ-1①
　宇治市社会福祉協議会

小田川　華子（おだがわ　はなこ）Ⅱ-3
　花園大学人権教育研究センター

河合　克義（かわい　かつよし）Ⅰ-3
　明治学院大学社会学部

川上　富雄（かわかみ　とみお）Ⅲ-5
　川崎医療福祉大学

北森　重信（きたもり　しげのぶ）Ⅳ-1②
　奈良市保健福祉部福祉総務課

木下　武徳（きのした　たけのり）Ⅱ-8
　北星学園大学社会福祉学部

金　範洙（きむ　ぽむす）Ⅳ-4
　平澤大学校社会福祉学部（韓国）

栗山　直子（くりやま　なおこ）Ⅱ-6
　追手門学院大学社会学部

合津　文雄（ごうづ　ふみお）Ⅱ-4
　長野大学社会福祉学部

佐甲　学（さこう　まなぶ）Ⅲ-1
　全国社会福祉協議会

佐藤　順子（さとう　じゅんこ）Ⅱ-7
　聖隷クリストファー大学社会福祉学部

柴田　謙治（しばた　けんじ）Ⅳ-2
　金城学院大学現代文化学部

高林　秀明（たかばやし　ひであき）Ⅱ-1
　熊本学園大学社会福祉学部

武　直樹（たけ　なおき）Ⅲ-3
　元大阪市社会福祉協議会

竹川　俊夫（たけがわ　としお）Ⅰ-6
　福井県立大学非常勤講師

塚口　伍喜夫（つかぐち　いきお）Ⅲ-2
　流通科学大学サービス産業学部

所　めぐみ（ところ　めぐみ）Ⅰ-5
　佛教大学社会福祉学部

橋本　義郎（はしもと　よしろう）Ⅱ-5
　大阪国際大学人間科学部

藤井　博志（ふじい　ひろし）Ⅱ-2
　神戸学院大学綜合リハビリテーション学部

牧里　毎治（まきさと　つねじ）【編者】
　はしがき／序／Ⅰ-2
　関西学院大学人間福祉学部

水野　謙二（みずの　けんじ）Ⅳ-1③
　阪南市役所

安井　喜行（やすい　よしゆき）Ⅲ-4
　大谷大学文学部社会学科

山下　憲昭（やました　のりあき）Ⅳ-1②
　大谷大学文学部社会学科

山本　隆（やまもと　たかし）【編者】
　Ⅰ-4／あとがき
　関西学院大学人間福祉学部

序
生活者視点からの地域福祉をふまえて

● 「井岡地域福祉論」

　本書の表題『住民主体の地域福祉論』は，地域福祉を生活者である住民の目線から捉え，暮らしの安全・安心をボトムアップに構築していきたいという願望をこめた地域福祉論である。このタイトルは，本書を世に出すきっかけとなった井岡勉先生の教え子や同志や先生に連なる人々が集って，井岡地域福祉がめざしていたものは何かを改めて問うことから生まれた。

　筆者なりに井岡地域福祉論の特徴を概括的に述べると，まず，所得階層の間の暮らしの不均衡，つまり生活格差の解消を社会福祉課題として一貫して問題にしてきたことであろう。かたくなまでに貧困階層，不安定就業層に焦点を定め，社会福祉政策のあり方および福祉国家体制のあり方を生活者の視点から問題にしてきたといえよう。言い換えると，生活問題とこれへの政策対応の非対称性を階級階層を媒介にして地域社会における問題として提起し続けてきたことだと思われる。しかも，地域社会といっても地方自治体という市町村行政にとどまるのではなく，まさに暮らしの場である小地域，つまりコミュニティにこだわってボトムアップに地域福祉システムの構築をめざしたことにあると考える。行政計画にしろ，社会福祉協議会の地域福祉活動計画にしろ，小学校区の地域分析と住民参加民主主義に執着して丹念な計画策定にこだわり続けてきたところにも，井岡イズムが遺憾なく発揮されている。

● 本書の構成

　本書は，目次にあるように，第Ⅰ部　地域福祉の視点，第Ⅱ部　地域福祉の対象，第Ⅲ部　地域福祉の実践，第Ⅳ部　地域福祉の展開，の4部構成になっている。必ずしも体系的，系統的に論理一貫しているわけではないが，第Ⅰ部は概念的，論理的に地域福祉なるものを把握し，課題分析をしようとした論考

の集まりである。第Ⅱ部は，常に課題となる地域福祉の対象とは何かを意識した論考の固まりと考えてもらっていい。地域福祉が固有の対象とする社会福祉問題とは何か，地域福祉が政策や実践としてコアな対象としているものは何か，論者によって微妙に違いはあるが，おおむね階層構造を基礎にした問題意識は貫通しているように思う。住民と一言でいっても，生活者の姿は，高齢者や子ども，女性，障害をもつ生活者，滞在・在住外国人と様相はさまざまであるが，格差社会のなかで希望を諦めないで住民として主体的に生活し続けている現実に切り込んでいる。第Ⅲ部は，社会福祉協議会を中心とした地域福祉の実践的取り組みと地域社会に関わる論理的視点と実践的課題を論じている。第Ⅳ部は，今日的課題である地域福祉推進のテーマである地域福祉計画をめぐる論点とグローバル時代の地域福祉実践を意識した国際的な取り組みからみた課題提起からなっている。経済・社会・情報のグローバル化の波にさらされて日本国内的にも格差が拡大しつつあるなかで，地域福祉の進むべき道はどこにあるのかという問題意識のもと，それでもなおローカルに地域社会にとどまり住民主体に地域福祉システムの構築をめざそうというのが，本書に関わる人々のスタンスではないかと考える。

● 地域福祉のめざすもの(1)：暮らしのセーフティネットづくり

　地域福祉がめざしているものは，住民の暮らしの安定やそれを支える生活基盤の整備であることはいうまでもない。しかしながら，地域福祉施策の守備範囲をどう規定するかにもよるが，地域福祉政策がすべての住民のすべての生活部面をカバーするわけではない。その固有の守備範囲があるのかないのか定義しにくいところだが，仮に地域福祉のめざしているものが，住民一人ひとりの暮らしのセーフティネットを地域社会のレベルで構築することだとすれば，少しは理解しやすくなるのではないか。住民の安心・安定した生活を最後の砦として補完するものが基礎的・基盤的な暮らしのネットだとしても，一般的に表現される人々の生活ネットワークは，所得，職業，性別，年齢，学歴など階層によってもさまざまであろう。上層階層とされる人々ほど，その生活ネットワークは豊かで広がりがあり厚みのあるものだろうが，貧困・不安定就業層であ

れば，生活ネットワークは貧弱で頼りにならないほど疲弊しているかもしれない。同じ地域社会に暮らしていても，所得状況，資産保有の状態によって生活格差は厳しく存在している。生活ネットワークのあり様によって，地域社会内の住民生活の格差が歴然としてくるだろう。暮らしのセーフティネットなるものが，生活ネットワークの基底部分にあるものと考えれば，所得階層によっては暮らしのセーフティネットだけで生活している階層が存在していることも事実だし，暮らしのセーフティネットでさえも破壊され，路上生活を余儀なくされている人々もいる。地域福祉は，1人の不幸も見逃さない，暮らしのセーフティネットづくりを究極的にめざしているのである。

　暮らしのセーフティネット形成を目標にしているのは地域福祉政策だけではない。社会保障・公的扶助を筆頭に医療政策も教育政策も，人々の生活に関わるセーフティネットづくりを目的にしているはずである。そのほか暮らしの器である住宅もセーフティネットの基礎であるし，地域社会という生活圏域のなかで暮らすには交通手段も暮らしのセーフティネットを構成する重要な生活資源である。少子高齢化時代にあっては介護政策も，高齢者とその家族にとって暮らしに直結する重要な社会政策のひとつである。

　地域福祉政策は，これらの暮らしのセーフティネットを形成するうえで何を政策課題にしているのかというと，さまざまな生活課題を解決するための制度・政策を暮らしの場である地域社会で総合化し，生活資源として活用しやすいようにする施策だといえるだろう。いわゆるタテ割り専門サービスを使いやすく利用しやすくするためのヨコ割りサービスとでもいうべき，施策の総合化，サービス提供の総合化をめざしているのが，地域福祉の政策と実践の目標であるといってもよい。

◉ **地域福祉のめざすもの(2)：生活ネットワークづくり**

　地域福祉は，暮らしのセーフティネットであれ，生活ネットワークであれ，住民のサービス・ネットワーク，ひいては生活支援に関わる人材のネットワークを形成するために考え出された概念である。人材ネットワークという断面から眺めれば，行政サービスに限らずインフォーマルな人材資源である家族や近

隣住民，ボランティアなども含み込んだネットワーク形成が，地域福祉の基本的課題であることが理解できる。

　近隣住民やボランティアなどインフォーマル人材の支援による生活ネットワークをサポート・ネットワークと呼ぶとするなら，このような社会的サポート・ネットワークを包含しながら生活圏域のなかで保健福祉のサービス・ネットワークを形成することが地域福祉の目標ということになるだろう。暮らしのセーフティネットと生活ネットワークを便宜上，使い分けながら言及しているが，社会階層によっては意味合いが異なるにしても，住民個人にとってみれば，同じことを意味する。つまり暮らしを営んでいく行為とは，生活ネットワークという社会関係のつながりを通じて生活資源を入手し，利用することなのである。住民にとっては，行政サービスを必要に応じて入手できることと，生活課題や生活問題の解決に向けて共同して行動してくれる隣人，ボランティアとのつながりも欠かせない。暮らしのセーフティネットを維持することは，行政サービスにつながる行政職員や専門家とつながる人間関係と，住民という生活者の目線で一緒に生活支援を考えてくれる素人の人間関係も同時に維持していくことでもある。このような社会的ネットワークを1枚のタペストリーにたとえるならば，専門的・行政的サービスにつながるタテの人間関係と，隣人・住民として迎えてくれる地域住民と連帯するヨコの人間関係が縦糸と横糸のように編まれなければ，暮らしのセーフティネットも生活ネットワークも機能しなくなってきているといわなければならない。

　社会的に排除されるホームレスの人々，地域に居場所を与えられない統合失調症の青年や認知症高齢者，密室化した私的空間で発生する家庭内暴力や虐待，いずれも地域福祉の問題でもあり，地域福祉だけでは解決しにくい課題でもある。地域福祉アプローチということでは，個人や世帯に閉じ込められている生活問題や生活課題を地域社会で取り組めるオープンなものにしていくこと，そのためには人間関係の縦糸と横糸からなる暮らしのセーフティネットを築いていくほかに途はないことを再認識しなくてはならない。地域福祉の単純にして明快な究極目標は，さまざまな生活問題や生活課題をかかえる人々が暮らしの場である地域社会で「住民として生きること」，「住民になれること」，

「住民であり続けたいこと」を保障し，実現することではないのだろうか。住民として暮らし，受け入れられ，住民として地域社会に参加し，貢献することを実現するための生活ネットワークづくり，最後の支えとしての暮らしのセーフティネットづくりが地域福祉の政策的・実践的目標であると考えたい。

◉ 地域社会の課題

このような暮らしのセーフティネットを築くための地域社会の課題をどのようにみていくか，地域福祉を考える地域社会の変容を少し概括的に言及しておきたい。

まず第1に，地域社会の変貌と生活スタイルの変容という事情からみた対応すべき課題をあげておかねばならない。地域社会が変貌してきたといわれ続けているが，どのように変化してきたかというと，生活の個人化が進み，人々の行動も広域化してきたこと，またそのことを推し進める情報化が急速に進んできていること，その結果として，地域意識の希薄化や地域生活を越えるボーダレスな人々の結びつきが進行しているということができる。従来の地域社会内で労働が集団的に成立していた時代と違って，同じ地域内でも職業の違いは極端に進み，労働・勤労環境の変化が暮らしにおける住民連帯をも崩壊させてきている。共同労働が成り立たない地域社会のもとでは，共同生活も成立させにくいというべきであろう。

第2に，そのためか，地縁型組織の空洞化と反比例してテーマ型組織（NPOなど）の台頭がめだってきた。地域コミュニティと機能コミュニティに分類することができるとすれば，地縁型の地域コミュニティが空洞化してくるのとは反対に，地域を越えるかたちでのテーマ型の機能コミュニティの勢いが強くなってきたともいえる。町内会や自治会への加入率の低下や老人クラブの参加者の激減，婦人会の後継者難，PTA役員のなり手がないなど，地縁型，地域密着型の住民組織は苦戦を強いられている。代わってボランティア・グループやNPOなどは，活動テーマさえしっかりしておれば活動に勢いや賑わいがある。地域社会に居住しているという理由だけでは人々が関心を示さなくなったし，動かなくなってきたのである。つまり，居住してることを契機につながり

を強くすることと，個人的な関心を満たすキッカケを結合させる取り組みが求められている。

　第3に，福祉サービスの市場化の広がりと地域の共同・共益活動の衰弱の危機を指摘しておかねばならない。居住していることだけで活動への関心をつなぎ止めるには無理があると述べたが，これは，人々が関心をもったり興味を示す事柄が地域社会という狭い世界に存在するというより外部に増えてきたことを意味している。暮らしに関わる問題解決の資源も，地域社会内に存在するというより外部社会に質も量も多く存在しているということにほかならない。個人的行動だけに目を奪われると，生活課題解決のためには市場でサービスや資源を手に入れれば手っ取り早いわけで，住民が相互に助け合って問題解決に時間をかけるより効率的で迅速だという考え方になびくだろう。個々人のエゴの損得勘定を基本とするか，地域貢献の欲求を基礎とするかによって地域社会へのアプローチはかなり異なる。個人的利益追求の危うさや脆さを認識したうえで，人間の根元的な助け合い本能を堅持させることが，いま最も求められているといわなければならない。

　第4に，自治体行政の財政難と住民自治の後退の危機が，住民活動の活性化を求めコミュニティワークを必要とさせているということができる。財政難はいまに始まったことではないが，少なくとも右肩上がりの経済成長の時代ならともかく，収支バランスの崩れてきた自治体にとっては，従来の行政依存型の行政を継続することは困難になってきている。財政危機を乗り越えるためには市町村合併もやむをえないという向きもあるが，市町村合併は地方自治を遠ざけ，住民自治を喪失させることにつながっていく。住民でできることは住民で自主的に連帯して解決する，行政と協働して取り組むことは積極的に提案していく，行政が責任をもって対応しなくてはならないところは住民も見守るローカル・ガバナンスが求められている。財政難の解決だけをみれば市町村合併の選択もひとつの方法といえるが，かえって住民自治力，地域福祉力を奪っていくことにはならないかという問題意識がそこにはある。コミュニティワークが支援する住民活動はすぐに成果がみえないので，長期的に住民自治力を養っていこうとする住民連帯化の事業へは低い評価しか与えられていないことが問題

であろう。

　最後に，寄付文化の薄弱さと税依存体質の克服という課題が横たわっている。戦後，中央集権的に福祉行政を進めてきたこともあって，地方自治体も補助金行政から脱出しにくい体質があることも否定できない。しかしながら税収に限りがある以上，健全な財政運営をするとなると支出を切りつめるしかない。財政支出を節約するということは自治体行政の根幹となる人件費の削減ということにつながるので，結局は住民サービスの低下とか縮小を招くことになる。不必要な行財政は改革しなければならないが，財政削減だけの行財政改革では安上がりの民営化や下請けが横行するだけで，地方自治の再構築や住民自治の実現にはとうていつながらない。地域福祉を自治体ごとに経営するという視点にたてば，税以外の資金や資産も含めた財政運営が必要となろう。寄付という名の愛の資金提供や料金・寄付・会費の多様な組み合わせによる基金運営も多彩に考えていかなければならない。いわば，社会関係資本（ソーシャル・キャピタル）の創出が地域福祉の究極の課題ともいえるだろう。

〔牧里毎治〕

第Ⅰ部 地域福祉の視点

第1章
地域福祉とは何か

　ここではまず地域福祉とは何か，ということについて明らかにしなければならない。ところがやっかいなことに，地域福祉とは何かということについて，統一的な見解が確立しているわけではなく，地域福祉を捉える視点・立場によってさまざまな見解に分かれているのが現状である。こうした地域福祉をめぐる論議については，次章の「地域福祉理論」に譲るとして，さしあたりここでは，筆者なりの視点・立場から地域福祉とは何かをめぐって，地域福祉の用語，その意味と「地域」，目的，位置と役割，問題の担い手，政策・実施主体，基本理念，構成内容（手段・方法体系）を概略的に示しておきたい。

● 地域福祉の用語

　「地域福祉」という用語は，もともと戦後日本において社会福祉の民主化・近代化への潮流とともに，「地域社会の福祉増進」という目的概念を示す用語から使われ始め，やがて1960年代当初には領域的用語としての「地域社会福祉」に移行し，60年代中期に「地域福祉」としての呼称が次第に定着したものである。「地域福祉」の用語は，「地域（社会）」と「社会（福祉）」との合成語であるが，それは「地域における社会福祉」なのか，また「地域による社会福祉」なのか，それとも一定の原則と体系で成り立つ領域としての「地域福祉」なのか，よく論議をよぶように，意味内容の曖昧さをともなっている。

　「地域福祉」は日本的な表現であって，仮にこれに対応する英語として直訳的にコミュニティ・ウエルフェア（community welfare）などと言い換えた場合，韓国やオーストラリアなど一部の国で通用するとしても，国際的にどこでも通用するというわけではない。日本地域福祉学会では「地域福祉」の欧文名として，「地域社会開発」を意味する「コミュニティ・デベロップメント」（community development）を採用しているが，これとて的確かどうかは議論の

余地があろう。しかし，だからといって欧米には「地域福祉」に相当する実体はないのかというと，そうではない。それどころか，たとえばイギリスやスウェーデンの場合をとってみても，別に「地域福祉」といわなくても地域・自治体レベルの社会福祉は体系的に推進されており，その意味で社会福祉は地域福祉そのものとさえいえるのである。

　筆者はこれまで「地域福祉」の欧文名として，'community-based social services'（地域を基盤とする社会サービス），または'community-based welfare work'（地域を基盤とする福祉事業）などと提唱してきた。しかし，国によって地域福祉に相当する概念や実体が異なっており，たとえばイギリスではコミュニティケア（community care）とコミュニティ・デベロップメントの双方をあわせたものとして捉える必要がある。またスウェーデンではコミューン（自治体）の社会サービス体系が地域福祉の基本をなしており，コミュニティ・デベロップメントは一般に包含されない。

● 地域福祉の意味と「地域」の捉え方

　地域福祉の意味について，さしあたりそのアウトラインを示すとすれば，地域福祉は地域・自治体レベルにおいて，住民の地域生活問題対策の一環として，住民の生活防衛と福祉増進を目的に，住民主体の原則と人権保障の視点を貫き，地域の特性と住民の生活の実態に焦点を当てたヨコ組みの視点に立って，総合的・計画的に展開される公（行政）・民（民間・住民）社会福祉施策・活動の総体であると捉えておきたい。

　ここでいう「地域」とは，住民にとって「生活の場」としてのハード面と，「交流・連帯の場」としてのソフト面とを含んでいる。「生活の場」であるからには，それは快適で便利，安全，健康で文化的，そしてだれにもやさしい福祉的な住・環境であることを一般要件とする。しかし，住民にとっての「地域」は，ハード面での「生活の場」がいかに好条件であっても，それだけでは不十分である。なぜなら，住民は一般に社会的にまったく孤立したままで生活し続けることは不可能だからである。住民はやはり「居住生活」を契機として，お互いのプライバシーを尊重しつつ，あいさつや声かけ，助け合いなど近隣住民

との何らかのつながり，結びつきを不可避とし，また必要とする。「交流・連帯の場」は住民自治形成の場であり，地域福祉施策・活動を共同で創造・推進していく場として重要である。

この「地域」のエリアは，行政的区分と必ずしも一致するわけでなく，住民の階層構成を基軸として地理的・歴史的に形成される「生活の場」とその生活展開のなかで形成される「交流・連帯の場」の重なるところに成立する。必要最小限の生活環境施設と住民組織を備え，一定の地域的まとまりを示す「地域」としての基本単位は，都市部の近隣地区・小学校区，農村部の集落等を基盤として形成されるであろうし，その内部に隣組など最小単位の小「地域」を包み込んでいよう。また「地域」のエリアは，住民の生活の場や交流・連帯の場の広がりに対応して，中学校区や旧町村その他の中域的地域へと展開し，さらに広域的地域としての市町村自治体レベルまでの広がりをもつであろう。それ以上の大きなエリアはもはや住民にとって身近な「地域」ではなく，「地方」とでもいうべきであろう。先に地域福祉の展開基盤として，「地域」とあわせて「自治体」レベルを連記したのは，市町村自治体が「地域」の最大エリアであるだけでなく，基礎的自治体として地域福祉施策の展開に対し，公的責務を担っていることを重視するからである。

「住民の地域生活問題対策の一環」というのは，次々項の「地域福祉の位置と役割」で述べるように，地域福祉が社会問題としての住民の地域生活問題すべてを対象とするわけではなく，その対策体系上の補充的位置づけにおいて，地域福祉固有の対象課題と役割が規定されるものであることを意味している。「住民の生活防衛と福祉増進」は，地域福祉の目的を端的に表現している。地域福祉はまた一定の視点（住民主体の原則，人権保障およびヨコ組みの視点）によって方向づけられ，総合的・計画的に展開される「公・民社会福祉施策・活動の総体」である。したがって，地域福祉は地域における単なる社会福祉の寄せ集めや並列でなく，地域福祉特有の視点と方法および体系を備えていなければならない。

なお「公・民社会福祉施策・活動」には，市町村による地域福祉施策と社会福祉協議会・民間（非営利・営利）事業者・民生委員・ボランティア・NPO・

一般地域住民等による民間地域福祉活動とが含まれている。ただ，今日の地域・自治体レベルにおける地域福祉施策・活動は，それ自体で独立して完結するものではなく，国や都道府県の地域福祉政策および関連諸政策によって誘導・助長または規制される側面が強い。

● 地域福祉の目的

　前項において「住民の生活防衛と福祉増進」を地域福祉の目的として端的に規定したが，さらに住民の生活の立場から付言すれば，住民の社会的生活障害に関わる現実の諸要因を軽減・除去するとともに，住民のだれもが住み慣れた地域・家庭で安心・安全に自立して暮らし続けられるよう，必要な条件を整備していくところに地域福祉の目的はある。この目的は住民だれしもが抱く，ごく普通の，しかし切実な願いである。住民にとっては，その共通の願いを集めて，住民の自治と参画，人権保障の視点に立脚して，草の根から住民主体の福祉のまちづくりを推し進めていく実践課題である。

　しかし，この目的は現実の地域福祉の展開過程でタテマエに終始したり，お題目にされるだけであったり，財政的制約などもあって，必ずしも容易に達成されるわけではない。しかも地域福祉を標榜しながら，住民の生活の立場に立つ地域福祉の充実方向と反対に，住民の要求・運動をかわし，分断支配しつつ，地域福祉の公的責任・負担を極小化し，これを民間・住民の側にかぶせようとする政策サイドの傾向も根強い。このように同じ地域福祉といっても，現実には住民の生活と権利を守り抜こうとする立場と，福祉抑制を進めようとする立場とが鋭く対立している。住民の生活の立場からの働きかけや運動が強ければそれだけ地域福祉の後退を阻止し，前進にもつながりうるし，それが弱まればたちまち後退するであろう。住民サイドから地域福祉の目的を達成していくためには，地域福祉における否定的諸傾向と住民生活の立場との矛盾を科学的に認識分析し，これと対抗しうる連帯の形成と運動の強化を不可欠とする。

● 地域福祉の位置と役割

　地域福祉は，現代日本の社会体制（高度に発達した資本主義体制，市場経済体

制）のもとで，構造的に生み出される住民（労働者・勤労住民とその家族）の地域生活条件をめぐる不備・欠落や悪化・破壊の状況を，それに対抗する生活防衛の運動，世論を媒介に，社会問題として捉えられ，提起された地域生活問題に対する社会的対策の一環である。住民の地域生活条件の不備・欠落等の状況は，そのままで自然に社会問題としての地域生活問題になるわけではない。社会問題としてクローズアップされ，社会問題ゆえに個人的ではなく社会的対策を引き出していくには，運動・世論による問題提起を不可欠とする。さもなければ，地域生活条件の不備・欠落等の状況は潜在化したままである。次に，地域福祉は地域生活問題すべてを対象とする社会的対策ではなく，他の関連政策との関係性と位置づけにおいてその対策の一環を担うものである。この限定は，政策体系における地域福祉の位置・領域を明確化することにつながる，対象規定上重要なポイントである。

住民の地域生活問題対策の基本的前提条件をなすものは，①都市部地域を中心に住民の大多数を構成する労働者階層の雇用保障と賃金・労働時間・休暇等の労働条件の改善である。雇用保障の有無や労働条件の水準いかんによって，住民の地域生活条件は大きく左右されるといってよい。リストラや非正規雇用，低賃金，サービス残業や過労死などの問題をとってみても，雇用保障や労働条件の改善の重要性が理解されよう。しかし，今日それだけでは住民は「生活の自助」原則による地域生活を現実にまっとうすることはできない。その「生活の自助」原則の実際的限界から「生活の社会化」が提起され，不可欠の社会的対策として，②所得保障・医療保障を基本とする社会保障の充実，および③地域・自治体レベルの直接的な政策課題となる社会的共同生活手段・サービス（住宅保障，道路・交通，生活環境整備，地域保健医療，教育保障，防災対策等）の計画的整備（分権化と財源保障を要件とする）が必要となってきている。地域自営層については地域・地場産業の振興，経営安定化などの対策がこの前提となろう。

ところで，前述した①および②は，労使の対抗関係を基本としてその水準が規定されるが，資本にとって直接経費負担をともない，利潤に食い込むところから，その改善・充実はきびしい限界がある。また③は資本蓄積・生産基盤優

先の行財政構造と公共一般施策としての平均的性格とから，カバーしきれない問題領域を残さざるをえない。こうして①，②，③の対応の及ばないところに，一種の地域生活問題として，住民の地域生活の安定的持続に支障をきたす問題領域，すなわち地域福祉問題が形成される。そしてこの対象課題に向けられた社会的対策としての地域福祉は，それを要求する運動を媒介として成立するが，政策体系上は，①，②および③をキメ細かく補充（代替）し，またそれらの基本的・前提的諸施策の充実強化を迫らざるをえない位置におかれている。地域福祉は，このような構造的位置づけにおいて，住民の生活・福祉権の最終的防衛と地域生活問題対策の底上げ，関連領域への問題提起と連携の基点として重要な意義と役割を担っているのである。

したがって，地域福祉が政策体系上，補充（代替）関係にあるからといって，役割が消極的であるとか，存在意義が乏しいとか即断してはならない。地域福祉は住民のいのちと暮らしを守り抜く最終的なセーフティネットであって，そのネットの目が粗かったり，破れていたりすれば生活の崩壊，死につながりかねない。地域福祉をさらに補充（代替）する政策体系は存在しないのである。しかも，地域福祉は住民のいのちと暮らしをギリギリのところで守り抜きつつ，地域福祉自体のレベルアップと関連諸施策の拡充強化を迫っていかざるをえない位置にあり，住民の地域生活条件の向上に果たす意義・役割は大切であるといえよう。

● **地域福祉問題の担い手**

上記の地域福祉問題は，住民のなかでも貧困・低所得層を基層とする生活基盤の不安定・脆弱な高齢者，障害者，母子世帯等の階層に集中・集積する。切実な生活問題をかかえている階層ほど相談相手もなく，サービス情報も届かず，地域で孤立しがちな現実がある。したがって，地域福祉はまずこれらの不安定階層の生活防衛と福祉増進を重点において展開される必要がある。しかし，バブル経済の崩壊後，不況の長期化とリストラ，高齢・少子化の進行，住民負担の増大，格差社会の広がりのなか，一般住民の生活基盤もまた不安定要素を内包している。要介護の高齢者をかかえて，地域福祉の充実が死活問題と

なっている「中流」層も少なくない。「中流」主婦層が老後不安から福祉の学習活動やボランティア活動に参加する例なども多くなっている。こうして地域福祉の課題は一般住民にとっても決して他人ごとではなく，わが身の共通問題となってきている。ここに多くの住民を巻き込んで，その要求をまとめ，広く住民の参加・参画により，地域福祉を推進していく客観的基盤は形成されてきているといえよう。

● 地域福祉の政策主体・実施主体

地域福祉の政策主体は国，都道府県および市町村である。国は一定の政策的意図のもとに地域福祉政策を形成し，都道府県および市町村に対してその遂行を方向づける。国の政策的方向づけのもとに，都道府県は市町村の地域福祉政策を誘導・支援し，市町村は基礎自治体として直接的な政策主体となる。地域現場における地域福祉の主要実施主体は市町村および市区町村社会福祉協議会（以下，社協と略す）である。全国・都道府県社協は国・都道府県の政策に規定されて市区町村社協に対して地域福祉推進・支援指針等を提示・推進する。さらに，地域福祉推進に際して地域住民，活動者，事業者が担い手として期待されている。

● 地域福祉の基本理念

地域福祉の展開に関わる理念は，自由，人権，民主主義，平和といった現代社会の普遍的価値を前提としており，社会福祉一般の理念とも重なる。ここでは住民の暮らしと権利を守る立場から，地域福祉の展開方向と内容を導く基本理念として次の3点に集約して提示する。

（1）住民主体の原則

住民主体の原則は，住民が地域・自治体の主権者であり，自分たちの望む方向で地域福祉をコントロールし，その創造・発展を追求する共同的努力を通じて，住みよい地域・自治体を築いていく住民自治と参加・参画の権利を有する，との住民主権の貫徹を基本とする。そして同時に住民主体の原則は，住民を地域生活・福祉の権利主体と捉え，住民自治と参加・参画により獲得された

地域福祉の成果は住民相互の権利として利用するもの、との認識に立つ。住民主体の原則は、地域福祉における住民主権と権利主体との両側面を統一して進めようとする原則である。

（2）地域生活権保障

これは地域で人間らしく生きる権利の保障をめざそうとする理念である。憲法第25条に規定する「生存権」を基本として、その前提としての「平和のうちに生存する権利」（同前文），「平等権」（14条），「個人の尊重と幸福追求権」（13条）にもとづく地域生活権保障が公的責任においてなされねばならない。そして社会保障の一環でもある地域福祉は、世界人権宣言第22条に謳うように、「すべての人は社会の一員として社会保障を受ける権利」に対応するものであり、かつ「自己の尊厳と自己の人格の自由な発展とに欠くことのできない」権利の実現につながるものである。かくて地域住民による地域福祉活動は、憲法第12条に規定する権利保持への不断の共同的努力、どこまでも人権を守り抜く支援連帯活動としての展開を要する。

病院・施設への隔離収容方式の批判から提起されたコミュニティ・ケアはこの理念の具体化に直接つながる理念・方式であり、また障害者の完全参加と平等を追求するノーマライゼーション、生活の質の向上を志向する QOL (quality of life)、さらに人間と人間、人間と環境との共存・共栄を志向する共生思想もまた本理念と直結している。

（3）ヨコ組み視点の展開

住民の生活の立場に立つ地域福祉は、分野別・制度別のタテ割り福祉の系列ではなく、地域の特性と住民の生活実態に焦点をあわせて、地域・自治体ごとにいわばヨコ組みの視点で住民が利用しやすいように施策・活動を組み立て直そうとする。また、住民の生活・福祉要求をトータルに捉え、対応しようとするならば、その施策・活動は個々バラバラに展開されるのではなく、一定の体系性のもとに関連領域と緊密に連携・協働しつつ、総合的・計画的に展開される必要がある。さらに、地域福祉施策・活動の日常的展開においてヨコの連携とネットワークが不可欠であり、加えて行政と民間との対等平等の批判的協力関係に立つ公・民協働、パートナーシップ構築が重要課題となる。

● 地域福祉の構成内容（手段・方法体系）

　地域福祉の構成内容は，地域福祉問題に対する社会的対策としての制度・政策的方法体系の視点と論理によって整序しうる。まず第1に，社会政策としての雇用保障・賃金・労働条件改善および基幹的な所得保障・医療保障を補充（代替）する社会福祉制度としての，①福祉的保険制度（国民年金，国民健康保険，介護保険），②社会手当（児童手当，児童扶養手当，特別児童扶養手当等）および公的扶助（生活保護）という施策体系がある。これらは住民の地域生活上いわばミニマムの所得保障・医療保障をなすものであり，地域福祉の視点からその体系の一環として包括され，ヨコ組みに再編成されることによって，より地域性をふまえた有機的運用が可能となろう。

　第2に，地域福祉施設・サービス体系がある。これは社会政策と福祉的保険制度・手当・扶助等，および社会的生活手段・サービスを補充（代替）する位置にあり，よりキメの細かい最終的な社会的対応としての特徴をもつ。地域福祉施設体系には，①入所施設・ショートステイ，②小規模多機能施設・グループホーム，③中間施設，④通所利用施設，⑤地域福祉センター（総合・種別・地区別），⑥集会施設，⑦遊び場ほかオープンスペース等に区分されよう。地域福祉サービス体系としては，①相談・情報提供，コミュニケーション保障，②サービスの利用促進，苦情処理・権利擁護，③在宅ケアサービス（訪問看護・介護，配食・入浴，移送，生活補助器具の貸与・給付，緊急通報等），④生活福祉資金貸付，各種費用助成・減免・金品給付サービス，⑤予防・育成・福祉増進サービス等が含まれよう。以上は多くが対象者別分野の制度・施策であるが，それらを地域の特性と住民の生活実態に即して，地域福祉として包括・体系化し，連動的展開を図ろうとするものである。

　第3の体系として，地域福祉の組織的推進，すなわち福祉のまちづくりがある。これは前記地域福祉の基本理念（住民主体の原則，地域生活権保障およびヨコ組み視点）の貫徹がとりわけ強く要請される地域福祉の組織的推進であり，「まちづくり」の一環としての「福祉のまちづくり」である。これは地域福祉体系の総合的・計画的整備・有機的展開を追求するとともに，それらの基本的前提施策や自治体行財政の基盤整備などに向けて，関連領域の運動とも連携して働

きかける任務を担う。ここで地域福祉の推進を担う中核組織，社協の主導的役割が期待される。

　地域福祉の組織的推進を図るには，住民の暮らしの立場から自主的な地域福祉活動の展開を担う民間サイドと，公的責任による地域福祉施策および民間活動の条件整備を担う行政サイドとの役割分担，さらにそれをふまえた公・民協働により，次のような諸課題と取り組む必要があろう。

　①地域特性と住民の生活実態，地域福祉問題の明確化，②民間の地域福祉活動計画および自治体地域福祉計画の民主的策定・進行管理と両計画の連携・協働，③地域福祉活動・サービスエリアの重層的設定と行政・事業所スタッフ等の地域アプローチ，④行政機構の地域福祉推進体制の整備（庁内ヨコ組み再編成），連絡調整とヨコの連携・ネットワークづくり，⑤福祉教育の推進，ボランティア養成・リーダー・活動者研修，⑥日常生活圏でのふれあい・交流・支援連帯活動の展開，⑦福祉的環境の整備推進（バリアフリー推進），⑧地域福祉施策・活動の条件整備（地域福祉条例，活動拠点・サービス基盤の整備，人材養成・配置，資金造成・助成）および⑨地域生活基盤の整備推進（社会的共同生活手段・サービスの整備，社会保障の確保，雇用・労働条件改善等）。

　地域福祉の推進方法としては，住民主導の取り組みを支援するコミュニティワークを中核手法とするが，個別支援から地域展開まで志向するコミュニティ・ソーシャルワークの手法も導入されてきている。コミュニティワークの手法と重なるが，地域福祉推進の局面に応じて地域福祉調査法，地域福祉計画法，地域福祉運営・経営管理法，ネットワーキング，ソーシャル・アクションなどが駆使展開される必要がある。ソーシャルワーク全般，ケアマネジメントの地域福祉的展開も要請されるところである。

● 地域福祉重視の今日的背景

　日本における地域福祉の源流は，すでに戦前において19世紀後半英米の慈善組織化（COS）運動やセツルメント運動などの導入を含めていくつか形成されている。しかし地域福祉は，その用語をはじめ戦後の所産である。その地域福祉は1970年代初期に政策課題としても大きくクローズアップされてより38年を

経た。特に1990年代以降重視され，2000年以降にいたって「地域福祉の主流化」（武川正吾）とさえ呼ばれるようになっている。

　今日，地域福祉の重要性がとみに注目される背景には，まず第1に，新自由主義的政治経済の進行のもとで「格差社会」が広がり，「シャッター街」や「平成大合併」による一層の過疎化など地域間格差および階層間の所得格差をともない，地域での貧困・低所得層の増大をはじめ，少子高齢化の進展，家族の問題解決力の低下，住民負担の増大とも相まって，住民の生活不安・危機を広げており，住民の生活防衛・福祉増進が喫緊の課題となっていること，を指摘しうる。とりわけ，地域のつながりの希薄化，社会的孤立状況下で孤独死，介護殺人，虐待死，子どもや高齢者ねらいの犯罪などが各地に頻発していることは，地域福祉問題の深刻化の様相を物語るもので，住民サイドとしても暮らしを守る立場から主体の取り組みが要請されてきているといえよう。

　第2は，第1の問題状況と住民の取り組みに対応しようとする政策サイドからの熱い期待である。すなわち，今日の新自由主義的福祉政策として「措置から契約へ」の転換を掲げる社会福祉基礎構造改革にとって，その地域・自治体レベルにおける組織的展開フィールドとして地域福祉は重要な位置づけとなる。とりわけ「生活の自己責任」を前提とする自立支援への地域住民による助け合い活動の展開，住民参加による「福祉文化の創造」への政策的期待は大きい。以上の計画的方向づけとして地域福祉計画が対応するのである。このような政策的対応に向けて，住民の暮らしの立場から要求・提案を対置する対抗関係のなかで地域福祉の実質は決まってくるといえよう。

【引用・参考文献】
井岡勉・成清美治編著（2001）『地域福祉概論』学文社
井岡勉・坂下達男・鈴木五郎・野上文夫編著（2003）『地域福祉概説』明石書店
日本地域福祉学会編・編集代表大橋謙策（2006）『新版地域福祉事典』中央法規

〔井岡　勉〕

第2章
住民主体をめぐる地域福祉理論

はじめに

　住民主体の地域福祉論とはどういう特徴をもった理論，方法なのだろうというのが最初の疑問である。そもそも地域社会に存在するカテゴリーとしての住民の視点から社会福祉のあり方なり実在を論じる理論が地域福祉論なのではないかと考えると，わざわざ住民主体と形容することの意味がなくなってくる。しかし，ここでは改めて，住民主体にこだわってみたい。なぜなら，地域福祉論あるいは地域福祉といわれる状況が必ずしも住民主体になっていないから，ことさら住民主体と強調しなければならない現実があるのだろう。とすれば，その正体は何かを見きわめることはそれなりに意味はある。

　これまでの地域福祉の動向を簡潔に整理したうえで武川正吾は，そのトレンドを「地域福祉の主流化」としてまとめてみたが，実質的にも財政的にも地域福祉なるものが主流化しているのかはともかく，地域福祉の変化を理念としてさし示したことは了解できる。「地域福祉の主流化」の根拠を地域福祉計画の法定化，社会福祉法における地域福祉の再定義化，住民参加の重視に求めているが，要するに，地域福祉なるものが社会福祉なるものの主流となったことは，社会福祉政策における地方分権が社会福祉法の成立によって実現するチャンスが得られることができるようになったことを意味している。

　「地域福祉の主流化」の考え方によれば，地域福祉なるものは1960年代，70年代には地域におけるコミュニティ・オーガニゼーションや「地域組織化」に過ぎなかったものが，80年代は在宅福祉サービスの開発と定着に重点化し，90年代からは「住民参加型福祉」と「利用者主体」を重視するものに変化し，そして21世紀初頭の地域福祉は，地域福祉に自治の契機を付与し，コンシューマ

リズム（消費者重視）やエンパワーメント（主体化）の要素を含むものとされている。中央集権的に地域福祉の定着が進められてきた90年代以前までとそれ以後とでは，ローカル・ガバナンスをキー概念とする住民参加にもとづく地域福祉システムの形成に視点が移行してきているということが違うわけである。

そこで，ここにいう住民主体とは，90年代を境に変容してきているのかどうかということが問われるのであるが，少なくとも70年代までの住民運動や市民運動の影はひそめ，また，地域組織化やコミュニティ・オーガニゼーションも町内会・自治会の衰退と同じように脆弱化してきていることは否めない。それに代わって，阪神大震災を契機とするボランティア活動やNPO活動なども社会福祉サービスの分野を超えて広がってはきているが，介護保険制度の導入以後やや変化のきざしをみせてきている。介護保険サービス事業者の増加やコミュニティ・サービス，社会起業家への着目などとともに地域福祉システムを発展・持続させるためにも，地方自治体の政策能力，経営能力が問われるようになってきた。地方自治体が地域福祉政策やシステム運営の当事者として住民や市民とともにガバナンス（協治）する協働のパートナーシップが求められている。ここにいう住民も地方自治，住民自治の主体者として福祉のまちづくりに参加・参画することが実践的課題となってきている。その意味で，従来の住民運動型の主体論から地域福祉計画の策定，推進，管理，評価という地域福祉プロセスを担う計画参加型の住民主体論の確立を急がねばならない。いわば地域福祉計画の策定から評価までのプロセスは，合法的・実質的な住民福祉運動という断面を有していることを再確認しておきたい。

1　これまでの地域福祉の概念

地域福祉をどのように捉えるかは，研究方法にもよるだろうが，そもそも研究対象として実体をどう指定するかによっても異なってくる。地域福祉研究は，おおむね1970年代あたりから本格化してきたと多くが認めるところだが，これは地域福祉を政策・制度として捉えることができるようになったことに由来している。地方自治体の地域福祉政策や福祉制度が存在していない時代に

は，地域福祉は概念的にも把握しにくいものだろう。しかし，地域福祉が政策化・制度化されていない場合でも，地域福祉につながる実践はあったはずで，たとえば，地域社会における相互扶助やボランティア活動，フィランソロピー事業を地域福祉の実体とみなすこともできる。

　このように地域福祉実践を住民の福祉活動を含む生活の共同化・社会化として捉えるならば，地域福祉は歴史的にもずいぶん古い時代から存在していたことになる。多くの社会福祉制度は，制度化される以前の取り組みとして地方の先駆的・開拓的・局地的実践から始まるものだとするならば，あらゆる社会福祉制度は地域福祉的な起源をもつものといえる。これらの地域福祉実践が福祉国家の制度のなかに取り込まれていったとしても，制度・政策内部で地域福祉活動としてそれぞれの地域社会では機能しているとみることができる。同じように，1つの地方自治体の福祉実践や福祉事業が国家的政策に取り上げられ制度化されたとしても，先駆的・先進的に取り組まれた施策の機能はすべてが消滅するわけではない。

● 機能・構造論について

　かつて筆者は，地域福祉を捉えるアプローチとして機能と構造からみるということを提唱してきたが，これも地域福祉の実体をある視点から把握するという1つの概念的把握にほかならない。地域社会における福祉政策や福祉活動と思われているものを1つの社会現象と捉えてみると，それらの事業・活動が実現せんとする価値，理念，目的，目標，方法などの内部要因をひと続きの概念の固まりとして理解することも可能である。しかしながら，地域福祉といわれる社会現象をできるだけ客観的に把握しようとするなら，その現象を成立させる条件や要件に着目して説明できるほうが好ましい。

　そこで，構造と機能という一般形式にならって地域福祉を捉えてみると，構造的に捉えるか，機能的に捉えるかの2つのアプローチが存在することになる。構造というものは，ある枠組みや骨格，あるいは容器のようなもので，それだけが存在していても実体のないようなものである。機能は，働きや効用，ある場合には行為や作用と呼ばれるものをさすが，一定の構造がなければ認識

しにくい性質を有する。いってみれば，構造と機能は相互補完的な関係にあり，相手がなければ識別のしようのない関係にある。これを地域福祉にあてはめて観察してみると，地域福祉という相互扶助機能やニーズ充足機能，生活問題解決機能は，法律や行財政，組織や資金・人材などを配置している制度的・構造的枠組みがなければ実現できないし，その機能の把握もできないということになる。ちょうど人間の身体が骨格や筋肉などの体軀(たいく)と感覚や動作などの働きとの複合で成り立っているように，地域福祉と呼ばれる政策や事業・活動も機能と構造から成立しているとみなすことができる。

1980年代までの地域福祉の理論とされていた諸説は「構造と機能」という観点から整理がなされた。地域福祉を概念として構造的に捉えるか，機能的に捉えるか大きく2つのアプローチがあるとしたのである。地域福祉の構造的側面に焦点を当てるものを構造的アプローチ，機能的側面に光を当てるものを機能的アプローチと名づけた。構造的アプローチの研究焦点は地域福祉政策の形成過程にあり，その形成をめぐる矛盾と対立の明確化にある。他方，機能的アプローチは，地域福祉サービスの供給のシステム化や地域福祉的行為の体系化をもっぱら機能的成立条件のなかに見出し，地域福祉の相対的固有性や独自性を生活関連公共施策との関連のなかで明確にしようとするものだった。

このような「構造と機能」で捉える方法が，1990年代以降の地域福祉政策や地域福祉実践に有効かといえば，やや翳(かげ)りがみえてきている。戦後日本が構築してきた福祉政策と福祉制度の構造が揺らぎ始めてきたからである。国家責任，行政責任にもとづく中央集権的な政策によって形成されてきた福祉制度という「構造」が変容し疲労し始めると，「機能」も変質し，本来の効果効用ではなく，福祉補助金の悪用や汚職など違った作用をし始める。古くなった制度「構造」から漏れ出した実践的・先駆的取り組みが，新しい「機能」を満たす枠組みやシステムを求めている。NPOの台頭や情報メディアの革新は，地域福祉実践のありようを変えてきているし，「機能」が「構造」を変革しようとしている。90年代以降の地域福祉の概念をどのような枠組みで捉え直すか，ポスト構造・機能論，脱構造化論が求められている。

● 自治型・参加型地域福祉論をめぐって

　1990年代に入ってからは，80年代における福祉改革，地方分権化，供給システムの多元化などに影響を受けながら地域福祉論にも新しい動きがみえ始めてきた。1990年と92年の2度にわたる社会福祉事業法の改正を経て，基礎的自治体をベースにした計画的な地域福祉サービス・システムに変換しようとしてきており，従来の「在宅福祉型地域福祉論」から「自治型地域福祉論」や「参加型地域福祉論」が形成されつつある。確かに，70年代以前の施設福祉偏重の時代には在宅福祉の重点化は基本的政策課題であったし，その理論化に非貨幣的ニーズ論や福祉経営論に支えられた「在宅福祉型地域福祉論」は時代の要請に応えたものであった。保健・福祉の一体化や施設と在宅の融合が進むなかで，また地方分権と住民参加が改めて問い直される時代を反映して，戦後日本の福祉制度疲労のうち，住民自治の模索や住民参加・住民の主体形成に焦点がシフトしてきているともいえる。

　こうしてみると，1990年の福祉8法改正を契機とする地方自治体の福祉政策化を意識したものが「自治型地域福祉」や「参加型地域福祉」といえるだろう。そして，この両論の共有部分こそ市民・住民の自治能力の形成が基底に横たわっており，「住民自治」の再構築が重要課題となっている。1980年代に戦略的に展開された在宅福祉の政策化から離脱して，90年代以降は地方自治体を舞台とする地域福祉の新しい枠組み，住民自治型地域福祉の「新構造化」あるいは複雑系社会の構築主義的な「自己組織化」型の地域福祉をめざす時代ともいえるだろう。

2　1990年代の地域福祉論

　2000年に成立した社会福祉法は，日本における地域福祉法ともいえるもので，これにより1990年の社会福祉関係8法改正を経て，法制的に地域福祉が自治体政策として位置づけられたといえる。1970年に地方自治体社会サービス法を制定したイギリスに比べて遅れること30年，スウェーデンの社会サービス法の制定から約20年かかって地域福祉の体制が法的にやっと整備されたのであ

る。社会福祉法第1条で地域福祉を「地域における社会福祉」ときわめて抽象的に定義しているが，地域福祉という用語が法律上初めて用いられたこと，および社会福祉法の目的の1つとして地域福祉の推進が盛り込まれたことは画期的といっていい。そして法第4条では地域住民，事業者，活動者，利用者が地域社会を構成する者として謳われ，それらが相互に協力する地域福祉の推進が理念として規定されたのである。法第3条では福祉サービス利用者への生活自立支援が福祉サービスの基本理念であることを規定し，これまでの行政・事業者中心のサービス供給を規定した社会福祉事業法と異なり，利用者主体という視座から法の体系が組み立てられていることも見逃せない。

　究極的に地域福祉なるものは，何を目標にした支援・援助なのか，その固有の対象，方法，施策・政策とはどのように表現できるのか。社会福祉が目的や目標を表すのか，手段を意味するのかに分かれるように，地域福祉も望ましい状態の記述であったり，目標に達成すべき方法・施策であったりするが，必ずしも系統的で一貫性のある論理的説明に到達しているとはいえないのではないか。しかしながら，社会福祉法が示そうとした自立支援なるものは，まだ曖昧とはいえ，地域福祉の基本的な構成を転換する示唆を与えてくれるものだし，十分に含蓄のあるものであるといえる。

　地域福祉は，それが活動であれ政策であれ，個人への援助・支援のレベルでみたとき，何を固有の援助・支援対象としているのか明確化することが課題である。貧困者，高齢者，児童，障害者，そのほか生活困難をかかえる生活者たちの暮らしのニーズを満たすことが社会福祉の援助・支援であるとしても，地域福祉が社会福祉とは相対的に独立してコアとする暮らしのニーズとは何か。地域福祉の固有とすべき援助・支援の対象を仮に「住民であること」「住民であり続けたい」ニーズとするならば，まさしく地域福祉の課題は，貧困者であれ，高齢者・児童，障害者であれ，地域社会に暮らす住民であることへの保障であるといえるだろう。社会構造の変動のなかで，地域住民になれない人々を戦後日本の社会福祉制度は生み出してきたのではないか，また，地域社会に居住できない構造的な体制をつくってしまったのではないだろうか。ホームレス状態にある人々のみならず，病院や施設に隔離されている人たちは住民である

権利を剥奪されそうになっているし，また，たとえ地域社会に住居はあっても埋没し孤立して暮らしている障害者たちも近隣住民として受け入れてもらえていない。住民という地域社会の居住者としての援助・支援を個別的にも集団的にも，さらに組織的・制度的にも継続的・体系的に展開させることが地域福祉という営みなのである。

　地域福祉をめぐるキーワードを集めてみれば，ここ10数年の地域福祉の動向はおよそ見当がつくだろう。ノーマライゼーション，インクルージョン，バリアフリー，ユニバーサル・デザイン，社会参加，ICF（International Classification of Functioning, Disability and Health. 新国際障害分類のこと），自立生活運動，エンパワーメント，アドボカシー，セーフティネット，脱施設化，地方分権，住民自治，地域福祉計画，協働，NPO，福祉コミュニティ，コミュニティ・ソーシャルワークなど数えあげればきりがない。およそこの90年代から2000年代への期間の地域福祉をめぐる動向は，社会福祉行政の地方分権化と福祉計画化に収斂させられるが，その集大成としての改正・改称された社会福祉法があったというべきだろう。自立支援に始まり，地域社会での福祉サービス供給の多元化と総合化・統合化，そして福祉行政の地方分権と地域福祉計画化にいたるまで多くのキーワードの含意するものの一部は，この社会福祉法に盛り込まれているとみるべきだろう。

　最近の10年間の地域福祉研究の動向をふまえて，岡本栄一は，「場―主体の地域福祉論」として1970年以降の地域福祉研究も含めて研究レビューし，類型的整理を試みている。1980年代までの構造・機能論に対する地域福祉研究の新しい枠組みの提示ともいえるが，「場」というステージで在宅ケア，地域ケアと「主体」というセクターもしくはアクターで地域住民と供給主体をクロスさせて認識しようとするものである。地域福祉の構造・機能論が1980年代までの中央集権的な措置制度にもとづく福祉行政を前提にした時代の地域福祉論だとすると，貧困対策の拡充・拡大から発展してきた福祉国家政策の翳りがみえ始めた1980年代中期頃から変容してきた旧来の福祉行政に代えて，多元主義的な福祉行政を推進しなければならなくなった時代では，従来の地域福祉論が急速に威力を喪失してきたのではないかともいえる。「場―主体の地域福祉論」は，

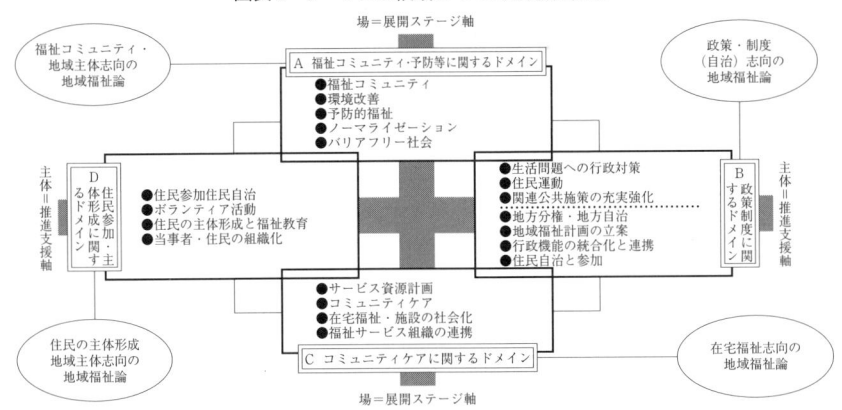

図表 2-1　4つの領域と4つの地域福祉論

A 福祉コミュニティ・予防等に関するドメイン
- 福祉コミュニティ
- 環境改善
- 予防的福祉
- ノーマライゼーション
- バリアフリー社会

（福祉コミュニティ・地域主体志向の地域福祉論）

B 政策・制度に関するドメイン
- 生活問題への行政対策
- 住民運動
- 関連公共施策の充実強化
- 地方分権・地方自治
- 地域福祉計画の立案
- 行政機能の統合化と連携
- 住民自治と参加

（政策・制度（自治）志向の地域福祉論）

C コミュニティケアに関するドメイン
- サービス資源計画
- コミュニティケア
- 在宅福祉・施設の社会化
- 福祉サービス組織の連携

（在宅福祉志向の地域福祉論）

D 住民参加・主体形成に関するドメイン
- 住民参加住民自治
- ボランティア活動
- 住民の主体形成と福祉教育
- 当事者・住民の組織化

（住民の主体形成・地域主体志向の地域福祉論）

場＝展開ステージ軸
主体＝推進支援軸

出所：[岡本 2002：31]
資料：『新版地域福祉事典』中央法規、31頁。

　いわば公民協力，公私協働の多元主義的時代の，しかも地方分権時代のローカル・ガバナンスが問われる社会福祉行政，市民福祉活動を状況的に説明しうる見取り図を提示してくれているといえる。

　1990年の社会福祉関係8法改正を契機として地方自治体の福祉政策化を意識した地域福祉論としては，右田紀久恵の「自治型地域福祉論」と大橋謙策の「主体形成の地域福祉論（参加型地域福祉論）」が双璧をなすだろう。これらは1980年代における福祉改革，地方分権化，供給システムの多元化，福祉行政の計画化などに影響を受けながら在宅福祉中心の地域福祉論から離脱する潮流をつくったといえるだろう。基礎的自治体をベースにした「場」での地域福祉サービス・システムの形成には，保健福祉サービスの総合化と住民参加が不可欠なものと認識され，地域住民が「主体」として形成される課題が意識化されたのである。80年代までの地域福祉論としての構造・機能アプローチに代わるものとして，地方自治体を舞台（ステージ）とする地域福祉の新しい枠組みの提示，公共概念の再定義，広域行政化のなかでの新しい地域福祉論の構築が求められている。

3 地域福祉の理論化をめざして

　ここでは地域福祉をめぐる思想と理論がどのように形成されてきたのか素描しておきたい。「構造と機能」という枠組み、「場と主体」というフレームで構成してみることも可能だが、ここでは地域福祉実践から地域福祉政策まで含めて、これらの実践や制度・政策を支えている思想や理論の状況を説明するために4つのレベル設定をしてみた。

　地域福祉の概念化に引き寄せて、地域福祉を捉える試みとしてレベル設定をすると、思想、理論、政策、実践の関わりが理解しやすくなるだろう。仮に地域福祉なるものを①活動（分野）のレベル、②方法（技術）のレベル、③政策のレベル、④思想（理念）のレベルを設定して考察してみると、次にように把握することができる。たとえば、歴史上現れたセツルメントやコミュニティ・チェスト（共同募金）、あるいは市民福祉協議会（社会福祉協議会）は、地域福祉を1つの活動や分野として捉えるもので、萌芽形態としてはほとんど①の活動レベルに包摂される。

　②の方法レベルの例としてあげることができるのは、コミュニティ・オーガニゼーションやコミュニティ・ワークと呼ばれるものである。これらは、おおむね技術や方法として意識されたが、実際のところは組織化活動や団体間調整活動そのものとして、あるいは技術・方法と結びついて理解されてきた。つまり、地域社会に発生したさまざまな生活問題を住民の連帯と協働による問題解決の方法あるいは活動プロセスの手法を地域福祉と考えるのである。洗練されてきたこれらの技術も、実は、セツルメント運動や共同募金活動、市民福祉活動（ボランティア活動）のなかから生み出されたもので、歴史的には慈善組織化運動までさかのぼることが可能である。

　③の政策レベルにおける概念については、地域福祉活動の広がりと組織化技術の革新と普及の結果、政策に反映されるようになったコミュニティ・デベロップメントや、やや遅れてイギリスで政策化されたコミュニティ・ケアの政策思想がその典型であろう。主として民間団体、市民団体の間で活用されたコミ

ユニティ・オーガニゼーションの技術と実践手法が，中央政府，地方政府の地域政策として取り入れられるようになる。

　④の思想・理念としての地域福祉とは，ノーマライゼーションの理念や福祉コミュニティの思想が該当するであろう。ノーマライゼーションの理念は，必ずしも地域福祉の理念に押し込むことができるわけでもなく，広く社会福祉の究極の理念とでもいわなくてはならないが，その実現においてはまさしく地域社会のなかでしか具体的には実現できないものであろう。その意味では最も地域福祉に近い理念ともいえる。地域社会におけるバリアフリー環境づくりや連帯のある人間環境づくりこそ，このような思想の実践そのものであるといえよう。最近では，インクルージョンやユニバーサル・デザイン，エンパワーメントなども地域福祉の重要な思想的観念として成熟しつつある。

　福祉コミュニティの考えもほぼノーマライゼーションの考え方に近いが，コミュニティのもつ自然な治療力や福祉力を住民の運動や施策づくりに活用しようというものである。明確に概念化されているわけでもないが，福祉コミュニティは，性差や世代，障害や階層を超えて形成される地域レベルの「多元主義的社会」ともいえる。地域福祉のキーワードでもある福祉コミュニティは，それぞれの住民にとって福祉に関わる主体形成の場であり，福祉制度を組み込んだ生活圏でもあるといえる。

　このように地域福祉をめぐる実践や政策は，それを支える思潮や観念である思想によって意識化され流布していくものだろう。その明確でなかった地域福祉の実践や政策を研究の対象として認識し始めると，分析ツールとしての概念が必要となる。地域福祉の理論という見方でいえば，命題や仮説の検証，法則性の発見までにはいたっておらず，理論形成の途上にあるといえる。地域福祉の理論は，いくつかの概念が生成され，概念と概念を架橋する意味や価値の発見，傾向分析などが提示できるようになったときに明確化するだろう。

　最後になったが，再び住民主体の地域福祉というとき，その意味を確認して終わりたい。すでに言及したように，地域福祉の目標が一人ひとりが住民として生きることを支援することだとするならば，右田紀久恵が早くから指摘したように，「権利主体」「生活主体」「生存主体」の三位一体の包括的認識に立た

なければならないだろう。仮に，「権利主体」を市民に，「生活主体」を住民に，そして「生存主体」を人類と読み替えることができるとすれば，住民であることを支援することは地域に暮らすことを援助することだとしても，権利・義務関係の契約社会である市民としての存在を保障しなければ成り立たないし，国家や民族を超えて普遍的に生存を支える人権思想，類的存在としての人間主義（ヒューマニズム）がその根底になければならないだろう。住民であることの支援は，まさに個々人の日常生活を継続させること，それは生活圏である地域社会のなかでしか実現できない現実的な課題である。しかしながら，経済や情報などのグローバリゼーション（国際化）が進行するなかで，それらの影響を受けない市民生活，地域生活はありえない。このような市民と人類をつなぐ住民をきわめて日常的な生活世界の主体者として生み出していくこと，非日常的なグローバル世界ともつながることのできる住民として支援することが地域福祉固有のテーマであり，そのような存在への願望を満たすことが住民主体の意味なのである。

【引用・参考文献】

右田紀久惠（2005）『自治型地域福祉の理論』ミネルヴァ書房
大橋謙策（2005）「わが国におけるソーシャルワークの理論化を求めて」『ソーシャルワーク研究』31巻1号，相川書房
岡本栄一（2002）「場―主体の地域福祉論」『地域福祉研究』30号，日本生命済生会
武川正吾（2006）『地域福祉の主流化』法律文化社
牧里毎治編著（2003）『地域福祉論』放送大学教育振興会
牧里毎治・野口定久編著（2007）『協働と参加の地域福祉計画―福祉コミュニティの形成に向けて』ミネルヴァ書房
牧里毎治ほか編著（2007）『自治体の地域福祉戦略』学陽書房

〔牧里毎治〕

第3章
地域福祉政策

はじめに——戦後の地域福祉の展開と政策

　戦後のわが国の地域福祉は，1951年に設立された社会福祉協議会（以下，社協と略す）とともに再スタートした。戦前もソーシャル・セツルメント活動・運動や民生委員活動，さらには民間福祉施設・団体の地域活動はあったが，戦後の社協活動とは理論レベルあるいは実践的な展開のレベルで相違があるといえる。特にアメリカのコミュニティ・オーガニゼーション理論が日本に紹介され，それが1960年代に社協を舞台に一定の定着をみたことは大きな違いである。

　当時の地域福祉は，社協という組織を中心に展開された民間活動であった。行政はまだ社会福祉領域の計画をもっていなかった。一方，社協は地域福祉計画にもとづき地域の問題を発見，整理し，優先順位をつけて住民とともに地域組織活動を展開しようとした。1962年の「社会福祉協議会基本要項」が示した住民主体の方向性はその典型である。

　しかし，1970年代の半ば以降，地域福祉は政府・自治体の政策を含むようになってくる。それは，一方で戦後の高度経済成長過程で生み出された地域生活問題の深刻化に対する新たな対応策として在宅福祉，地域福祉の政策が必要とされたという面と，他方，1973年末のオイル・ショックを契機に生まれた「福祉見直し」論の論理を含んだ政策の側面を含むものであった。1970年代半ばから展開を始めた日本の地域福祉政策は，住民の主体的活動を行政が育成しようとしたもので，精神主義的なボランティア育成という特徴をもつ政策として出発し，80年代になって在宅福祉サービスを中心に政策として本格的な展開を始めた。

さて、今日の地域福祉は介護保険制度と社会福祉基礎構造改革の影響があることはいうまでもないであろう。それによる変化は非常に大きい。ここでは、介護保険制度がスタートした2000年以降の地域福祉の変化をどのように捉えるのかを考えたい。ただし、その前提として注意しておきたいことは、1980年から2000年の介護保険制度スタートまでの20年間の政策の特徴をどのように整理するのか、またこの時期の地域福祉労働実践の成果をどのように理解するのかということである。

以下では、まず1980年代からスタートした在宅福祉を中心とした政策的議論を分析し、ついで2000年の介護保険制度のスタート以降の地域福祉の現状をみるなかで、地域福祉政策の今後のあり方を検討したい。

1　地域福祉政策の登場と展開

◉ 地域福祉政策の登場

1973年10月の第1次オイル・ショックを契機に、政府・自治体の「財政危機」を理由にした、いわゆる「福祉見直し」論が登場してくる。この「福祉見直し」論は、具体的には「福祉社会」への転換を強調した。1974年6月の自民党橋本幹事長私案「福祉社会憲章」がその代表であった。戦後日本の政府がそれまで国民に示した理想社会は「福祉国家」であったが、ここでは「福祉社会」という概念に変わっている。福祉国家は「個人の努力、意欲を阻害し、無為を助長する」のであり、福祉社会は「自助努力と社会連帯の結合」されたものだという。この自助と社会連帯から引き出された方向が、住民による自主的地域活動への政策的期待であった。同時にこの「福祉見直し」論は、1975年頃から、わが国の社会保障の水準がすでに国際的にも遜色（そんしょく）がない程度に整備されたという認識を展開し始め、日本独自の方向として日本型福祉社会の実現が政策理念として掲げられた。

「福祉見直し」論において政策的に強調された〈住民の主体的地域活動〉育成の方向は、当初、政府よりも県レベルの地方自治体によって進められた。神奈川県の「ともしび運動」、埼玉県の「自治と連帯による県づくり」、千葉県の

「地域ぐるみ福祉」，東京都の「マイタウン構想」等にみられるように，当時，多くの県の福祉行政の基本に「行政自らのボランティア育成」を据えた地域福祉政策が展開されることになり，政策としての地域福祉が登場したといわれる。

1970年代後半期の地域福祉政策は，施策としては一応体系性をもちつつも，実際には行政自らの住民の福祉意識高揚，ボランティアの育成を中心に行ったに過ぎない。そして財政危機からの行政の限界を地域住民の主体的地域活動に期待する方向は，当時の「福祉見直し」論の流れと合致する弱さがあったといわなければならないであろう。

ところが1980年代に入ると，地域福祉政策はその範囲を広げ始め，在宅福祉という具体的施策を中心に展開を始めることになる。

● 在宅福祉政策の論理構造と地域福祉労働実践の成果

在宅福祉，すなわち在宅での生活保障という政策の方向を打ち出さざるをえなかった根本的要因は，高度経済成長期における地域・家族の変化，問題の深刻化そのものにあったといえる。しかしながら，現実の政策は実際の問題解決というよりは強調点が多少異なる展開をみせた。その政策の方向性に大きな影響を与えたものが，全国社会福祉協議会が1979年に発表した『在宅福祉サービスの戦略』（以下，『戦略』と略す）であった。そこで示された方向が1980年代の臨調「行革」の福祉政策と同調し，一定の役割をもったのである。

『戦略』では，3つの政策の方向を発信した。第1は，「非貨幣的ニーズ」という用語を全面に押し出すことによって，社会福祉の経済的問題＝貧困問題を政策課題から消し去る役割を担ったこと。第2は，生活問題をニーズ論で置き換えることによって，社会問題としての性格を弱体化させ，個々のニーズの積み重ねが政策課題となるとされ，その結果，生活上で起こっている問題を総合的に捉える視点を消滅させていったことである。第3は，サービスを担う主体として，専門家ではない人々，すなわち「準ないし非専門職員，もしくは地域住民自身」もしくは「ホームヘルパー，介護人，民生委員，ボランティア」といった担い手論が大きな影響力をもったことである。特に「在宅ケア・サービ

ス」は，「元来家族連帯にもとづいて家族成員相互間での援助」という形で行われてきたので「援助サービスは必ずしも専門的である必要はない」といった論理が展開され，サービスの担い手のボランティア化が進むことになった。これら3つの論理が1980年代以降の地域福祉政策に大きな影響を与えた。

　1981年3月にスタートした臨調「行革」（第2次臨時行政調査会）は83年3月に最終答申を出したが，答申では「基盤的保障」＝「最小限のもの」については行政の守備範囲であるが，主要な部分は個人・家族・地域の役割に期待するということを強調していた。具体的なその政策方向は，①福祉の有料化・利用者負担の強化，②福祉サービスの多元化，③福祉産業の育成，の3つであった。

　第1の福祉の有料化・利用者負担の強化については，まず1982年10月のホームヘルプ・サービスの有料化に言及する必要がある。この有料化は，1981年12月の中央社会福祉審議会の「当面の在宅老人福祉対策のあり方について」というタイトルの意見具申にそって実施されたものである。この意見具申では「利用者の費用負担」について，「従来，ややもすると国民の間に『福祉は無料』という意識があったが，今後，各種の施策について，その利用層を課税世帯へ拡大していくに当たっては，利用者がその負担能力や受益量に応じて，応分の負担をする制度の導入は避けられないと考える。このような負担制度の導入は，福祉サービスについて利用者の側から主体的に利用するものであるという認識を醸成する役割を果たし，さらに社会的公正の確保及び制度の恒久的かつ安定的発展，維持につながるものと考える」［中央社会福祉審議会　1982：85］と書かれている。

　1982年10月に改定されたサービスの内容は，それまで「所得税非課税世帯」を対象に無料であったものを「全世帯」に拡大する代わり，所得税課税世帯については有料にするとなった。この在宅福祉分野の有料化の論理は，1980年代の社会福祉の利用者負担強化全般に大きな影響をもたらした。

　第2の福祉サービスの多元化については，1980年代からスタートした福祉公社方式の有料在宅福祉サービス，後のいわゆる「住民参加型」在宅福祉サービスが多元化の推進役を担った。当時，自治体レベルでは深刻化する介護問題等

に当時の制度では不十分であり、また何よりも福祉予算の引き締め・削減が進んでいたことから、独自な取り組みをせざるをえない状況があった。こうしたなかで、有料在宅福祉サービスの牽引車の役割を果たしたものが1980年12月に設立された武蔵野市福祉公社であった。このサービスの性格は基本的には住民の相互扶助活動といってよいであろうが、当時の政策はサービス供給組織としてこの有料サービスに過大といえるまでの期待をした。それは、行政コストがほとんどかからないサービスだったからである。1980年代を通して、「住民参加型」在宅サービス実施団体が、社協、生活協同組合、自主的グループ、福祉生協等に広がっていった。政府も予算措置をともなわない新たなサービスとして、こうした「供給多元化」の拡大に対して高い評価をしたのである。

1980年代からの政策方向の第3は、福祉産業の育成である。これは福祉多元化の一環でもあったが、厚生省は1985年11月に「シルバーサービス振興指導室」を設置し、87年2月には「社団法人シルバーサービス振興会」を発足させ、福祉領域における企業サービスに一定の位置づけを与え、さらに89年度からは一定のガイドラインをクリアーしている企業に国の制度である「家庭奉仕員派遣事業」を委託できるとした。このようにして「多元化」の範囲は行政から、第三セクター、社協、民間団体、そして企業にまで拡大されていったのである。

さて、こうした政策のいわば総決算として登場したものが社会福祉制度改革であった。それはまた地域福祉を中心とした改革でもあった。1989年3月、福祉関係3審議会合同企画分科会（中央社会福祉審議会、中央児童福祉審議会、身体障害者福祉審議会）が「今後の社会福祉のあり方について」という意見具申を発表した。この分科会は「社会福祉制度の中長期的な視点に立った見直し」を行うことを目的に設置されたものである。意見具申では、まず、「戦後40年を経た今日、……所得水準の向上、年金・医療制度の充実により全体として国民の生活水準は向上するとともに平準化し」たとし、「生活の質や精神的豊かさを求める国民の志向が強くなってきている」という生活認識を前提に、「社会福祉の新たな展開を図るための基本的考え方」として「福祉サービスの一般化・普遍化」、「サービス利用者の選択の幅の拡大」を強調した。

これを受けて策定された1989年12月の「高齢者保健福祉推進10か年戦略」（ゴールドプラン）は，とりわけ在宅福祉の「拡充」をその正面に掲げていることが特徴である。そして1990年6月の福祉関係8法の改正は，ゴールドプランの内容を法的に整備することを目的としたものであった。全自治体での老人保健福祉計画の策定，在宅福祉サービスの重視が政策的にいわれたが，実際はサービスの普遍化や選択化といったスローガンのもと，行政施策の民間委託，利用者負担の強化が進行していった。

このように在宅福祉関係のサービスの展開は，同時に民間委託の進展でもあった。ホームヘルパーについてみると，その数は1990年に3万8945人であったが，95年には10万1527人，99年には16万8761人となっている。しかしその民間委託率をみると，それぞれ48.3％，85.2％，93.5％と急増したことに注目したい。

このように1980年代から90年代の20年間の地域福祉政策が福祉の多元化をリードしてきたといえるが，他方，在宅福祉の要ともいわれたホームヘルパーの専門性は，この時期を通して一定の深まりがみられたことにも目を向ける必要があろう。たとえば，1994年5月に出された世田谷区の『ホームヘルプサービスのあり方検討委員会報告書』では，ホームヘルプの専門性とは「家事と介護を基本にして高齢者や障害者が日常生活を営むうえで支障になっていることをとり除き，その人の状態とニーズに合わせて最も効果的，効率的に援助すること」であり，「生活を総合的に支えていく仕組みを作っていくこと」が重要な役目だと整理している［世田谷区　1994：12-13］。

筆者も1994年から3年間，公務員のホームヘルパーおよび高齢福祉担当の公務員と事例研究会を行い，その成果を98年に『ホームヘルプの公的責任を考える』という本にまとめた。同研究会ではほぼ1か月に1回のペースで3年にわたって，多くの事例を検討してきた。最終のまとめとして，この本においては10事例のみ掲載したに過ぎないが，それらは公務員ヘルパーとして最も専門性を発揮しなければならないと考える事例を選んだのである。その事例の中からいくつかを紹介しよう［河合　1998：214-279］。

事例1　「金がなくなったら死ぬよ」――朽ち果てた家に閉じこもる病弱な老夫婦
【事例の概要】脳梗塞による右片麻痺・障害1級のAさん（67歳），糖尿病で生活力の低い妻（59歳・主婦）の2人世帯。

　結婚以来Aさんは生活全般を支配し，妻は従属的な位置にいたので，Aさんの発病によって生活は崩れてしまった。老朽化し，苔の生えた家の外観，散乱し，薄暗い室内はまるで「お化け屋敷」である。援助を拒むAさんの通院介助を手がかりに説得し，Aさんの援助に入ったヘルパーは，妻の生活力の低さ，Aさんとの従属的な関係，病状の悪化などの問題に気づき，方針を修正する。援助の対象を妻に広げ，家事援助を通じての妻の家事能力の向上や，心理的な援助を通じての生活意欲・自信の回復，援助者や近隣の社会関係の再建の糸口を探った。そうした援助は夫婦の整容・服装の改善につながっていった。またケースワーカーと協力して生活条件整備を進めた。
【コメント】荒れ果てた家，悪化した生活，これらは驚くような内容だが，ヘルパーはだれでも，そしてしばしば経験するものである。公的な援助がなければ繰り返し生じる現象であって，その放置は人権問題である。こうした生活の悪化の原因はADLだけではない。なぜなら妻は身辺・家事については動作的な困難はないからである。

事例2　「生きていても仕方ない」――ヘルパーの援助で夫喪失の危機を克服
【事例の概要】Eさんは83歳の主婦。病弱の夫と2人暮らしである。「困っていない」とホームヘルプを受け入れない夫婦にヘルパーは巧みに対応し，家事を通じて生活の改善を図る。夫の死亡後は心理的な支えにより，生活を再生した。
【コメント】この事例は，家事援助中心業務がいかに大切かを示している。家事援助を通じて，受け入れ拒否から生活改善へ進む，その働きかけの過程が示されている。家事援助による生活の支えは，たとえば市販の総菜も活用し食事のイメージを拡大する，手摺り取り付けを嫌がるので，それに代わる品物で安全な室内歩行を確保する，など家庭にあった臨機応変のものである。食の確保＝食事サービス，歩行の確保＝手摺り（住宅改善サービス）という短絡的なものではない。……夫の死亡直後は，悲哀の心理過程に付き合うことも業務とした。人生そのものを受け止める，感動的なヘルパーの仕事である。

事例3　アルコール依存と痴呆――援助拒否ケースへの入り口づくりの典型
【事例の概要】アルコール依存と痴呆症が現れたひとり暮らしの女性・Hさんの事例。ボヤ騒ぎをきっかけに民生委員から福祉事務所に通報があった。生活全般が悪化し，明らかに援助を必要としていたが，本人の入室拒否やヒステリックな援助拒否が続くなか，継続的なヘルパーの訪問と生活援助への働きかけにより，訪問を受け入れ

るようになったことで，ぎりぎりの在宅生活を維持している。
【コメント】ここでは，受け入れを拒む人への入り口づくりの展開が描かれている。顔を覚えてもらうこと，本人が信用している人をつなぎにすること，本人の品物や体に触れるときの工夫，食卓に臨んだときの心理的な接近と食事援助の開始，こうした工夫の結果，蒸しタオルから始まって，皮膚科通院にまで到達しているのである。……この事例のように，何らかの介入が必要なケースは，公的責任において援助が展開されるべきである。

以上，3事例について，概要とコメント（コメントは小川栄二氏による）の一部を紹介した。ホームヘルパーという地域福祉実践の専門性，公的責任によるサービスの必要性の認識，これらの問題提起は現在においても検討されなければならない。また，介護保険の体制下，こうした労働実践の蓄積は再評価されなければならない。

2　社会保障・社会福祉の保険主義化と地域福祉政策の課題

● 介護保険制度と社会福祉基礎構造改革

2000年4月にスタートした介護保険制度は，これまでの地域福祉のあり方を大きく変えた。1994年12月の厚生省「高齢者介護・自立支援システム研究会」が出した「新たな高齢者介護システムの構築を目指して」は，介護保険制度の基本的考え方を最もよく示している。この報告書では，社会福祉である措置制度ではサービスを国民の側が選択できず，行政側が一方的に決定するものであると決めつけ，さらに社会福祉よりも社会保険のほうが権利性が高い，それゆえ介護問題への対応を社会保険に切り替えたほうがよいとされた。

介護保険制度の最大の問題は，上記報告書の考え方を受けて，実際に介護問題への対応を社会福祉制度から社会保険たる介護保険制度に切り替えたことである。

この保険主義化はいろいろな問題を生み出した。その第1は，介護保険の対象を厚生省が制度設計上で全高齢者の13％程度としたことで，制度対象外の人々の介護問題にいかに対応するのかということがまず問題となった。第2

は，介護保険の認定基準が身体状況偏重となっていたことから，生活問題総体をみる視点が弱くなったことである。すでにふれた，たとえば拒否ケースへの対応は制度の弱点であった。そして第3は，介護保険制度の実施にともない，徐々に社会福祉の役割が曖昧になり，制度が縮小してきていることである。それまで社会福祉サービスの対象であった者が，介護保険制度では制度を受けることができなくなり，地方自治体では国の福祉サービスを一部活用しつつ一般施策で残すところと制度そのものを廃止するところが出てきた。第4は，市場原理を導入したこと，つまり社会保障・社会福祉領域に株式配当が認められたことである。

こうした介護保険の制度原理を社会福祉領域に拡大しようと，2000年5月，社会福祉事業法が社会福祉法に変わった。厚生省（当時）は自ら「社会福祉基礎構造改革」と呼んでこの変更を推進してきた。社会福祉法の中心的ねらいは，公的施策を「支援費の支給」という，いわば〈経済給付〉に限定し，あとは国民各自による企業も含む民間サービスの自由な購入に任せるというものである。つまり，行政は直接サービスの提供を行わず，サービスの利用料を払えない者に利用料の一部を「支援」するという役割になる。これは，介護保険制度の基本的方向を社会福祉全体に拡大するものといってよいものである。

介護保険制度そしてこの社会福祉基礎構造改革はともに，措置制度であるこれまでの社会福祉では，国民の側が自由にサービスを選択できないということを強調する。しかし問題は，選択と契約をする主体をどのように想定するのかということである。

● 社会福祉サービスの縮小と地域福祉政策の課題

いま，社会福祉制度の領域はどんどん狭められてきている。サービスそのものが廃止され，その一部が社会保険領域に組み込まれるといったことが起こっていることは大きな問題である。たとえば，配食サービスを取り上げてみよう。

同サービスは，1997年までは「在宅高齢者等日常生活支援事業」の1つとして，奨励的な意味で実績に応じた補助になっており，国が3分の2を負担して

いた。98年には「高齢者在宅生活支援事業」と名称変更され，さらに99年には「在宅高齢者保健福祉推進支援事業」となり，国の補助率が2分の1に下がった。2000年4月に介護保険が実施されると，この事業は「介護予防生活支援事業」となり，介護保険との連動をさらに意識した名称になった。注目すべきは，この時点では，まだそれなりに介護保険対象外の問題をカバーしようという姿勢が国にあったといえる。たとえば，軽度の生活支援事業は介護保険では対象外になる部分に対する制度であったし，また特別養護老人ホームから排除される人々を生活支援ハウスでカバーするとか，さらには介護保険の対象外のいわゆる困難ケースを「生活管理能力指導事業」で一応カバーしようとしていた。

2004年には，「介護予防地域支えあい事業」という名称になった。社会福祉が〈地域支えあい〉＝相互扶助というような表現となったこと自体大きな問題といえる。

2006年度，介護保険の見直しの結果，これまで福祉サービスとしてあった「介護予防地域支えあい事業」は，「地域支援事業」として再編され，介護保険の中に，つまり社会保険の中に組み込まれることになった。事業内容は介護予防事業，包括的支援事業，任意事業の3つであり，介護予防事業は高齢者のおおむね5％を対象とするとしている。この事業は介護保険の対象を多少広げたものの，中心は介護予防のサービスである。地域支援事業は，メニューに相談，権利擁護，家族介護支援事業等が任意事業で引き継がれているが，介護保険の枠を少し出る程度のもので，主力は介護予防に限定されていることは大きな問題である。

社会福祉制度は社会保障体系の中で重要な1つの構成要素である。社会保険制度に社会福祉が組み込まれるということは，社会福祉サービスの性格を変更し，その領域を狭め，対象外の問題が深刻化するということである。問題に押しつぶされ，問題を問題とも認識しないで暮らす人々，基本的人権の侵害，人間の尊厳を損なうような問題をかかえている人々の課題を正しく把握することが求められている。そこは選択と契約のシステムとは別の世界である。

さて，いま地域福祉政策に問われていることは，地域住民の生活問題を総体

として把握すること，特に地域に潜在化している生活問題に根ざすことが大切である。その生活問題を整理し，行政が公的責任でやらなければならないことを明確にしつつ，しかし行政ではできないことについて住民とともに考え，解決活動を組織していくことが必要であろう。行政による地域福祉計画，社協による地域福祉活動計画も，こうした基本的視点に立って策定・実施されなければならない。

　社会福祉制度の領域が縮小し，社会保険領域に移行してきている今日の状況は，特殊日本的現象で，今日の政策の方向では国民の生活問題を解決することにはならないであろう。地域で孤立し，控えめに暮らす地域住民の声を掘り起こすことが求められている。また，行政でなければできない仕事の領域を再建することが必要となる。

【引用・参考文献】
小川政亮・垣内国光・河合克義編著（1993）『社会福祉の利用者負担を考える』ミネルヴァ書房
河合克義（1995）「地域福祉の政策展開―戦後日本の地域政策と地域福祉」牧里毎治・野口定久・河合克義編『地域福祉』有斐閣
河合克義編著（1998）『ホームヘルプの公的責任を考える―多面的徹底解明』あけび書房
世田谷区（1994）『ホームヘルプサービスのあり方検討委員会報告書』
中央社会福祉審議会（1982）「当面の在宅老人福祉対策のあり方について（意見具申）」『月刊福祉』1982年1月号，全国社会福祉協議会

〔河合克義〕

第4章
地域再生と行財政 ■イギリスの地域戦略パートナーシップ

はじめに

　本章は，地域福祉と行財政を扱う。しかし，わが国には「地域福祉予算」という独自の歳入・歳出の予算費目は設けられていない。地域福祉予算を確認するには，高齢者，障害者，子育て，教育関係，建設事業費などさまざまな事業項目から，地域福祉関連に関わる予算を拾い上げることになる。たとえば福祉関係の予算では，社会福祉援護費，民生委員活動費，社会福祉協議会費，老人福祉事業費，子育て支援事業費などがあり，その他に，教育関係（生涯学習・学校教育等）や建設関係（バリアフリー等）の予算からサブアイテムとして地域福祉予算を集計する必要がある。一方，歳入についても，国補助金，都道府県補助金として，先の事業費に関わる国あるいは都道府県からの補助金が交付されている。

　いずれにしても，「地域福祉予算」という特定の費目から分析を行うことはむずかしい。そのため，行財政から考察するには，地域福祉のなかの特定項目を選び出さなければならない。本章では地域福祉のなかから地域再生をピックアップし，行財政の視点から政策を分析することにしたい。特に地域再生の進展に関連して興味深い国が，イギリスである。イギリスでは，貧困地域や地域間不公正という点から国が地域再生政策を展開し，コミュニティ戦略を進めている。①イギリスの地域再生と公私のパートナーシップ，②地域再生と地域戦略パートナーシップ，③ローカル・ガバナンスの視点からの地域戦略パートナーシップの評価について，それぞれ考察していく。

1　地域再生と地域戦略パートナーシップ

◉ パートナーシップとは何か

　1990年代において，通常クワンゴ（quasi-autonomous non-governmental organization, quango）として知られているエージェンシー（agency）は，地方の公共政策の実施の中心となってきた。パートナーシップによる施策の多くは，デプリベーション（deprivation）と呼ばれる貧困に焦点を当て，貧困地域あるいは貧困層に向けられた資源を調達してきた。パートナーシップが拡張している動きは，図表4-1が示すとおりである。

　1997年のブレア政権発足後，パートナーシップという地域再生の政策原理が取り入れられている。このパートナーシップ路線にそって，ニュー・レイバーは保守党政権下で始まったSRB（Single Regeneration Budget：包括的都市再生予算）を通して再生プログラムを進めてきた。その特徴は，都市再生のサービス供給においてパートナーシップの役割を重視していたことである。パートナーシップ計画は，10年以上の期間にわたる中長期のものである。また，近隣地域あるいは地域密着型のイニシアチブが重視されている。この形態はさらに発展して，2001年には地方自治体の地域全体をカバーする包括型パートナーシップや地域戦略パートナーシップ（Local Strategic Partnership, LSP）が創設されている。

　地域再生を後押ししているのは，貧困対策を重点的に打ち出している社会的排除ユニット（Social Exclusion Unit, SEU）である。SEUという組織は，政府活動を改善し，社会的排除を縮小することをめざしている。その活動自体は競争経済，社会的結合の再強化，ガバナンスやシティズンシップの再生といった重要な目標を掲げている。SEUで注目を引くのは，その方針が経済的変革や社会的変革を促すだけではなく，近隣地域の再生を通して複合的な貧困問題を解消できるように公共政策の連携・統合化を進めようとしている点である［SEU 1998］。

　イギリスの貧困対策は実に多岐にわたる。それらは，地域対象型，グループ

図表 4-1 地方のマルチ・エージェンシーによるパートナーシップ

パートナーシップ名	開始日	数	財源(ポンド)	目的
児童基金	2001	40	1億5000万	児童の貧困への取り組み
炭田計画	1998	—	1億3500万	炭田の再生
犯罪と騒乱	1998	376	1億6000万	コミュニティの安全と犯罪の取り組み
初期発達と育児	1998	150	4億3500万	保育使節と育児の発達
教育アクションゾーン	1998	73	7200万	学校グループの教育水準の向上
雇用ゾーン	2000	15	5600万	長期失業者の援助
都市のエクセレンス	1999	58	7500万	主要都市での教育水準の向上
医療法パートナーシップ	1999	64	6億3700万	医療と社会サービスのジョインドアップ
医療アクションゾーン	1998	26	1億6000万	医療と治療の重点化
健康的な都市生活	1999	—	6000万	健康の促進
近隣地域再生資金	2001	88	2億ポンド	最貧困地域のサービス改善
コミュニティのためのニューディール	1998	39	1億1200万	最貧困地域での貧困対策
ソーシャルインクルージョン	1999	48	5000万	社会的排除への取り組み
スポーツアクションゾーン	1999	30	7500万	貧困地域でのスポーツ促進
シュアスタート	1999	500	2億8400万	貧困家庭の児童発達の促進
単一再生予算	1994	900	7億	貧困なコミュニティの再生
地域戦略パートナーシップ	2001	400	—	長期的なビジョンの開発と監視

出所: Stoker, G. (2005) 'Joined-Up Government for Local and Regional Institutions', in Bogdanor, V. (ed.) *Joined-Up Government*, Oxford University Press, p. 158.

対象型、プログラム対象型の施策を含んでいる。まず税制改革と最低賃金の導入があり、「働くための福祉（welfare to work）」プログラムがある。さらにカテゴリー別に紹介すると、地域対象型の施策では、SRB やコミュニティのためのニューディール（New Deal for Community, NDC）があり、グループ対象型の施策では、ニュースタートやシュアスタートがある。プログラム対象型では、雇用ゾーン（EZ）、医療行動ゾーン（HAZ）、教育行動ゾーン（EAZ）が設けられた [DETR 2000]。

主流となるサービスの改善も大きな特徴である。政府は地域の公共サービスの質と対応力を改善することをねらい、地方行政の現代化アプローチでは、地方自治体のもとでコミュニティ再生を先導できるようなエンパワーメントを行う。また、意思決定のプロセスを効率的で透明なものにし、アカウンタビリティを保証できるものにしなければならない。サービスの効率性と質について

も，継続的に改善していく必要がある。そのためには，地域の意思決定に住民が積極的に参画し，地域福祉を促進，改善するように必要な権限を保障しなければならない。以上をふまえて，地方自治体が持続可能な発展に貢献することをめざしている [DETR 2001]。地域戦略パートナーシップとコミュニティ戦略（Community Strategy）は，2000年地方自治法のもとで導入されている。その活動はサービス供給を拡充し，持続可能なコミュニティをつくりあげるという重要な役割を担っている。次の項目では，地域戦略パートナーシップの展開をみていく。

● 地域戦略パートナーシップの展開

地域戦略パートナーシップ（以下，LSPという）は，政府文書『近隣地域再生への新たな確約―国家戦略行動計画』で指示されており，地方レベルにおいて公的，民間営利，コミュニティとボランタリーセクターが共同してコミュニティの再生に取り組むことを目的としている。それは行政が独自で行う施策ではなく，多くのエージェンシー機関が中心となる。

パートナーシップは，参加するプレーヤーは効果性と代表性を発揮しており，地域再生を促すために優先策が共有化され，LSPの目標に向けてマネジメントシステムが構築され，官僚制が縮小されるという政策基準にもとづいて活動を展開していく。

LSPの核となる目標は，以下のとおりである。
① パートナーシップを制度化し，コミュニティ計画を通して持続可能なコミュニティ戦略に対する確約を掲げる。
② LSPと持続可能なコミュニティ戦略を推進する際，地方自治体のメンバーを含めた地方自治体の役割を拡大する。
③ 持続可能なコミュニティ戦略，近隣地域再生戦略，地域エリア協定（LAA），地域開発枠組みを通して，協働活動における優先事項に対してアカウンタビリティを担う（地域開発枠組みは，持続可能なコミュニティ戦略のための土地利用供給プランである）。
④ 地域の参画を促し，地域とパリッシュカウンシルの視点から地域のサービ

ス供給と支出に影響を与える。
⑤ パートナーが相互に責任を問い，地域住民がパートナーシップに責任を問えるように，ガバナンスと査察の協定を締結する。

　LSPは，デプリベーションという多面的な貧困問題に取り組む機関であり，広範な対策を実施する組織である。したがって，LSPのパートナーは地域の優先順位を決定し，問題解決に寄与することになる。住民参加あるいはステークホルダー（利害関係者）による意思決定という意味では，LSPはまさにローカル・ガバナンスの試金石ともいえる。現在，イングランドには360のLSPがあり，そのうち88は近隣地域再生資金（Neighbourhood Renewal Fund, NRF）を受けている。NRFを受けているエリアはLSPを設置しなければならないが，それ以外のエリアではLSPは自発的なものである。パートナーシップのいくつかは，1990年代初頭の地域イニシアチブにさかのぼるものであり，その他のものは比較的近年設置されたものである。後段で述べるように，設置の経歴，つまりパートナーシップが以前から設けられていたところと比較的新しいところでは，そのアウトカム（outcome）に差異がみられる。そしてLSPは，中央政府が期待するように，代表制民主主義という意味で大きな役割をもち，特にカウンシルのメンバーとコミュニティの代表者は重責を担っている。まさにLSPは，ローカル・ガバナンスの実験の場と解釈することができる。

　次に，ローカル・ガバナンスから，LSPを検討してみたい。LSPは地域代表の選出，共通のビジョンの設定，協働活動の展開という観点から，多くの実践が展開されている。コミュニティ戦略は，国，リージョン，近隣地域あるいはパリッシュの優先事項について，民間，ボランタリーとコミュニティセクターの代表者を含めた地域のパートナーを一体化させるものである。コミュニティ戦略への動きは，持続可能な開発に寄与するコミュニティ戦略を謳った2000年地方自治法の流れと合致するようになっている。

　LSPは，既存の主流のサービス供給計画やプログラムを地域ニーズと合致させるためのフォーラムとしてみられている。そして公共サービス協定（Public Service Agreement, PSA）を発展させる際に地方自治体と協働し，大蔵省の最低限度の目標値を追求するなかで緻密な目標を考案しなければならない。

ローカル・ガバナンスからみたLSPの役割は，以下のとおりである。

第1に，多様なパートナーシップの中から中核的なパートナーシップを形成していく。ここに代表制が正統なものかどうかが問われていくことになる。次に，地域再生エリアでの調整を行い，リージョンやサブリージョン，基礎的自治体で設置された諸機関の計画とを連携調整していく。

第2に，持続可能なコミュニティ戦略として，エリアのビジョンと優先事項を設ける。それは地域住民や企業を含めたすべての関係者から支持を得たものでなければならない。

第3に，地域エリア協定（Local Area Agreement, LAA）を実施し，効果的に推進する。地域エリア協定は，中央政府―地方自治体・地域戦略パートナーシップ―地域レベルのパートナーとの間で合意された地域エリアの優先事項を定めたものである。この協定を通して，地方は公共サービスの連携統合を促進し，地域環境の悪化に対する地域対策を柔軟に実施できるように中央の補助金を受けることができる。地域エリア協定は，分権化を通して地域の意思決定を委譲し，ホワイトホールの地域政策に対抗し，かつ官僚制を縮小するねらいをもっている。

第4に，地域エリア協定のアウトカムを含め，持続可能なコミュニティ戦略の優先事項を達成するための行動計画を策定する。

第5に，カウンティ（county）とディストリクト（district）の二層の自治体では，カウンティのLSPと地域エリア協定は，ディストリクトのLSPが定めた優先事項を考慮しなければならない。二層制の地方政府は，カウンティのカウンシルとディストリクトのカウンシルが同じような権限をもつことを許しており，両者が資金の割り当てをめぐって競合するために問題が生じることがある。

近隣地域再生戦略の開発とアウトカムの実現が必要とされている。地域エリア協定は持続可能なコミュニティ戦略の行動計画の一部であるが，それはガバナンスの枠組みを提供し，領域を超えたテーマを特定し，コミュニティ参画を保証するなかで，LSPの重要性を生み出すことをめざしている。当然，LSPとコミュニティ戦略の役割とは関連しており，地域エリア協定の中で詳細に定

められたアウトカムとあわせて、当該地域のビジョンと優先事項を設定している。地域エリア協定のアウトカムは、地方自治体とLSPが調査し、監視、レビュー、報告する。また、政府オフィスが代表する中央政府と地方自治体とLSPが代表する地域エリアで交渉された優先事項を設けることになっている。このように地域エリア協定とコミュニティ戦略との間には明確な関連があり（双方が地域の優先事項を設けている）、多くのエリアは地域エリア協定にもとづいてコミュニティ戦略を実施している。

● 近隣地域再生資金

　LSPをさらに考察する場合、財源を確認しておくことは重要である。その意味で、近隣地域再生資金（Neighbourhood Renewal Fund, NRF）をみておく必要がある。NRFはLSPと協働して、最も貧困な地域をかかえる地方自治体がサービスを改善し、他の地域との格差を狭めることをめざしている。その成果の見極めについては、2000年の支出レビュー［HM Treasury 2000］にそって、政府は貧困地域での公共サービスによるアウトカムの目標に掲げている。目標の達成の有無について、政府機関、地方自治体、他のサービス供給者によるパフォーマンスが判断されることになる。

　判断の基準には、最低限度目標（floor target）が参考にされる。それは政府が社会的困窮（disadvantage）に取り組む提案で、最低賃金の社会版として2000年に初めて導入された。その財源は目標を達成する援助金として交付されている。2004年の支出レビューではその目標はさらに精緻化されており、地方レベルで学校や警察のようなサービスを供給する主体が近隣地域再生に取り組めるように後押しをしている。

　NRFは、最も貧困な地域で公共サービスを改善しその地域を支援するために、イングランドにおける最も貧困な自治体の88か所に、2001〜06年の期間にわたり、18億7500万ポンドを交付している。2004年支出レビューは、2006／07年と2007／08年のそれぞれに、NRF財源の5億2500万ポンドをさらに交付している。さらに、国は2006〜08年のNRF財源である10億500万ポンドを86の地方自治体に分配すると発表している。

NRFは，最も貧困な地域において貧困対策にも支出できる特定補助金（grant）で，時限的なものである。それは，特に最低限度目標に関連して，地方近隣地域再生戦略（Local Neighbourhood Renewal Strategy, LNRS）あるいはコミュニティ戦略で定められる地方の目標値（local targets）である。2000年地方自治法の第1条は，すべての地方自治体にコミュニティ戦略を義務的に策定するよう求めている。LNRSの策定は88のNRFエリアにおいてLSPの重要な機能を果たしており，LNRSの策定はNRFを受けている88のエリアにおけるLSPのための重要な業務である。これらの戦略は，戦略目標および貧困（deprivation）の対策目標，パートナーシップによって明らかにされる他の重要な分野を実現する。それは貧困に取り組む国家の目標に寄与している。

　LNRSの策定の規定フォーマットはなく，地方の状況やニーズによって異なってくる。しかし，それぞれの戦略は次のようでなければならない。

- 再生を必要とするすべての近隣地域で，明確的な変化をもたらす合意されたビジョンや計画を説明すること。
- 近隣地域で関係をもち，影響力を及ぼすような重要な人物や制度すべてに関する合意や確約を盛り込んであること。
- 地方公共機関の計画や優先事項に関する地方の戦略的枠組みを明確に述べること。地方サービスを改善し，地方や国の優先事項を考慮した意欲的な目標を設けること。
- 地方および国家の優先事項を考慮して，地方サービスの改善に対して挑戦的な目標を設定すること。
- 地方で合意された目標の実施の監視システムを確立すること。
- 近隣地域再生に関与する人々に，この課題を前進させるのに必要な技術や知識を与えるような行動を含むこと。

　コミュニティ戦略は地方自治体の地区すべてにわたって実施されるが，一方，LNRSは最も貧困で優先順位の高い近隣地域を改良するために設けられている。コミュニティ戦略とLNRSはともに，地域住民とサービス供給者との合意にもとづいて策定されなければならず，LSPを通じて業務が進められている。

2 地域戦略パートナーシップの評価

　LSPがサービス実施と地方自治の改善にいかに効果をあげているかを検証する必要がある。この点について，運輸省最終報告「地域戦略パートナーシップの全国評価（National evaluation of Local strategic partnerships: formative evaluation and action research programme 2000-2005）」が貴重なデータを示している。

　紙幅の都合により，ガバナンスの視点からのみその評価を紹介してみたい。図表4-2は，ガバナンス・アウトカムに関する結果を示している。設問項目は，①集団的な見通しと統合的な戦略，②地方の意思決定に参画する利益の範囲の拡大，③取り残された社会集団の意思決定への参加，④より強力で団結した地方の意見の構築，⑤地域社会の考える正統性の強化，⑥良い前例の導入と普及，⑦議会決定に対するより効果的な影響力，⑧地域や国家の問題に対するより効果的な影響力，から構成されている。

　表が示すように，「集団的な見通しと戦略の調整」では，63％が「大きな進展」と答え，36％が「若干の進展」があったと回答している。この肯定的な回答の背景には，コミュニティ戦略の後押しがあると考えられる。そうであれば，このデータは，LSPの3分の2のみがコミュニティ戦略によって進展がみられたことにもなる。

　ガバナンスの問題で，NRFのLSPは非NRFのそれよりも進展度が大きいことがわかる。特にNRFのLSPは，「取り残された社会集団の意思決定への参加」で，相対的に大きな成果をあげている。最も高い数字を示したのはNRFのLSPの11％で，カウンティの場合では他の地域よりも遅れがめだつ。

　LSPは，コミュニティのニーズを明らかにするために，幅広い一連の機関を取りまとめることを期待されている。これまでは，ディストリクトの地方自治体が主導的な役割を担っていたが，ガバナンスをめぐってカウンティとディストリクトとの間に溝となる領域がある。

図表4-2　進展―ガバナンス・アウトカム　　　　　　　　　　　　　（%）

	NRF LSP	非NRF LSP	郡（非NRF）	地区（非NRF）	都市（非NRF）	全LSP
①集団的な見通しと統合的な戦略						
大きな進展	70	60	60	58	67	63
若干の進展	30	39	40	39	33	36
②地方の意思決定に参画する利益の範囲の拡大						
大きな進展	18	11	10	11	12	13
若干の進展	73	65	43	68	74	67
③取り残された社会集団の意思決定への参加						
大きな進展	11	3	0	4	0	5
若干の進展	77	53	45	50	71	60
④より強力で団結した地方の意見の構築						
大きな進展	27	17	23	16	18	20
若干の進展	58	67	57	69	71	65
⑤地域社会の考える正統性の強化						
大きな進展	5	3	0	3	3	3
若干の進展	58	50	31	52	59	52
⑥良い前例の導入と普及						
大きな進展	16	9	6	9	12	11
若干の進展	60	54	55	54	53	56
⑦議会決定に対するより効果的な影響力						
大きな進展	11	9	10	9	6	9
若干の進展	72	67	48	69	71	68
⑧地域や国家の問題に対するより効果的な影響力						
大きな進展	8	6	13	3	12	6
若干の進展	42	46	55	46	41	45

注：「優先しない」と「進展なし」の回答を含まないため，数値は足して100にはならない。
出所：SEU（2006）*National evaluation of Local strategic partnerships: formative evaluation and action research programme 2000-2005 Final Report*, p. 98.

おわりに

結論は，以下のとおりである。

第1に，地方政府はやはりLSPの強いリーダー的存在である。それはLSPの牽引者であり，パートナーにとって最も強力なパートナーとして認識されている。当然ながら，その強い支配力に対する懸念を呼び起こしている。

第2に，LSPをめぐって政党政治と政治化が問題となる。たとえば，LSPの編成から野党議員が除かれている。

　第3に，公共機関として警察，PCT，消防署が参加しており，コネクションズ（Connexions）やジョブセンタープラス（Jobcentre Plus）も役割を担っている。

　第4に，多様なプレーヤーの参画の度合いに相違がある。近隣地域再生資金を受けないLSPより受けるLSPのほうが参画の度合いは高い。また代表性を十分に発揮できていないという問題も否定できず，ボランタリーセクターとコミュニティセクターが代表性を保証できておらず，民間営利セクターも代表は少ない。

　第5に，カウンティのLSPや農村地域のLSPは，パリッシュ／タウンとの関係性を発展させていない。むしろLSP執行部は，パリッシュやタウンのカウンシルを代表する統括組織との作業を進める傾向がある。

　第6に，LSPの活動の多くは，パートナーとの緊密な連携，情報とスタッフの資源の共有化，共同出資による財政協力など，「プロセス・アウトカム」に依然として集中している。「ガバナンス・アウトカム」にはまだ隔たりがある。

【引用・参考文献】

DETR（2000）*Local Strategic Partnerships*, London: DETR.

DETR（2001）Achieving a Better Quality of Life: Review of Progress towards Sustainable Develpment, London: DETR.

HM Treasury（2000）Spending Review London: HM Treasury.

Local Strategic Partnerships: Shaping their future A Consultation Paper ODPM

Local Strategic Partnerships: Lessons from New Commitment to Regeneration（Area Regeneration S.）

National evaluation of Local strategic partnerships: formative evaluation and action research programme 2000-2005

ODPM（2006）*National evaluation of Local strategic partnerships: formative evaluation and action research programme 2000-2005 Final Report.*

SEU（1998）*Bringing Britain Together: A National Strategy for Neighbourhood Renewal*, Report by the Social Exclusion Unit, Cm 4045, London HMSO.

〔山本　隆〕

第5章
地域福祉とソーシャル・キャピタル

はじめに

　近年，地域福祉の理念に深く関連した共生やつながりを大切にしたまちづくりを進めていくための住民力，地域力などの概念が，広い意味でのコミュニティ政策やまちづくり政策で用いられている。そこでは関連政策との総合的・統合的取り組みが求められ，「コミュニティの再生」や「地域力の向上」がその目的や方策として頻繁に登場している。そのなかで注目を集めているのが，ソーシャル・キャピタル（以下，SCと略す）という概念である。SCは一般に，社会的つながりと，そこから生まれる規範や信頼感であると理解されている。この概念はしばしば「地域力」という概念と絡み合い，コミュニティに関わる政策を考えるうえで重要な概念と考えられている。

　本章は，地域福祉政策・実践にSCの枠組みを導入する際にどのような概念や分析枠組みが有用であるか，さらに地域福祉の視点からSCについての学際的議論にどのような貢献が可能かを探ることとし，地域福祉とSCの関係についての包括的理論枠組みの検討は，今後の課題としたい。初めに代表的な論者によるSCの基本的な概念整理を行い，次にSC概念が議論されるなかで行われてきた概念の再構築について概観する。そしてそれらの議論をふまえ，SC概念を地域福祉政策・実践で活用する場合に検討すべき事項について整理したい。

1　ソーシャル・キャピタルの基本的概念

　SCとは何か。最初にその概念を提示したのはアメリカ，ウエストヴァージ

ニア州の州教育長であったハニファン（L. J. Hanifan）といわれている。彼は1916年に農村コミュニティにおいて，教育や自治の発展のためにはコミュニティの関与が必要であることを論じ，SCを「善意，仲間意識，相互の共感，社会的交流」と定義し，他人とのつながりがなければ社会的支援につながることがなく，隣人とのつながりの蓄積によってそれらSCが蓄積されるとした。「コミュニティ」の資源としてのSCに注目したSC論である。都市計画分野のジェイコブ（J. Jacobs）も同様に「コミュニティ」に着目し，1960年代アメリカの諸都市において大規模な都市再開発が進むなか，都市部における隣人関係等の社会的ネットワークなどをSCと表現し，その重要性を説いたのである。

一方，「個人」に注目したSC論も展開され，他の「資本」との違いや関連についても言及されるようになる。アメリカの経済学者ラウリー（G. Loury）は，人種間の所得格差の原因として人的資本（human capital）の獲得過程が人種間で異なることを指摘し，それをSCとした。また，フランスの社会学者・文化人類学者であるブルデュー（P. Bourdieu）[1986] は，SCを人が社会的な生活を円滑に送るための文化的な要素である文化資本（cultural capital）や経済的資本（economic capital）等さまざまな資本のうちの１つとして捉え，SCは個人に何らかの利益をもたらす形で社会化された社会関係の総体であるとした。それは権力や資源の配分の決定権へのアクセスを個人にもたせている家族・血縁関係や人脈，「コネ」といったものをさしており，階級による階層化や搾取の構造を説明する概念として用いられている。SCを活用することができる個人は，他者の犠牲を強いてそれを活用しており，結果として社会を分化，固定化し，社会的経済的不平等を再生産しているという見方である。

このようにブルデューのSC論においては，SCは社会を分化させるメカニズムと捉えられていたが，それとは異なり，SCは社会における人々のつながり・結びつきを強める機能をもつと捉えたのはアメリカの社会学者コールマン（J. S. Coleman）である。コールマンは社会的経済的資源をもたないとしても，自分の利益を得るために個人がどのようにして他者と協調行動をしていこうとするのかを理解しようとし，SCを個人に協調行動を起こさせる社会の構造や

制度とした[Coleman 1990:304]。それは家族や血縁関係，地縁ネットワーク，そしてそれらを成り立たせる規範までを含んでいる。つまり，個人の利己心から出発しているものの，協調行動がうまくいくと「信頼」が生まれ，それによってまた協調行動が促され，その他の利益を得ることにつながる，というように，合理的個人（rational actor）が協調行動をおこす仕組みを，社会的ネットワークや，信頼，互恵などの規範の存在から論じたのである。彼はまたSCは，見えにくいものであり，個人が知覚できる範囲の小規模で閉じられた関係のなかで形成・蓄積されるとしている。

政治学者のパットナム（R. D. Putnam）[1993:167]は，コールマンの議論をふまえてSCは「人々の協調行動を促すことにより，その社会の効率を高める働きをする社会制度」と定義した。そしてSCは「信頼（trust）」，「互恵性の規範（norms of reciprocity）」，「市民参加のネットワーク（network of civic engagement）」といった要素から構成されていると論じた。パットナムは民主的な政府がうまくいったり，また逆に失敗したりするのはなぜかを明らかにするために，SC概念を用い，南北イタリアにおける地方政府の制度パフォーマンスを調査し，その違いを説明した。

ここで注目すべきは，コールマンとパットナムの論点の違いである。いずれも，SCを社会における人々の結びつきを強めるものであるとみているが，コールマンは，SCは個人に帰属するものであること，また協調行動や信頼の醸成がそこにあるとしても，「個人の利益」が議論の焦点となっているのに対し，パットナムのそれは，個人ではなく社会のありようをはかる「市民社会度（civicness）」としてみている。彼はSCが豊かな社会では，人々の協調行動が起こりやすく，人々は互いに信頼しあい，連帯，参加，統合の価値観が根づき，その結果，効果的な制度運営等，発展の基盤ができるという論理である。

以上，代表的な論者によるSC論を概観してきた。SCが個々の住民個人レベルとその利益に焦点を当てるのか，それともコミュニティのレベルとコレクティブな利益をさすのか。地域福祉の文脈でSCを考察する際にもこの違いに着目することは有用であろう。

2 ソーシャル・キャピタル論への批判と概念の再構築

● ソーシャル・キャピタル論への批判の論点

　ソーシャル・キャピタル論への関心の高まりとともに，SC論に反論や批判が寄せられている［佐藤　2001：18-20］。まず，そもそもSCは「資本（capital）」としての性格を有しているのかどうかという，主に経済学者からの指摘である。また，「資本」であれば計測可能かどうかが問われるが，SCはそれ自体とその価値の計測が困難なため，多くの研究が間接的な指標を用いてその多寡を計測しようとしていること，その指標がすべての社会に対して共通に使用できるものではないこと，指標の選択において論者の恣意性に強く左右されるということへの批判がある。また，社会における力関係の存在がパットナムらの議論には考慮されていないことが指摘されている。つまり，彼らは市民社会の水平的ネットワークの重要性を論じているが，市民社会が同質でないこと，弱者やマイノリティの存在を排除しているといった批判である。力関係ということでは，中央政府と地方政府との力関係についての考察の欠如も指摘されている。さらにSC論は，さまざまな分野の社会科学者がそれぞれにSC概念を定義して論じることにより，その概念に曖昧さを与え，議論を混乱させているという批判がある。

● 概念の再構築

　SC概念への批判により，さらなる議論の発展と概念の再構築が行われている。その再構築は「限定化」と「類型化」によって行われている。限定化は，「批判」が往々にしてそもそも異なるSCについて論じていることに起因することから，SCの役割を議論する際には，その定義を研究対象や目的にそって限定するという動きである。世界銀行のSocial Capital Initiative（SCI）ワーキングペーパーなどがその例である。類型化は，SCとひと括りにされているものを分類・類型化して概念の再提示を行うという傾向である。これらは，パットナムらによるSCの「結束型（bonding）」，「橋渡し型（bridging）」といっ

た分類に加えて，SC の理解に役立つ。

　パットナムは SC をその性質，形態，程度，志向の4つの側面から分類している。そのなかでもパットナムがその性質によって分類している「結束型」と「橋渡し型」の SC は，SC を理解するうえで最も基本的な分類である。「結束型」の SC は，組織内部における人と人との同質的な結びつきであり，その内部において信頼や協力，結束を生む。一方，「橋渡し型」の SC は，異なる組織間における異質な人や組織を結びつけるネットワークである。このような「性質」による分類とともに，「形態」の違い（フォーマルかインフォーマル），「（つながりの）程度」の違い（厚い・薄い），「志向」の違い（内部志向・外部志向）により SC は分類でき，その特徴をつかむことができる［内閣府国民生活局 2003：18］。

　結束型の SC は，概して強い結束，絆をもち，メンバーの利益を促進する内部志向的であると考えられている。その強さの反面，それが強すぎると外部や他に対して「排他的」になる可能性があることが指摘されている。「橋渡し型」はこれに対して，そのつながりは弱く薄いものの，外部志向的でより横断的な性格をもつ。そのためこの特徴がうまく作用すると，社会のなかでまさに橋渡し＝つなぐ役割を果たすとみられている。これは SC の機能が及ぶ範囲ということもできるが，2つの型の SC はトレードオフの関係にあり，「結束型」の強い社会では「橋渡し型」が弱いとの指摘がある［Narayan　1999：1］。

　なお3つめの型として，「連結型（linking）」の SC という分類もある。これは，たとえばコミュニティの範囲を超えて公的機関から資源や情報を活用するなど，権力や社会関係，富などに対するアクセスが異なる社会階層や個人，組織等をつなぐものである。

　その他，SC の構成要素の特徴に着目した類型化がある［Krishna and Uphoff 1999］。それらは，ネットワークや組織に関連した「構造的（structural）SC」（役割，ネットワーク，規則など）と，個人の心理的な変化等に影響を与える「認知的（cognitive）SC」（規範，価値観，心情など）である。これらは，相互補完的であり，構造的要素を維持しているのが認知的要素であり，認知的要素は構造的要素により，強化，再生産されているとみるものである。

3 ソーシャル・キャピタルをめぐる議論と地域福祉への示唆

● 地域福祉とその主体

　地域福祉でいう「地域」には，生活圏としての地域と，そこに暮らす住民の生活の共同性やその地域の住民としての同一性としての意味があり，英語のcommunityと同様，地理的地域（geographic community）としての意味のみならず共同体（associational community）の意味がある。また，地域福祉の「地域」は単に「ある地域に住む住民たち」ではなく，自分たちの自立と生活の質の維持または向上のために，社会的関係をもち，お互いの生活を尊重し，また地域社会での生活課題の解決に自治的主体的に協働して取り組む「主体としての地域」の意味がある。地域福祉は，主体の参加と協働を不可欠のものとして，だれもが地域社会で自立して安心して暮らしていけるためにどのような条件や環境の整備が必要か，どのような人々や組織・機関，ネットワークにより，どのような方法や手段によってそれを進めていくのかなど，地域における自立生活支援と福祉コミュニティづくりを中核とした政策・実践である。

　ここで「主体としての地域」について整理しておきたい。「地域」には地域住民の意味があるとして，それは個々の住民のレベルなのか，地域社会のレベルであるのかということである。ここでは地域福祉の主体論をリードしてきた右田［1993：14］が主張しているように，地域福祉においては個々の住民の「個のレベル」と「地域社会のレベル」の両者を「主体」と認識することに，地域を外から操作対象化し施策化する「地域の福祉」と，「地域福祉」との違いがあるということを確認しておきたい。

● 地域福祉における「介入」とソーシャル・キャピタル

　社会福祉の専門的援助活動では，助けが必要な人と，その人を取り巻く環境・社会全体に積極的な働きかけをすることを「介入」という。「介入」には援助が必要な個人や家族らへの直接的援助と，地域や社会に働きかける間接的援助とがある。地域福祉を進めるためには，人々の暮らしの場である地域での

支援を両方の介入を用いて効果的に行う必要がある。援助としては，福祉サービスの利用者が地域社会のなかで自立した日常生活を営むことができるよう支援すること。そのために，福祉サービスや保健医療サービスなどを連携させて総合的にサービスを提供することや，福祉サービスの利用者が地域社会の一員として，さまざまな活動に参加し，生活していけるようソーシャル・サポートネットワークをつくること，地域住民が地域の福祉課題や生活課題を自分たちで考え，めざすべきコミュニティを描き，そのための行動を計画的に起こしていくこと等への援助がある。つまり，地域福祉には「地域主体」を尊重し，その主体性を伸ばし，また生かす「援助」が求められる。

先にみてきたように，SC概念は，組織，ネットワーク，資源，人的資本等に関わるが，そういったものが，ここにあげた地域福祉実践に関わっていることについての異論はないであろう。SCという目に見えないつながりから生まれる資源の有無や多寡が可視化されたとき，このような地域福祉における専門的援助としての介入に，どのようなSC概念がどのように役にたつのであろうか。

SCは「信頼」「規範」「ネットワーク」といった社会的な関係性の中にある人々の行動の規定要因である。パットナムらは，SCが豊かであれば人々の協調行動が促進され，社会の効率が高まり，また社会的活動への参加を通じてSCは増強されるとする。すなわち「協調活動」に影響を与える社会的要因がSCということができよう。だれもが安心して地域で自立して生活を営めるように地域福祉を推進するには，その主体である個人，家族，住民，行政，福祉や保健医療等の専門職やサービス提供者，社会福祉に関する活動等を行うボランティアや団体等がどのように協調行動をとるかによって，必要なサービスや人材や施設等の資源のインプットを同じ量や質で投入したとしても，その成果に差が生じうる，とする考え方である。

地域福祉の実践者は，地域社会や集団・組織の内部で，あるいはそれらの間で，地域福祉課題を達成するための協調行動に影響を与えられるようSCに関わることとなる。

この意図的な介入としての「援助」におけるSCの有用性については，開発

援助における議論が参考になる。「介入」する者、いわば「(コミュニティの)外部者」による開発援助のアプローチとして佐藤［2001：6-7］は、SCを「社会関係資本」としたうえで、既存の社会関係資本と開発援助プロジェクトについての分析を行っている。社会関係資本は外部者によって操作可能なのかという観点からの考察である。佐藤は開発援助プロジェクトが社会関係資本と接点をもつアプローチとして、①活用アプローチ、②除去アプローチ、③社会関係資本醸成アプローチ、の3つに整理している。

「活用アプローチ」は、プロジェクト成功の可能性が高い地域社会を選別するために、プロジェクト実施に先立ち社会関係資本のあり方を調査する際に活用するものである。「除去アプローチ」は、同じく既存の社会関係資本を調査するが、プロジェクトの目的達成のために、阻害要因となる社会関係資本を特定し、これを除去することでプロジェクトを成功させようとするアプローチである。「社会関係資本醸成アプローチ」は、プロジェクトを成功させる社会関係資本が欠如または不足している場合に、社会関係資本を増加させる、あるいはつくりだすような介入を行うアプローチである。このアプローチは「ある」ものを「活用」するより、働きかける者の操作の意図と方向性が一層顕になると指摘されている。

地域福祉の文脈でもこれらのアプローチはあてはまるだろう。ただし、開発援助での介入と同様、「プロジェクト」レベルまで、その文脈や目的を限定してみていかないと混乱を招きかねない。たとえば、SCのなかの「信頼関係」に焦点を当てたとして、「どのような協調行動」に対する「どのような信頼」の役割を問題にしているのかが明示される必要がある。また、信頼関係に限らずSCの何に注目しているのかを明確に示すことと、SCを使用する目的を明示する必要がある。

これらの異なるアプローチが考えられる背景には、SCはプラスに働くこともあれば、マイナスに働くこともあるという認識がある。活用アプローチはプラスを生かし、除去アプローチはマイナスを取り除くのである。しかし、組織やネットワークの性質だけをみて、それがプラスあるいはマイナスの働きをするかどうかを分析することはできない。つまり、地域社会全体の分析をどうす

るかという問題があるため，分析の枠組みにSC以外の何をあわせてみていく必要があるのかについても，今後より具体的な検討が必要である。

● ソーシャル・キャピタル論と個人，そしてコミュニティ

　地域福祉には福祉サービスの利用者の自立生活を支えるための個別的支援と，コミュニティへの支援があることは，これまでみてきた。支援の対象としての「個人」「コミュニティ」の区別はむずかしいものではない。しかし，SCをめぐる議論から，地域福祉実践に有用な議論としては，SCの「個人」と「コミュニティ」への利益についての考察がある。個人とコミュニティをそれぞれどうみるか，また個人とコミュニティの関係をどうみるか。これらについてSCをめぐる議論から得られる示唆を整理することとする。

　ここでは英国やアイルランド等でのコミュニティ・ディベロップメント（以下，CDと略す）とSCの関係をめぐる論議を取り上げたい。「CD」という概念そのものが，日本の「地域福祉」と符号するとはいえないが，社会的に排除されがちな人々をコミュニティへの参加に巻き込み，住民主体の理念のもと，住民自らが地域課題に取り組むプロセスを重視し，またそのプロセスへの参加のための支援としてのキャパシティ・ビルディングなど，住民一人ひとりの力とコミュニティとしての力の獲得を重視しているCDとSCとの関係を考察していくことで，日本でのSC醸成における地域福祉の役割や，地域福祉としての実践や政策の道筋がみえてくるのではないかと考える。このように英国等におけるCDには，その特徴として「支援」の枠組みのなかに，主体形成のための生涯学習や成人教育の要素が強くみられる。わが国の地域福祉論や実践にも主体形成に関して地域福祉と生涯学習との接点を見出しているものは少なくないが，より積極的にCD学習（community development learning）として体系化している国々での議論からの概念整理は有用であろう。

　マクレナガン（P. McClenaghan）[2000]とキルパトリック（S. Kilpatrick）ら[2003]は，SCがCDと生涯学習において有用な分析ツールたるかを論じている。マクレナガンがSC概念は現在のヨーロッパを特徴づける社会的分断の要素を摑んでいないと批判的であるのに対し，キルパトリックらは，マクレナガ

ンのSC概念の捉え方が狭いこと等を理由に反論している。そこで展開されているのが，SC論にみられる「個人の利益のため」のSCと，「コレクティヴな利益のための」SCの双方をどう理解するかの議論である。そしてSCを「個人の利益」に偏ってみてしまうと，CDにとっては有用でなく，むしろCDにおいては「コレクティヴな利益のための」SCアプローチをとることを勧めている。

　日本における地域福祉実践でのSCの活用を考える場合，この「コレクティヴな利益」の範囲を，地域内の各組織や組織間による各ネットワークのレベルの「コレクティヴ」と，地域にそういったものがあって成り立つ地域（全体）としての「コレクティヴ」のレベルまでも含めるのか，さらに「地域力」や「地域の福祉力」と表現されることと，このような「コレクティヴな利益」との関連性はどうなのか等，より明確にしていく必要がある。また「コレクティヴ」への注目は，「個人」への関心を否定するものではないことを指摘しておきたい。先にみた住民の「個のレベル」と「地域社会のレベル」の両者を「主体」と認識する右田による地域福祉の主体論をふまえるのであるならば，「個のレベル」への関心はコレクティヴな「地域社会レベル」への関心同様必要である。また，「地域社会」の利益を生み出すことに，「個」の利益がどのような影響を与えるのかについても今後検討していく必要がある。

● **異なる型のソーシャル・キャピタル**
　SCの機能範囲による分類は，地域福祉実践において意図的な介入を行う場合に，どのような示唆を与えてくれるだろうか。シュナイダー（J. A. Schneider）[2006：11] は，アメリカでの福祉改革とSCの関係を論じるなかで，「結束型」と「橋渡し型」のSCは互いに相容れないものではないとの認識を示している。その理由は，他を排除するとみなされている強い「結束型」のネットワークが，時に「橋渡し」のスキルを発展させる「安全なスペース」になっているというのである。また，「結束型」ネットワークの活動で蓄積されたものは，「橋渡し型」ネットワークでの活動や他の組織等とのネットワーキングのなかで発揮されうると指摘する。

日本においてもこれに関連した指摘がある。直田［2005］はニュータウンにおける居住者のまちづくり活動と SC の分析において，両極端にみられる地縁的コミュニティ活動と広域的なテーマにもとづくアソシエーショナルな活動の融合と相補関係の存在を観察している。地域密着型の自治会や地区社会福祉協議会の役員経験のあるリーダー層が活動のなかで培ってきた力を，アソシエーショナルな活動において，またそういった活動と地域密着型の活動をつないでいるのである。

また野口［2007］は，これまでの地域福祉の方法論では地域社会の SC と市民活動の SC のそれぞれを別々にみてきたが，持続可能な地域コミュニティの形成には，これらの SC を結合させていく必要があるとしている。その方法として，地縁組織の活性化をあげ，伝統的な地縁組織と新たな市民活動や NPO を連携・融合して新たな SC を形成することへの期待を示している。

ともすると，よりよい地域内のつながりやソーシャル・キャピタルの形成には「結束型」より「橋渡し型」のほうが適していると捉えられがちであるが，これらの指摘から，そのような単純なものではないことがわかる。主体である人が，活動を通して身につけた力をどのように生かし，展開していくかにかかっているともいえる。

また，優れた地域リーダーの出現を待望するだけでなく，ネットワークを発展させる条件を明らかにして構築していくことも求められる。「橋渡し型」ネットワークは，外部の資源への接続と，情報の伝播に関してはより優れているかもしれないが，そのような機能を果たしうるには，そのネットワークを発展させるための力の獲得の場が必要であり，「結束型」ネットワークはそういった場になりうるのである。また，多様な見方についての寛容さを発達させるか，または異なる文化の規範を分かちあえることが必要になってくる。こういったことが福祉教育や生涯学習のテーマと交差する部分であり，今後もこれらの関係についての理解を深めていく必要がある。またコミュニティ内の住民組織や NPO 間の橋渡しだけでなく，行政や公的機関とコミュニティとの連結型の SC についても，今後注目していく必要がある。

地域福祉実践への活用を考える場合には，その他にも留意すべきことがあ

る。それは組織や組織間のネットワークの実態把握は，組織やネットワークだけを取り出してみることが現実には非常に困難であるし，異なる地域にそれぞれよく似た組織やネットワークがあったとしても，それらは結局のところ当該地域社会に固有のものである。つまり，当該地域社会のコンテクストの上にあるものであるということである。当該地域社会において，どのような型のSCがあり，何がその地域社会では強いのか等，地域社会全体での状況を把握する必要があろう。また，外的な制度要因としての行政機能等が当該地域社会におけるSCの形成や維持に与える影響について把握する必要がある。

4 ソーシャル・キャピタル論への地域福祉研究からの発信

　地域福祉政策・実践にSC概念を導入する場合に，どのような点に着目する必要があるのか。また，学際的なSC論の発展に地域福祉から今後どのような貢献ができるのか。

　地域福祉政策・実践にSC概念を用いる場合は，SCをめぐる議論から以下を含むいくつかの留意点が抽出できよう。SCを活用する場合，その役割や目的を限定する必要があること，地域社会におけるSCを理解するには，地域社会内の力関係や社会構造や制度の考察も必要であること。そして地域社会全体のなかで，みていくことの必要性である。

　海外でのCDとSCの議論での論点のように，SCは地域福祉を推進するプロセスにおける「資源（resources）」と捉えることができ，またSCの醸成プロセスは，地域福祉を推進するプロセスの一部分をなしていると捉えられよう。つまり，SCは地域福祉の推進のために資源としての「インプット」になりうるし，また，地域福祉の推進のための取り組みによってもたらされた成果の1つであるという2つの見方である。換言すると，「介入」の際に活用する「資源」と，「介入」が終了したのち継続される自立的な発展のための「資源」である。

　地域福祉の政策・実践は，社会問題としての社会的排除・差別や社会的孤立・孤独といった問題に真正面から取り組み，社会的包摂と共生社会の実現を

めざす。そのためには，SC のみではなく，SC と人的資本や経済的資本等の他の「資本」との関連にも目を向けていく必要がある。SC は地域福祉の推進においては重要なものであるが，だれもがその人らしく安心して暮らせる地域づくりには，地域社会にそれ以外にも必要な資源，あるいは SC を醸成するために必要な資源があるということを地域での具体的政策・実践研究から実証的に示していくことが求められよう。また，SC 概念の再構築の議論のなかで取り上げた，地域社会における「力関係」についても，地域福祉研究から今後，概念構築のうえで貢献できる可能性があるのではないだろうか。

【引用・参考文献】
右田紀久惠編著（1993）『自治型地域福祉の展開』法律文化社
佐藤寛編（2001）『援助と社会関係資本：ソーシャル・キャピタル論の可能性』アジア経済研究所
内閣府国民生活局編（2003）『ソーシャル・キャピタル豊かな人間関係と市民活動の好循環を求めて』
内閣府経済社会総合研究所（2005）『コミュニティ機能再生とソーシャル・キャピタルに関する研究調査報告書』
直田春夫（2005）「千里ニュータウンのまちづくり活動とソーシャル・キャピタル」『都市住宅学』49号，pp. 15-21.
野口定久（2007）「第1章　地域福祉の新たな展開――協働的運営の視点から」『地域福祉と民間非営利セクター』中央法規，pp. 11-47.
Bourdieu, P. (1986) "The forms of capital," Richardson, J. (ed) *Handbook of Theory and Research for the Sociology of Education*, pp. 241-258, New York: Greenwood.
Coleman, J. (1988) "Social Capital in the Creation of Human Capital," *American Journal of Sociology*, 94: Supplement, pp. 95-120.
Coleman, J. (1990) *Foundations of Social Theory*, Cambridge: Harvard University Press.
Hanifan, Lyda J. (1916) "The rural community center", *Annals of the American Academy of Political and Social Science*, vol. 67, pp. 130-138.
Jacobs, J. (1961) *The Death and Life of Great American Cities*, New York: Random House.
Kilpatrick, S., Field, J. and Falk, I. (2003) "Social Capital: an analytical tool for exploring lifelong learning and community development", *British Educational Research Journal*, vol. 29, no. 3, pp. 417-433.

Krishna, A. and Uphoff, N. (1999) Mapping and measuring social capital, Social Capital Initiative Working Paper no. 13, Washington D. C.: The World Bank.

Loury, G. (1977) "A Dynamic Theory of Racial Income Differences", Wallace, P. and LaMond, A. (eds), *Women, Minorities, and Employment Discrimination*, Lexington: Lexington Books

McClenaghan, P. (2000) *Social Capital: Exploring the theoretical foundations of community development education, British Educational Research Journal*, vol. 26, no. 5, pp. 565-582.

Narayan, D. (1999) *Bonds and Bridges: Social capital and poverty*, Poverty Group, PREM, The World Bank.

Putnam, R. (1993) *Making Democracy Work: Civic traditions in modern Italy*, New Jersey: Princeton University Press.

Putnam, R. (1995) "Bowring Alone: America's Declining Social Capital", *Journal of Democracy*, vol. 6, no. 1, pp. 65-87.

Putnam, R. (2000) *Bowring Alone: The collapse and revival of American community*, New York: Simon & Schster.

Schneider, J. A. (2006) *Social Capital and Welfare Reform: Organizations, congregations, and communities*, New York: Columbia University Press.

【注記】本稿におけるソーシャル・キャピタル概念の検討部分は、拙稿「ソーシャル・キャピタル概念と地域福祉についての一考察」『龍谷大学社会学部紀要』(第30号, 2007年) を加筆, 修正したものである。

〔所めぐみ〕

第6章
ソーシャル・キャピタル
(信頼)構築への地域福祉の可能性

はじめに

　1990年代より世界的に注目を集め，近年わが国においても政治学・経済学・社会学をはじめ広く学際的に研究が進められている概念に「ソーシャル・キャピタル（Social Capital）」（以下，SC と略す）がある[1]。それは「社会関係資本」などと訳されるように，人間関係や組織・集団のネットワークならびにその形成に不可欠な価値規範を一種の資本と捉え，経済・社会にどのような影響を与えているかを明らかにする試みであり，すでにその成果は国や自治体による地域政策に応用される段階に入っている。

　最近ではこの概念と福祉との関係にも関心が高まっており，たとえば地域ぐるみの高齢者の健康づくりなど，SC には参加型社会開発の効果を高める可能性があることが指摘されている［近藤　2005：67-69］。しかしながら地域福祉への応用研究はまだ緒についたばかりであり，今まさに議論の深まりが期待されているテーマといえる。そこで本章では，SC の概念規定とその視点からみたわが国の特徴を整理するとともに，今日の日本社会に求められることが，SC の核となる「信頼」の構築であるという問題意識に従い，それに向けた地域福祉実践の可能性や課題について検討してみたい。

1　ソーシャル・キャピタルとは何か

● ソーシャル・キャピタルの概念規定

　SC 研究の起源や概念については第5章第1・2節を参照にしつつ，本節ではパットナム（R. Putnam）と「信頼」の観点から国際比較を行ったフクヤマ

図表6-1 ソーシャル・キャピタルの類型

	結束型	橋渡し型
特徴	・社会学的な強力接着剤 ・精神的，社会的，経済的な支えとなる ・外集団への敵意を生む可能性がある	・社会学的な潤滑剤 ・外部資源との連携や情報伝播に優れる ・より広いアイデンティティや互酬性を生む
代表例	民族ごとの友愛組織，女性読書会，カントリークラブ，少数民族集団等	公民権運動，青年組織，世界教会主義の宗教組織等

出所：[パットナム 2006：19-21]を参照し筆者作成。

(Fukuyama) の概念規定を確認しておきたい[2]。

　パットナム[2001：206-207]は，SCを「調整された諸活動を活発にすることによって社会の効率性を改善できる，信頼，規範，ネットワークといった社会組織の特徴」であるとし，これら3つの要素に対応する代理変数を用いて政府活動や経済活動とSCとの関係を実証的に解明した。彼がイタリアで発見したことは，他者への信頼感や互いに協力し合うことを是とする互酬性の規範ならびに市民的積極参加といった形態でSCを高度に蓄積している地域は，行政効率や経済発展の水準も高いという事実だった。

　この後彼は，自国のアメリカを対象にした分析を行い，かつては高水準を誇っていたアメリカのSCが，近年衰退傾向に転じていると警鐘を発し，その再生を訴えた。また，この過程で従来の考えを前進させて，SCに「結束型」と「橋渡し型」の2類型があることを示した。「結束型」とは，内向きで排他的なアイデンティティと等質な集団を強化するものであり，「橋渡し型」とは，外向きでさまざまな社会的亀裂をまたいで人々を包含するネットワークをさす。両タイプの特徴をまとめると図表6-1のとおりだが，多くの集団は両方の特徴をもちながら，どちらかの特徴をより強く示すとされる[パットナム 2006：19-21]。

　一方フクヤマは，SCの本質を「信頼」と捉えて，その経済発展への影響力を強調する。彼によれば信頼とは，「コミュニティの成員たちが共有する規範に基づいて規則を守り，誠実に，そして協力的に振舞うということについて，コミュニティ内に生じる期待」であり，SCはそのような「信頼が社会または社会のある程度の部分に広く行き渡っていることから生じる能力」であるとす

る。信頼を基礎にして SC を醸成するには，コミュニティ内に道徳的な規範が習慣化されていることが必要であり，たとえば，忠誠心や正直，信頼性といった徳性がメンバーによって共有されているところでは，新たに団体をつくり協力し合う能力である自発的社交性が育まれる［フクヤマ　1996：63-56］。

　フクヤマ［1996：66-72］によれば，SC の一部をなすこの自発的社交性は，家族や政府とは区別される多様な中間集団を形成する原動力となるが，これが経済面に波及すると，近代的で巨大な企業を生み出す力となる。そして，この企業規模が国際的な経済水準を決定する要因となることで，SC は国家経済に対して重大な影響をもたらすというのである。また，この観点からは「高信頼社会」と「低信頼社会」という対極的な地域特性が認められるといい，日本，アメリカ，ドイツを「高信頼社会」に，そしてロシアやフランス，イタリア，中国，台湾，香港を「低信頼社会」と位置づけた。

● ソーシャル・キャピタルの社会的影響と地域福祉

　SC が社会に対してどのような影響を与えるかについては，フクヤマがその経済的な効用を強調する一方で，パットナムはイタリアとアメリカの研究を通じて，SC を高度に蓄積している地域が，経済的繁栄のみならず教育や児童福祉，治安，健康，民主主義といった広範な社会指標においても良好な結果を生み出していることを明らかにしている。

　さらにパットナム［2006：401-402］は，SC の福祉領域への影響について，これまで SC との関連性が最も実証されてきたのは健康と幸福に関する事例だといい，人はコミュニティに統合されるほど病気に罹りにくく，また早死にしにくいといった例も指摘している。彼はその理由として，社会的ネットワークが直接サポートを提供したり，健康に対する人々の規範を強化したりするほか，コミュニティが政治的に結束して医療サービスを確保しやすくしていることなどをあげているが，このような SC の特性は，地域福祉関係者が福祉コミュニティの機能として考えてきたことと重なる部分が多い。さらに，サポートの提供にはボランティアの存在が欠かせないが，そのボランティアや慈善活動は，「ためにする」ではなく「ともにする」という社会的なつながりを強化する限

りにおいて，SC の中心指標になるという［パットナム　2006：134-135］。このように，SC が生活領域の問題とも直結しているという点で，改めて地域福祉との深い関係性を読み取ることができるだろう。

　以上のように SC の効用が明らかになる一方で，パットナムが自国の分析を通じて主張したことは，近年になってアメリカの SC が衰退傾向に転じているということであった。この点はアメリカを「高信頼社会」とするフクヤマも同様であり，「社会のさまざまな変化から，アメリカにおける信頼と社交性の衰退も読み取れる。暴力犯罪と市民の告訴の増加，家族構造の崩壊，近所づきあい，教会，組合，クラブ，慈善団体といった多方面にわたる中間的な社会構造の衰退，そして，周囲の人々と共有する価値およびコミュニティがないという感覚が広まっている」と指摘している［フクヤマ　1996：41-42］。彼らの一致した見解が示すように，現在のアメリカでは，失われた「信頼」を再生し，豊富な SC を誇る社会へ再帰することが課題とされているのである。

　では，アメリカとともに「高信頼社会」と位置づけられた日本の状況はどうだろうか。SC という視点でわが国をみたとき，どのような特徴や課題が発見されるだろうか。以下では「信頼」という要素に絞って日米の特徴を比較し，そこから日本が直面している問題点を明らかにするとともに，地域福祉実践の課題を検討してみたい。

2　「信頼」の観点からみた日本社会の特徴と課題

● 高信頼社会と低信頼社会

　フクヤマ［1996：67-72］は，「信頼」という視点から国際比較を行い，日本，アメリカ，ドイツを「高信頼社会」と位置づけたが，その指標として次の3点を指摘している。1点めは，家族主義社会でないことである。中国やイタリア南部などの家族主義社会では，親族以外の者への信頼が希薄となり，中間集団をつくる自発的社交性が弱くなるからである。2点めは，大企業を生み出す能力である。「低信頼社会」では小規模の家族経営が中心になるが，このような社会で大企業をつくるのはむずかしく，国家の介入や国家所有という手段が必

要になるからである。3点めは，集団志向的な原理によって職場を柔軟に組織できることである。「低信頼社会」では自発的な協力が得にくいために，結果的に官僚主義的な規則を加えて労働者の自由を奪うからである。

こうした観点でみると，確かに高・低のグループ化には合理性があると思われるが，一般的には異質性が強調される日本とアメリカが同じ「高信頼社会」として括られることにはやはり疑問が生じる。それに対しフクヤマ [1996：101-106] は，「アメリカ社会と日本社会は対極にあるという特徴づけがそもそも間違っている」といい，個人主義のアメリカと集団主義の日本という定番的な解釈を退ける。彼によれば，アメリカ人は反国家主義的でありながらも，「企業や自発的団体，教会，新聞，大学等々において驚くほど協力的で社交的であり得る（中略）アメリカ人は非常に大規模でまとまりのある〈民間〉組織をつくり，維持するのがすこぶる得意」なのであり，さらに「日本もアメリカと同様に，一方における家族と他方における国家の中間の領域において，強力な社会集団を自発的に生み出す能力を持っている」ことからも，両国には相当な共通性があるというのである。

◉ 安心社会から信頼社会へ

これに対し山岸 [1998：5] は，日本を「高信頼社会」とするフクヤマの主張は自らの観点と大きく対立するといい，規制緩和やグローバル化を背景として，終身雇用や年功序列などのいわゆる「日本型システム」に歪みが生じてきた今日において，日本社会が直面している問題は，従来型の安定的な構造が揺らぐことによる「安心」の崩壊であって，欧米が直面している「信頼」の崩壊とは本質的に異なると主張する。そしてこの「安心」の崩壊に対処するためにこそ，家族や会社などの狭い枠を超えた他者一般への「信頼」を生み出す必要があるというのである。

山岸によれば，「信頼」が必要な場面は，相手の意図に関する情報が不足する「社会的不確実性」の大きな状況であり，それがない状態では「信頼」は果たすべき役割がない。「信頼」とは，相手が自分を騙して搾取する可能性（社会的不確実性）があるなかで，相手が自分に協力すると期待することであって，

そうした不確実性がないなかで相手に期待するのは,「安心」していることなのである［山岸　1998：14-16；40］。

　ここからわかることは,従来「日本型システム」と思われてきたものの多くは,「信頼」ではなく「安心」を生み出すために有効な構造だったということである。日本の集団主義の一例である単一の共同体や企業への長期のコミットメントは,離反者に対して大きな不利益を与える制裁機能を備えており,それが今日まで社会的不確実性を最小に抑えてきた。しかし,このシステムの負の側面が強まった今日では,狭い集団の枠を超えてより広く他者と協力する必然性が生じてくるが,それには他者一般への「信頼」が不可欠となる。しかし問題は,日本社会に根強く存在する集団主義的な行動原理が,この「信頼」構築の土壌を破壊しかねないことである［山岸　1999：52］。したがって私たちが今後取り組まなければならない大きな課題は,他者一般を「信頼」するのに必要な社会的能力を育むのと同時に,その獲得が促進される開かれた社会をつくることなのである。

● 信頼の構築と社会構造

　以上の2人の主張のどちらが正しいかはともかくとして,山岸の規定がより厳密で,フクヤマがいう「信頼」には「安心」の意味も含まれているとすれば,日米が同じ「高信頼社会」とされるのも理解できる。しかしそうだとしても,日米の信頼・SCが同質かどうかについては検討の余地が残るといえる。「信頼」と「安心」については,その構築に影響する社会構造の特徴があるとともに,それが「結束型」と「橋渡し型」の区別にも関係していると思われるからである。

　すでにみたように,「安心社会」では,その基礎をなす日本型システムの背後に,さらに集団主義的な社会構造がある。一方「信頼社会」の基礎には欧米社会が含意されているとはいえ,日本で進められている一連のグローバル化は,この欧米基準へのいやおうなしの接近ともいえる。ところで,中根［1967：91］によれば,日本の集団主義的な社会構造は序列にもとづく「タテ社会」であるのに対し,英米のそれは階層的な「ヨコ社会」であって,この構造

図表6-2 日米における信頼，社会構造，ソーシャル・キャピタルの対応関係

	信頼・安心（山岸）	社会構造（中根）	SCの類型（パットナム）
日本	安心社会	タテ社会	結束型
アメリカ	信頼社会	ヨコ社会	橋渡し型

の社会では同僚意識が強く，逆に序列意識はきわめて低調になるという。つまり，日本型のタテ社会が「安心」と結びつくのに対し，英米型のヨコ社会は「信頼」と結びつくと考えられ，それゆえ「信頼」を構築するためには，背後にある社会構造そのものを問い直すことも必要になるといえる。

また，日本型システムの特徴として，「政官業の癒着」や「談合」といった閉鎖的で排他的な体質が指摘できるが，これらは「結束型SC」の負の特性と一致するとともに，オープンな社会を国是とするアメリカとはきわめて対照的である。そこで改めて日米の社会構造の違いをSCの類型にあてはめると，タテ社会の日本は「結束型」，ヨコ社会のアメリカは「橋渡し型」の特徴を示していることがわかる。これらの対応関係をまとめると図表6-2のとおりであるが，以上の整理からわかることは，「安心社会から信頼社会へ」という日本社会の舵取りにおいては，どうすれば「橋渡し型SC」の醸成が可能になるかという議論と同時に，どうすればわが国の伝統的なタテの社会構造をヨコのネットワーク構造に転換できるかという点についても検討する必要があるということである。

3 「信頼」の構築への地域福祉の可能性

●「橋渡し型ソーシャル・キャピタル」の構築と社会福祉協議会

SC・信頼という観点から大局的に日本社会の特徴と課題を捉えたが，少子高齢化や家族構造・地域構造の変容を受けて，確かに今日では都市・農村を問わず「安心」を提供してきたシステムが機能不全に陥るケースが増えている。さらに，市町村合併の推進で既存の社会関係が流動化したことにより，社会的つながりの再構築の必要性が一層強く叫ばれる可能性がある。このような状況

において地域福祉は，SC・信頼をめぐる諸問題とどう関わればよいのだろうか。

　それに向けてまず確認しておきたいのは，地域福祉がすぐれてSC・信頼の構築につながる実践であることである。SCは信頼や互酬性の規範といった価値観とネットワークという集合的行為からなるが，パットナムがボランティアや慈善活動について言及したように，地域福祉実践もこれらの価値や行為を不可欠の要素として内在し，多くの市民の参加によって各要素の強化・発展に寄与しているといえる。このようにSCと地域福祉実践は強固かつ複雑に関連していると考えられるが，ここでその詳細を論じる余裕はないので，日本社会の課題である「橋渡し型」SCの構築に限定し，地域福祉実践のなかでも特にその有効性が期待できるものが何かを検討してみたい。

　そこで，比較的早くからSC研究に着手し，政策への応用を進めている政府の考えを確認しておきたい。その先鞭をつけた内閣府国民生活局［2003］は，SCの各要素と市民活動との間に相関があり，市民活動がSCを培養するとともに，SCが豊かになれば市民活動への参加も促されるという正のフィードバック関係の可能性を明らかにし，そのうえで市民活動に強く期待できることとして，「橋渡し型SCの醸成」をあげた。というのも，NPOなどの新たな市民活動は，「『地域固有の課題発見力，あるいは課題対応についての先駆性』や地域住民の相互理解を促進していく『人間関係づくりを行うリーダーシップとコーディネーターとしての役割』と共に，多様な人や組織を繋ぐ『コミュニケーションのための公共空間の場の提供』といった要素をあわせ持っている場合には，橋渡し型のソーシャル・キャピタルを培養する苗床となり，さらには既存のソーシャル・キャピタルを活性化させる可能性がある」からである。そしてここで重要視されたのは，「中間支援機能（インターミディアリ）を有する団体・組織の活動の展開」であった。

　ところで，地域福祉実践という枠のなかで，課題発見力や先駆性が重んじられ，コーディネーター機能やコミュニケーションの場の提供などの中間支援機能をもった市民参加組織といえば，社会福祉協議会（以下，社協と略す）がその代表として思い浮かぶ。社協は，政府が求める橋渡し型SC培養の苗床として

の機能をすでに備えていると考えられるが，では次に，社協のどのような活動にこの機能が強く反映されているかを検討してみたい。

●「信頼」構築への地域福祉（活動）計画の可能性

　ここでも手がかりに，内閣府経済社会総合研究所［2005］の報告書から政府の見解を紐解いてみよう。本報告では，「従来の地縁組織の機能低下が指摘されるなか，コミュニティ機能再生の手法開発が求められている」という課題が提起され，先の内閣府の研究を発展させて再生手法へのSC理論の応用が行われている。報告書が指摘する再生の鍵はSCの質，とりわけ水平で横断的な「橋渡し型SC」の存在であり，いくつかのNPOや自治体の事例研究をふまえて，その培養を念頭においた標準手法として「コミュニティ機能再生プロセス」が提示されている。そのプロセスとは，①ある種の危機感，②危機感の共有化と活動の計画（Plan），③活動の実施，問題の緩和や課題の解決（Do），④新しい課題の発見（→②へ）（See），というPlan — Do — Seeの循環であり，さらにこれらの活動をマネジメントする必要性が述べられている。

　社協という組織と以上の再生手法を重ねると，これはまさしく「地域福祉活動計画」の策定と，それを基礎とするコミュニティワークの実践プロセスだと指摘することができる。これはまた，自治体が策定する「地域福祉計画」との連携が必須であることからも，「地域福祉活動計画」および「地域福祉計画」の策定と進捗管理は，信頼・橋渡し型SCの醸成にきわめて有効ではないかと考えることができるだろう。では，どうして計画実践が信頼の構築を促すのだろうか。再び山岸の主張を引いて，その理由を確かめてみたい。

　山岸がさまざまな実証研究をふまえて導き出した「信頼」構築のための要件は，①ヘッドライト型知性，②大学教育，③ボランタリーな組織，そして④公的活動に関する情報開示と意思決定過程の透明化，の4点に集約される。①のヘッドライト型知性とは，「相手の立場に身を置いて相手の行動を推測する能力を核とする社会的知性」を意味する［山岸　1999：203-204］[6]。つまり，他者への信頼とは，相手への共感を基礎として，相手の立場から状況の主観的意味を理解しようとする努力によって育まれるのであり，それは計画立案者たちが困

難をかかえながら地域に暮らすさまざまな市民の姿を思い起こし，彼らの立場に立って地域の課題を明らかにしようと努力するのと同じことだといえよう。一方②の大学教育は，ヘッドライト型知性を形成する場として重要であるが，地域福祉（活動）計画策定への市民や専門家の参加もまた，実践を通じてこの社会的知性を涵養しうる優れた教育効果をもつ取り組みだといえる。さらに③はもちろんのこと，④についても計画策定への市民参加を基本にして情報公開を進めるなど，これまで地域福祉が追求してきたことと一致する。

以上のとおり，「信頼」の構築という日本社会の重要な課題に対して，地域福祉（活動）計画が貢献できる可能性はきわめて大きく，またそれを戦後の早い段階から実践してきたコミュニティワークの意義についても改めて確認することができるのである。

おわりに――「信頼」の構築に向けた地域福祉の課題

ここまで地域福祉実践が，とりわけ地域福祉（活動）計画への取り組みを通じて，信頼および橋渡し型 SC の構築に貢献する可能性を論じてきたが，一方で，それは社会構造によって制約されるという側面もあるため，最後にその点に関して検討を加えておきたい。

信頼・SC に関する社会構造上の課題は，集団主義的なタテの構造をヨコのネットワーク構造に転換することであるが，格差社会の広がりのもとで地域再生を目標に掲げる国は，そのために市民団体や NPO による水平的なネットワークの形成を強調するとともに，中間支援組織の役割を重要視している。こうした指摘は，確かに信頼および橋渡し型 SC の構築が見込めるという意味で重要であるが，水平的なネットワークは民・民関係のみで成り立つわけではない。その前提に市民性にもとづく対等な官・民関係の成立が必要であり，むしろこれこそが社会構造の転換においては本質的な課題だと考えられる［竹川 2007］。しかしながら，先にみた報告書は，ネットワークの意義を掲げて民への期待を述べるものの，官・民関係の現状分析やそれに対する国や自治体の課題にはふれておらず，また地域再生への高い可能性を示した社協の存在意義や

その官・民関係の現状についても言及していない。

　行政と社協の関係は伝統的なタテ構造の性格が強く，社協は行政から人的・物的な関与を受けやすいために，しばしば「外郭団体」と呼ばれることもある。しかし，これこそまさに官の民に対する「不信」を形にした日本型システムの名残りといえ，この構造が続く限り両者の間に真の「信頼」は育たず，それゆえ地域福祉（活動）計画の策定を通じた橋渡し型 SC 醸成の可能性も大きく阻害されてしまうだろう。もちろんそれは，地域再生という目標を掲げた国にとっても自己矛盾以外の何物でもない。むしろ目標の達成に向けては，社協を中間支援組織の核として再評価し，社協をはじめとする民間福祉団体に対して厚い「信頼」をおき，「天下り」や出向者の受け入れに象徴されるような旧来の癒着を断ち切る覚悟をもって真に官・民関係を水平化することが一番の近道ではないだろうか。

1） Social Capital を直訳すると「社会資本」となるが，日本では社会資本は主として交通やエネルギー等のインフラをさすため，誤解を避けるよう「社会関係資本」「関係資本」等と訳されることが多い。いずれの訳も現段階では一般化したものではないため，本論では本文中は頭文字をとって SC と略し，見出しはカタカナで表記することとする。
2） SC の研究動向に関するサーベイに関しては，宮川［2004］や稲葉［2007］による詳細な研究があるほか，内閣府国民生活局［2003］や農林水産省農村振興局［2007］による研究報告書も主要な先行業績を網羅しているので参照されたい。
3）「信頼」に対する研究では，アスレイナー［2004：126］の「特定化信頼」と「普遍化信頼」の区別も参考になる。「特定化信頼」は自分と似た人への信頼であるが，日本人はこの度合いが高く，一方の「普遍化信頼」は自分と異質な人に対する信頼であり，アメリカ人はこの度合いが高い。さらに前者は「結束型」の SC，後者は「橋渡し型」の SC に相当するとのことであり，ここからも日本＝「結束型」，アメリカ＝「橋渡し型」という SC の特徴を導き出すことができる。
4） 農村におけるソーシャル・キャピタル研究会・農林水産省農村振興局［2007］も，日本の農村の SC の特徴を「結束型」だと評価したうえで，今後の農村振興政策のあり方として，「既存の集落機能や信頼関係の改善・再生に加えて，新たな社会関係（NPO やボランティアとの連携，都市住民や消費者とのネットワークなど）の導入が求められるなど，今までとは別の意味でのソーシャル・キャピタルが必要と考えられる」と，本論と同様の課題認識を示している。
5） 都市部では犯罪の増加に加えて「老老介護」や「孤独死」などの問題が深刻化し，農山村部でも高齢化と過疎化によって集落機能の維持が困難な地域が増加するなど，課題

に地域性はあるものの，総じて「安心」「安全」の崩壊が全国的に進んでいるといえるだろう。
6）「ヘッドライト型知性」という名称は，「夜中に地図のない土地をドライブしなければならない状況で，社会的知性が人々の行く手を照らす明かりを提供する」という，その役割を象徴して命名されたものであるが，これは集団主義的な社会に適応するために発達する「地図型知性」という社会的知性と対比したものである。「地図型知性」の特徴は，集団の中で，「信頼」ではなく「安心」して付きあえる相手を探す能力であり，これにより，相手がだれと関係が強いかをみわけることが得意となるが，反対に他者への共感性は弱まるという［山岸　1999：200-204］。

【引用・参考文献】

アスレイナー・エリック・M., 西出優子訳（2004）「知識社会における信頼」宮川公男・大守隆編『ソーシャル・キャピタル―現代経済社会のガバナンスの基礎』東洋経済新報社

稲葉陽二（2007）『ソーシャル・キャピタル―「信頼」の絆で解く現代経済・社会の諸課題』生産性出版

近藤克則（2005）「高齢者ケアの政策科学と社会開発学の統合試論」日本福祉大学COE推進委員会編『福祉社会開発学の構築』ミネルヴァ書房

竹川俊夫（2007）「『新たな公共』概念の再考と地域福祉―『市民的公共圏』の生成の場としての地域福祉の課題」『社会福祉学』47(4)

内閣府国民生活局編（2003）『ソーシャル・キャピタル―豊かな人間関係と市民活動の好循環を求めて』国立印刷局

内閣府経済社会総合研究所（2005）「コミュニティ機能再生とソーシャル・キャピタルに関する研究調査報告書」(http:// www. esri. go. jp / archive / hou / hou020 / hou015. html. 2006.8.17)

中根千枝（1967）『タテ社会の人間関係―単一社会の理論』講談社

農村におけるソーシャル・キャピタル研究会・農林水産省農村振興局（2007）「農村のソーシャル・キャピタル～豊かな人間関係の維・再生に向けて～」(http:// www. maff. go. jp / www / counsil / counsil_cont / nouson_sinkou / social_capital / torimatome / data03. pdf 2007.7.4)

宮川公男（2004）「ソーシャル・キャピタル論―歴史的背景，理論および政策的合意」宮川公男・大守隆編『ソーシャル・キャピタル―現代経済社会のガバナンスの基礎』東洋経済新報社

山岸俊男（1998）『信頼の構造―こころと社会の進化ゲーム』東京大学出版会

山岸俊男（1999）『安心社会から信頼社会へ』中央公論新社

Fukuyama, Francis（1995）*Trust: The Social Virtues and the Creation of Prosperity*,

Free Press（1996　加藤寛訳『「信」無くば立たず』三笠書房）

Putnam, Robert D.（1993）*Making Democracy Work: Civic Tradition in Modern Italy*, Princeton University Press（2001　河田潤一訳『哲学する民主主義──伝統と改革の市民的構造』NTT出版）

Putnam, Robert D.（2000）*Bowling Alone: The collapse and revival of American community*, Simon & Schuster（2006　柴内康文訳『孤独なボウリング──米国コミュニティの崩壊と再生』柏書店）

〔竹川俊夫〕

第Ⅱ部 地域福祉の対象

第1章
地域福祉の対象課題とは何か，どう捉えるか

1　生活問題とは何か

　1980年代以降の社会福祉研究は，社会福祉の対象課題（貧困問題や生活問題等）の分析が影をひそめ，社会福祉の理念や価値，構成を論じる機能論が主流となっている。一方で，1990年代半ば以降，社会保障・社会福祉の制度・政策が大きく後退するなかで，地域住民・国民の生活問題の広がりと深まりが著しくなってすでに10年以上が経過している。いま改めて，国民諸階層の生活実態をふまえて，社会福祉の取り組む（対象）課題とそれに対する社会福祉の位置と役割を明確にすることが問われている。

　社会福祉の対象は，最近では，児童や障害者，高齢者，ひとり親家庭，生活保護世帯などに加えて，ホームレスや外国人，ひきこもりの青年なども含まれるといわれるが，このように対象者（世帯）を列挙することが社会福祉の対象課題を理解することではない。また，子どもであること，障害があること，高齢となること，外国人であることなど，それ自体によって社会福祉の対象になるのでもない。さらに，地域福祉の対象として地域をベースにしてそれらをヨコに羅列しているものもあるが，基本的には従来のタテ割りの対象認識と何ら変わらない。対象課題を認識することは，これらの人たちを含めた労働者とその家族（地域住民）が共通して背負っている社会的な課題を構造的につかむことである［高林　2008：第5・6章］。対象課題を科学的に捉えることが，研究はもちろんのこと実践においても出発点である。しかし，実際にその作業をやっているものは少ない。

　社会福祉の対象課題は，社会問題としての生活問題である。その性質をつかむには，労働問題を根底に据えて生活問題をトータルに把握することが重要で

図表1-1 就業者に占める雇用労働者の割合の推移(％)

年	全体	男性	女性
1955	43.5	52.2	31.2
1960	53.4	62.1	40.8
1965	60.8	68.8	48.6
1970	64.9	71.5	54.7
1975	69.8	75.8	59.8
1980	71.7	77.1	63.2
1985	74.3	78.9	67.2
1990	77.4	80.8	72.3
1995	81.5	83.7	78.3
2000	83.1	84.3	81.4
2005	84.8	85.0	84.7

出所：総務省統計局「労働力調査」

ある。なぜなら，生活問題は，基本的に生産手段の私的所有を基盤とする資本主義社会の仕組みから生じているからである。生産手段を持たない労働者とその家族にとっては，生活自助の原則が成り立つために不可欠な経済的基盤（雇用・労働条件）が確保されなければならない［工藤 2003：25］。ところが，19世紀の最後の4半世紀（資本主義の独占段階）以降，雇用労働者の数の増大とともに，相つぐ恐慌や大量の慢性的失業とインフレーションの恒常化，実質賃金の低下，労働力の価値分割の進行による，労働者とその家族の経済的基盤の崩壊・脆弱化によって生活問題が生じてきたのである。

日本では，図表1-1のように，1960年に就業者に占める雇用労働者の割合が5割を超え，今日では約85％にのぼっている。その変化は生活の経済的基盤を雇用労働に求めなければならない人たちの数と割合の増大であり，生活問題を規定するもっとも基本的な要因としての雇用・労働条件の比重が高まっていることを意味している。実際に，1990年代以降，失業や不安定雇用の広がりによって，労働者とその家族の労働力と暮らし，健康の再生産が困難になり，さまざまな暮らしの困難・不安がいのちの問題（死活問題）となって表面化している。それは働く人たちとその家族の氷山の一角である。また，そのような問題の性質のために，生活問題対策である社会保障およびその一環としての社会福祉は，国と企業の責任と負担によって体系的に構築されなければならない。

ところが，企業や資本の最大限利潤の獲得をめざして運動している社会体制にとって生活問題は，問題となるような客観的な事実が存在していても，資本や国家によって可能な限り生活自助の原則に委ねられる傾向がある。それに抗して生活問題を社会的に解決すべき課題として提起する組織的・統一的な要求・運動の発展が乏しければ，より一層の自己責任と競争・管理が強化され，

また格差の拡大をテコにして，職場や地域，学校等での人間関係がバラバラにされ，経済的・社会的基盤を共有している働く人たちとその家族の間に分断・対立がもちこまれる。その結果，生活問題は，未組織で社会的・経済的に弱い立場におかれた人たちほど集中的に背負わされ，生活問題はますます個別的・個人的な問題として扱われる。そのことは，一方で，大企業・組織労働者（相対的安定層）には，生活問題が雇用労働者としての共通課題ではなく他人事であるかのような無関心と自らの地位への幻想を与える。しかし，後述するように，生活問題は全労働者の共通の課題であり，統一的な労働・社会運動の発展なくしては解決できない。社会福祉の対象課題は，このような性質と仕組みをもつ生活問題である。

2 社会階層にもとづく生活問題分析

社会福祉の対象課題としての生活問題の中身は，暮らしの基盤（雇用・労働条件や社会保障給付の水準等）に規定されている。そのため，暮らしの基盤が共通している社会的集団＝社会階層を見出すことができれば，それを手がかりにして「社会階層ごとの生活問題の違いと共通性」（＝階層性）とそれに応じた対策の体系を把握することができる。

それでは，社会階層とは何か，それをいかに把握し，どのように用いればよいのか。社会階層的方法によって貧困問題の調査・研究を展開したのが江口英一である。江口は，社会階層を，経済上の地位・生活構造・社会的意識などを共通にする社会集団としている［江口・氏原　1956：69］。江口の研究方法はそれまでの貧困研究とは違って，貧困の存在を測る際に，一定の所得や消費水準（以下）を基準とするだけではなく，それぞれの社会階層の特徴とそれらの序列と相互関連のなかにその存在を把握するというものであった。

江口は，調査を通じて得られた社会階層間の相互関係について，**図表1-2**のように，①それぞれの社会階層は消費水準からみてひし形の分布をとって，低い消費水準の世帯をその中に包摂していること，②そのひし形分布の型は，上位の社会階層ほど細長く，下位（不安定雇用者層・低所得層）のそれはひしゃげ

図表1-2　社会階層の位置

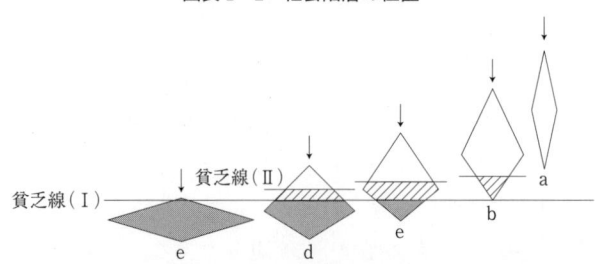

注：1．a＝上層の社会階層，b，c＝中層の社会階層，d，e＝下層の社会階層
　　2．eは貧困層のモデルとしての社会階層。貧困層と社会階層はこの場合一致している。
　　3．矢印は各社会階層に働く社会的，経済的圧力の方向を示す。
　　4．横線は貧乏線。
　　5．貧乏線（Ⅰ）はラウントリーの第一次貧乏線にあたり，貧乏線（Ⅱ）は第二次貧乏線にあたるといえる。すなわち黒い部分は困窮 Destitution の状態にあるといってよい。
出所：[江口・氏原　1956：133]

ていること（下方ほど分厚い），③全体は重畳した上下構成をとっており，社会階層の序列は連続的であること，そして④階層の分化と分解は強く推し進められ，最下位の社会階層に流入し，膨れるというメカニズムを捉えた [江口・氏原 1956：132]。その結果，いずれの社会階層においても貧困要因をもつ世帯が存在しており，その階層ごとに特徴的な生活問題があること，また，ある特定の社会階層だけに低生活水準とか未組織状態があるのではなく，その水準・状態は相対的なものであり相互に連続的なものであることを示したのである [江口 1980b：372]。

　そこで今日の社会階層とその区分に目を向けると，生活問題の構造的な把握のうえでは，次のような6〜10程度の階層に区分できる。もっとも基本的には生産手段の所有の有無であり，①経営者層，②雇用労働者層，③自営業者層に3区分する。そのうえで，雇用労働者層を企業規模や雇用形態，職種，労働組合の組織率，雇用・労働条件などを勘案して，規模30人以上の事業所に雇われているホワイトカラー層（事務職・営業職，②-1）とブルーカラー層（現業職，②-2），規模30人未満の事業所の労働者，および職人・運転手などの企業規模に関わりなく雇用・労働条件が不安定な労働者，パート・アルバイト・派遣・

日雇いなどの雇用労働者を不安定雇用者層（②-3）とする。最後に，生計中心者が働いていない世帯を④無業者層とする。無業者層は，その内訳を収入源に応じて，生計中心者以外の家族が働いている世帯，厚生年金が主な収入源の世帯，国民年金や障害基礎年金が主な収入源の世帯，生活保護受給世帯等に区分することができる［三塚　1983：132-137］。

　今日（2004年現在），生計中心者（世帯主）が雇用労働者である世帯は，2616万世帯，56.5%である。そのうち規模30人未満の事業所の雇用労働者世帯は10%（462万世帯），1年未満の契約の雇用労働者世帯は3.4%（138万世帯），自営業者層で雇い人なしが8.9%（411万世帯）である。これらの労働・生活条件が不安定な階層は全世帯の22.3%（1032万世帯），無業者層を除いた生計中心者が就業している世帯の30.6%を占める（『平成16年度版　国民生活基礎調査』2006年より）。今日もなお分厚い低所得・不安定層が存在しているのである。

　そこで，2002年の和歌山県御坊市（人口2万8034，世帯数9833，2000年現在）における調査をもとに，社会階層間相互の関連性をみてみよう。ここでは相対的安定層と不安定層の典型的な階層をいくつか取り上げる。各階層の世帯の年間収入の状況をみると，図表1-3のように，生活保護世帯のうち150万円未満が91%であり，国民年金世帯のそれは77%を占める。不安定雇用者層の日雇い・パート・アルバイト世帯は150万円未満が33.3%（300万円未満の合計71.4%）であり，3分の1は生活保護世帯並みかそれ以下である。ホワイトカラー層とブルーカラー層をあわせた雇用労働者層は450～600万円（24.5%）と300～450万円（22.6%）に集中している。その所得水準はこの階層の約3分の1が不安定雇用者層と重なる水準であり，また階層内部での格差が大きいことが特徴である。また，最下層の一角を占める生活保護世帯の7割以上が不安定雇用者層からの流入である。この社会階層間の相互関係は，江口が半世紀以上前に指摘したものと類似している。

　江口調査や筆者らの調査が把握した，社会階層の構成（布置）と階層的な転落（下降移動），生活問題のあらわれ方は，資本主義における「支配＝従属」の関係の強化の別表現であり，労働者階級全体の「貧困化」＝「労働者状態の一層の悪化」の構造を示している［江口編　1990：446-447］。より具体的には，雇

図表1-3　主な階層別にみた雇用・労働条件と生活の中身，生活上の困難・不安

世帯総収入（万円）のグラフ：生活保護世帯、国民年金等世帯、日雇・臨時・パート・アルバイト、規模30人未満の現業・労務，サービス職、ホワイトカラー層

	生活保護世帯	国民年金等世帯	日雇・臨時・パート・アルバイト	規模30人未満の現業・労務，サービス職	ホワイトカラー層
勤めている事業所規模	5～29人　66% 5人未満　18%	5人未満　48% 5～29人　38%	5人未満　41% 5～29人　36%	5～29人　76% 5人未満　20%	300人以上　82%
社会保険の加入の有無	有　31%	有　29%	有　7%	有　70%	有　100%
健康保険	医療扶助	国民健康保険	国民健康保険	政府管掌/国保	組合管掌・共済組合
労働時間			8～10時間　51%	9～11時間　69%	8～10時間　73%
就寝時間	21時以前　30%	23～24時　43%	24時以降　30%	23～24時　40%	23～24時　50%
世帯構成	①単身 ②夫婦	①単身 ②夫婦	①一人親と子 ②夫婦	①夫婦と未婚の子 ②夫婦	①三世代/夫婦と子 ②夫婦と親
家計のなかでかさむもの	①光熱水費 ②主食費 ③副食費 ④交際費	①家賃 ②健康保険の保険料 ③副食費 ④交際費	①健康保険の保険料 ②副食費 ③光熱水費 ④交際費	①副食費 ②交際費 ③車の維持費・燃料代 ④主食費/光熱水費	①住宅ローン ②税金/副食費 ③光熱水費 ④教育費
切りつめているもの	①とくにない ②光熱水費 ③衣服・身の回りの品代 ④主食費	①とくにない ②衣服・身の回りの品代 ③光熱水費 ④副食費	①とくにない ②衣服・身の回りの品代 ③副食費 ④こづかい	①とくにない ②光熱水費 ③外食費 ④主食費	①外食費 ②光熱水費 ③衣服・身の回りの品代 ④旅行費
くらしの面での困りごと・不安	①生計中心者の病気・事故 ②収入が不足 ③買い物が不便 ④物価が高い	①生計中心者の病気・事故 ②収入が不足 ③物価が高い/老後のこと ④税金が高い	①生計中心者の病気・事故 ②税金が高い ③収入が不安定 ④貯金ができない	①子育てのこと ②税金が高い ③貯金ができない/収入が不足 ④老後のこと	①家族の病気・事故 ②子どもの教育 ③子育てのこと/老後のこと ④生計中心者の病気・事故
医療の面での困りごと	①ない ②かかっている病院が遠い ③通院が不便（交通機関がない）	①ない ②医療費がかかる ③薬代がかかる	①ない ②保険料の負担が大きい ③医療費がかかる	①ない ②保険料の負担が大きい ③医療費がかかる	①ない ②多忙で健診・受診できない ③保険料の負担が大きい
地域活動	参加している　49%	参加　73%	参加　67%	参加　72%	参加　89%

出所：和歌山県御坊市における生活実態調査（2002年実施），[高林　2004：162]

用・労働条件とその決定をめぐる条件（産業関係・労使関係）［脇田　2007］，最低賃金制度等の社会政策や社会保障制度のあり方が背景にある。江口調査から半世紀以上が経ち，その間，諸々の制度が体系的に整備されているのであれば，今日の社会階層の構成（序列）は，当時の下方に分厚くひしゃげた形（格差が大きく低所得層が多い）から，中心が分厚いひし形（低所得層が少なく格差が小さい）へと変化していなければならない。しかし，今日も基本的には変わっていない（量的な意味だけではなく貧困状態にある社会階層の形成過程）。それは「貧困化」の構造が基本的には変化していないこと，制度面では今日もなおナショナル・ミニマム（人たるに値する労働時間等の労働基準と全国一律の最低賃金制度等がその軸）が未確立であり，働けなくなったときの生活問題対策である社会保障・社会福祉制度についてもその体系・水準は国際的にみて大きく立ち遅れているためである。その結果，先にみたように，雇用労働者層の一定部分は，働いてもなおも人たるに値する暮らしができない状態（ワーキング・プア）であり，貧困・低所得層との重畳的・連続的な関係が維持されているのである。

3　生活問題の階層性にみる課題の連続性・共通性

　生活問題は，もっとも基本的には暮らしの基盤（社会階層）によって規定されている。そこで，生活問題の中身は，社会階層ごとにどのような違いと共通性があるのか，御坊市の調査結果［高林編　2003］を素材にして，**図表１-４**の三塚の視点と枠組みを用いて分析したい［三塚　1997：76-101］。

　生活保護世帯（57世帯）は，「単身」と「夫婦のみ」の世帯が中心である。家計支出の面では，光熱水費や主食費を切りつめているにもかかわらず，なおも光熱水費や主食費，副食費，交際費などがかさんでいる。生活上の困難・不安は生計中心者の病気・事故や収入の不足，買い物が不便などをかかえている世帯が多い。地域活動は参加していない世帯が51％と，他の階層に比べて著しく高い。生計中心者の健康状態は，精神的症状・身体的症状ともに他の階層に比べてもっとも悪く，44の自覚症状のうち平均11.5をあげている。

　不安定雇用者層のうち生計中心者の仕事が日雇い・パート・アルバイト世帯

図表 1-4　生活問題を捉える視点と枠組み

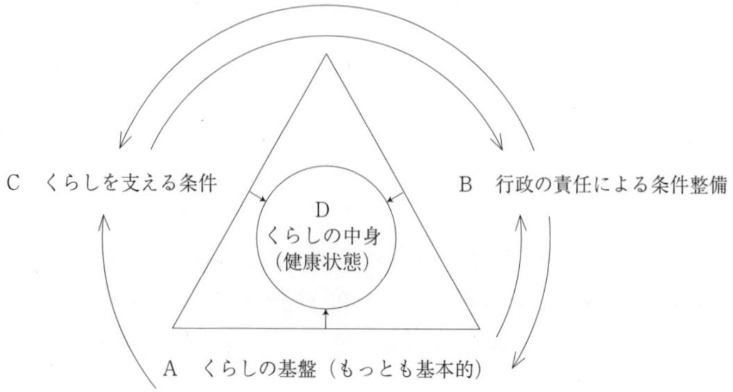

C　くらしを支える条件　　　　B　行政の責任による条件整備

D
くらしの中身
（健康状態）

A　くらしの基盤（もっとも基本的）

出所：[三塚　1997]

（43世帯）は，「ひとり親と子」の世帯ないし「夫婦のみ」の世帯が相対的に多い。家計支出は生活保護世帯並みかそれ以上にやりくりがきびしい。生活上の困難・不安は，生計中心者の病気・事故や収入が不安定，貯金ができないなどがめだっている。地域活動に参加していない世帯が33％と，生計中心者が働いている階層の中ではもっとも高い。生計中心者の健康状態も同様にもっともよくない。この階層の4割ほどは生活・健康状態が生活保護世帯のそれと重なっている。

ホワイトカラー層（28世帯）は，「三世代」や「夫婦と子」の世帯が中心である。家計支出の中でかさむものは，住宅ローンや税金，教育費などが多くみられる。生活上の困難・不安は，家族の病気・事故や子どもの教育，子育てのこと，老後のことなどが相対的に高い。何らかの地域活動に89％が参加している。生活時間は労働時間が長く，就寝時間が遅いことが特徴である。生計中心者の健康状態は慢性的なストレス症状をかかえている人が多い。

このように生活上の困難・不安，それによってしわ寄せされた健康状態は，暮らしの基盤が不安定な階層ほど明らかにきびしい。同時に，暮らしの基盤が相対的に安定している階層にとっても，その階層の社会的性格を反映した生活上の困難・不安（ローンの返済や子育て，介護，老後の不安など）をかかえている。すなわち，雇用労働者とその家族が属する幅広い社会階層にとって生活自助が

成り立たなくなっている（生活自助の限界）という意味で，今日の生活問題には社会階層的な連続性・共通性があることが明らかである。

4　地域福祉の対象課題である生活問題の地域性とその認識方法

　社会福祉の対象課題である生活問題の全体像はこのような社会階層の構成とそれらの相互の序列・布置関係のなかで規定されている。同時に，それは必ず特定の地域性をもっている。

　地域福祉は暮らしの場としての地域における生活問題対策の一環である。したがって，地域福祉の対象課題の把握にとって，それぞれの地域ごとの社会階層の構成によって規定されている生活問題および地域問題，すなわち生活問題の地域性を把握する作業が不可欠である。

　その方法として用いる概念装置が地域類型区分である。地域類型区分は，人口密度と一定期間の世帯数の増減率との2つの指標によってつくられる［三塚1992：57-62］。人口密度が高いということは，単に人口が集中しているというだけでなく，雇用労働者とその家族の集中・集積の結果としてみることができる。また，世帯数が増加（ないし著増）している地域は，雇用労働者とその家族が流入・転入していることをあらわしている。人口密度が低く世帯数が減少している地域は現象的には過疎化の姿であるが，雇用労働者とその家族の流出・転出（雇用労働者化）の結果である。いずれの指標とも地域の階層構成の変化の反映であり，世帯数の増減率は今後の変化の方向性をつかむうえでの手がかりともなる。また，地域の階層構成の変化は，資本蓄積の運動および高度経済成長期以降の産業構成や道路・鉄道開発，交通アクセス，工業団地や宅地の開発，それらを促進する都市政策・地域政策などの内容・変化に規定されている。そのため，地域類型区分はそのような基礎的条件やそれに規定された地域の生活条件とも結びついている。以下では，基本的には社会階層によって規定されながら，同時に地域の生活条件によっても規定・媒介されている今日の生活問題の地域性およびその相互の関連性，変化の方向を，地域類型区分を用いることによって構造的かつ動態的に把握してみたい。

和歌山県御坊市（高度経済成長期以降〜2000年までの変化）を例にとると、**図表1-5** ように，日高川の北部にある旧市内の中心部から南部へと，不均等ではあるが同心円状にⅠ類型からⅣ類型まで広がっている。Ⅰ類型は，市の中心部にあり，（現在の）人口密度が高く1960年から2000年の間の世帯数が減少している地域であり，商業・サービス業の自営業者層が相対的に多い。Ⅱ類型は，Ⅰ類型の北側に接しており，人口密度が中位で世帯数が著しく増加している。一部の地域はオイル・ショック以降に大きく増えている。この類型は雇用労働者の住宅地域であり，生計中心者が雇用労働者である世帯が5〜6割を占める。Ⅰ・Ⅱ類型の地域に立地している公営住宅団地は，約6割が無業者層（生活保護世帯が多い）であり，約4割が不安定雇用者層である。Ⅲ類型は，Ⅰ類型の南部に位置し，人口密度が低く世帯数が著増ないし増加している地域である。その一部の地域は，90年代以降も世帯数が伸びている。雇用労働者世帯が主ではあるが，兼業農家世帯も混在している。Ⅳ類型は，Ⅲ類型のさらに南側にあり市内中心部からもっとも遠方に位置する，人口密度が低く世帯数が横ばいの農村地域である。

このうち3つの地域類型ごとに生活問題の地域性をみてみよう［高林編2003］。雇用労働者層の住宅地域であるⅡ類型は，世帯の年間所得が300〜450万円が26.0％ともっとも多く，ついで450〜600万円の23.1％である。地域活動は，農村ほどではないが比較的多くの世帯が自治会や公民館活動，PTA活動などに参加している。生活上の困難・不安の内容は，税金が高い，生計中心者の病気・事故，老後のこと，貯金ができない，子どもの教育・進学などが高く，健康面についてはストレスに関わる精神的症状がめだつ。地域問題としては，安定的な仕事が少ない，安心して歩ける道路・歩道が少ない，河川の汚染などの問題をかかえている。子どものいる世帯や寝たきりの人がいる世帯が多いため，暮らしや医療・福祉のことで情報が少ない，子どもの教育環境の充実，暮らしや医療でいつでも相談にのってくれる専門職員がいない・少ないなども高い。交流の面では，古くからの住民と新しい住民との交流が乏しいという意見が少なくない。

公営住宅団地は低所得層が集中しており，世帯の年間所得は150万円未満が

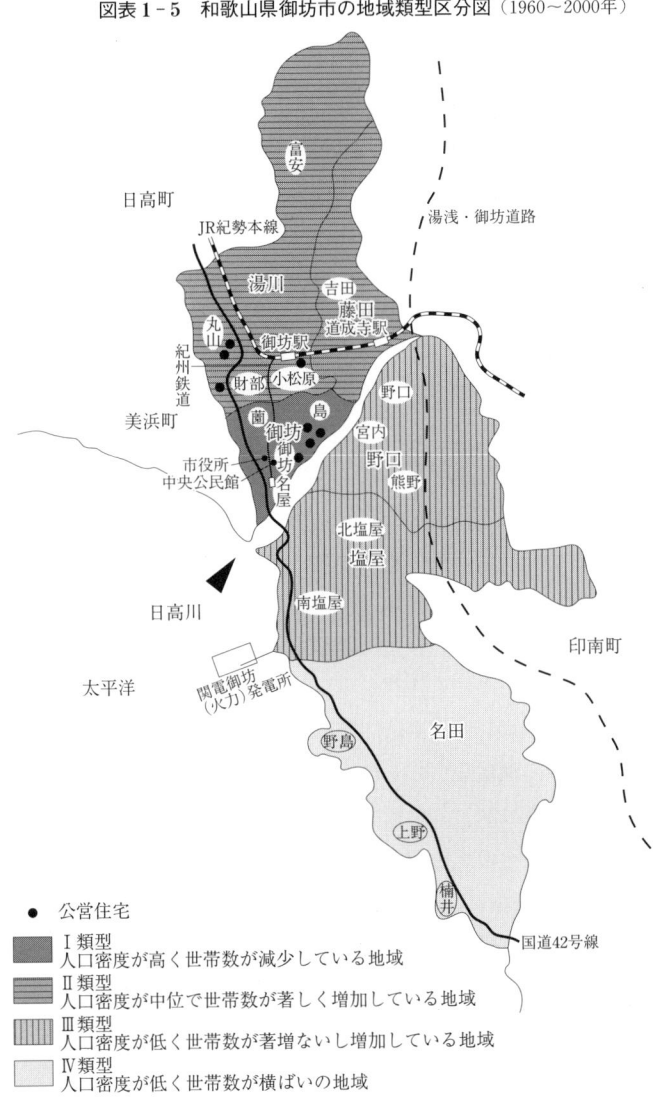

第1章 地域福祉の対象課題とは何か，どう捉えるか　95

図表1-5　和歌山県御坊市の地域類型区分図（1960～2000年）

- ● 公営住宅
- ▨ Ⅰ類型　人口密度が高く世帯数が減少している地域
- ▨ Ⅱ類型　人口密度が中位で世帯数が著しく増加している地域
- ▨ Ⅲ類型　人口密度が低く世帯数が著増ないし増加している地域
- ▨ Ⅳ類型　人口密度が低く世帯数が横ばいの地域

59.9％，150～300万円が27.2％である。そのため，収入が不足，収入が不安定，貯金ができないなどが4割前後を示している。地域活動には4割が参加し

ていない。町内会の行事とお祭り以外はほとんど参加がみられない。近所づきあいはほとんどない，あいさつ程度が大半である。食生活は，コンビニやスーパーの弁当や総菜，インスタント食品を食べることが多いという世帯が4割（平均26％）を超えている。生計中心者の自覚症状の数は1人平均8.9個と，他の地域に比べてもっとも多く，精神的健康・身体的健康ともに多様かつ重い症状をかかえている。地域問題としては，働き口があっても安定的な仕事が少ないことが最大の問題である。また，買い物が不便，交通が不便，騒音，大気汚染，ホコリや砂など地域生活基盤・環境の劣悪さがある。制度・サービスについては，特に身近な暮らしや医療・福祉に関する情報が少ない，暮らしや医療・福祉のことでいつでも相談にのってくれる専門職員がいない・少ないなどの意見が多い。

　農業を基盤としているⅣ類型の地域は，住民のつながり，健康や食の面でもっとも安定している。ただし，地域問題としては，農業の衰退や環境破壊，公園・歩道の不足など地域生活基盤の整備が大きな問題となっている。また，近くに医療機関が少ないので，救急・休日・夜間の診療体制の不十分さを指摘する声が多い。役所や保健所など暮らしに関わる施設が遠くて不便であり，働く親の条件にみあった保育所や学童保育がない・少ないという意見も出ている。

　以上のように，地域類型ごとに生活問題の地域性をつかむことができる。その際，より大切なのは，地域類型ごとの違いをふまえた相互の関連性・共通性および今後の変化の方向に関する動態的な把握である。

　Ⅱ類型は雇用労働者とその家族が主体の地域であるため，そこにあらわれている生活問題やまちづくりの課題は，程度の差はあるにせよ雇用労働者化が進んでいる（今後より進行する）他のすべての地域類型の典型例である（農村部でも兼業化＝雇用労働者化によって子育てなどに関する公共施設の整備が出ているように）。Ⅳ類型（農村地域）の農業の衰退は，その地域の生活問題を生み出すとともに，農村以外の住宅地域における食糧と食のあり方に直接的・間接的に関わっている。すなわち，農業の衰退が進めば，都市地域の食糧自給と地産地消が困難になる。それは雇用労働者とその家族およびその地域の自治と自立にとっての死活問題である。さらに，Ⅰ・Ⅱ類型に立地している公営住宅のほとんど

が生計中心者の代になって転入してきた世帯である。何かのきっかけで暮らしの基盤が不安定化すれば，雇用労働者とその家族である以上は公営住宅の利用を必要とするようになる可能性を否定できない。現在の居住地域がどこであれ，雇用労働者世帯（生業的な自営業者も）である以上，公営住宅における生活問題およびまちづくりの課題と無関係ではない。

　このような地域類型間の相互関係を一般化してみると，公営住宅団地や都市中心部，郊外の住宅急増地域，過疎地域などの社会階層構成の面で不安定雇用者層や低所得の無業者層が集中している地域ほど，地域の生活条件も低位であり，その整備が遅れている。自治体のなかでこのようなもっとも生活条件が厳しい地域（類型）のまちづくりの課題が改善されないままに放置されれば，地域類型間の格差が拡大するとともに，地域類型相互の課題は関連しているために，結果的にその自治体全体の生活条件の低下を招くことになる。同時に，格差の拡大は，地域住民のお互いの共通課題をみえにくくさせ，地域間の協力を困難にさせるとともに，厳しい生活問題をかかえている世帯の社会的孤立を深める。もっとも厳しい地域の生活条件の底上げを図ることは，その地域だけでなく他の地域の住民にとっても安心して暮らせる生活条件をつくることになり，地域全体の生活条件が向上する方向にまちづくりを進めることにつながる。このような分析方法を用いれば，地域類型ごとの地域の変化の方向およびまちづくりの基本的な課題をつかむことができる。グローバリゼーションのもとでの地域間格差の拡大，暮らしに関わる行財政のリストラを中身とした市町村合併への対抗軸は，暮らしの場としての地域相互の間の共通課題をつかむ作業の積み重ねのなかでつくられるのではないだろうか。

　地域福祉の対象課題はこのような構造をもつ生活問題の地域性である。以上のような地域類型ごとの生活問題とまちづくりの課題の違いを明らかにすることを通して，地域類型間の相互の関連性・共通性をつかむことが地域福祉の理論化を進めていく作業の中心である。

　実践のうえでも，このような作業を通して，住民がお互いに力をあわせて取り組む，暮らしの場の共通課題を明らかにすることが住民主体をめざす地域福祉の基礎といえる。私たちの実態調査は，学生調査員（20〜30人）集団によっ

て，1週間かけて約450〜600世帯を，すべて訪問対話方式による聴き取りで行う。現地の地域住民の全面的な協力によって取り組み，調査結果がまとまれば，校区や自治会ごとに住民懇談会を開催して調査報告をする。そのような過程を大切にしながら地域福祉（活動）計画と具体的な地域福祉活動の発展につなげていくのである。

　以上のような地域福祉の対象課題の構造分析をふまえれば，地域福祉は，生活問題対策としての社会保障の一環であり，同時に住民の参加と自治によるまちづくりの一環であり，それらの最終的な位置にある。また，その社会的な位置によって役割が決まる。紙幅がないので，対象課題の構造に対応した地域福祉の位置や役割については，すでに発表したもの［高林　2004；2008］を参照していただき，その後の展開については別の機会に改めて論じたい。

【引用・参考文献】
江口英一・氏原正治郎（1956）「都市における貧困の分布と形成に関する一資料（一）」『社会科学研究』東京大学社会科学研究所
江口英一（1979・80 a・80 b）『現代の「低所得層」』（上・中・下）未来社
江口英一編（1990）『日本社会調査の水脈』法律文化社
工藤恒夫（2003）『資本制社会保障の一般理論』新日本出版社
高林秀明（2003）『御坊市民の健康問題―低所得層を含む地域住民と自治体によるまちづくりの課題』和歌山県御坊市
高林秀明（2004）『健康・生活問題と地域福祉―くらしの場の共通課題を求めて』本の泉社
高林秀明編（2006）『都市近郊自治体の地域福祉の課題と条件―健康・安全・安心のまちづくり―』熊本県菊陽町社会福祉協議会
高林秀明（2007）「生活問題の構造と社会政策」坂脇昭吉・阿部誠編著『現代日本の社会政策』ミネルヴァ書房
高林秀明（2008）『障害者・家族の生活問題―社会福祉の取り組む課題とは』ミネルヴァ書房
三塚武男（1983）「労働者生活問題の構造」佐藤進・小川利夫編『講座社会福祉9　関連領域と社会福祉』有斐閣
三塚武男（1992）『住民自治と地域福祉』法律文化社
三塚武男（1997）『生活問題と地域福祉―ライフの視点から』ミネルヴァ書房
脇田滋（2007）『労働法を考える』新日本出版社

〔高林秀明〕

第2章
住民と地域福祉

はじめに

　地域福祉において，福祉サービスの利用契約制度化の時代にあっては，一般住民のみならず，要援助者においても「サービスを選択できる個人」が利用者モデルとして登場してきている。この利用者モデルは，自己選択と自己決定および自己責任のもとに自立する消費者としての近代資本主義，特に新保守主義に対応する要援助者像であるといえよう。また，近代資本主義や産業社会がもたらす孤立化に対して，市民社会論やローカル・ガバナンスという地方自治のあり方と相まって，自ら社会を連帯して構築しようとする主体的な市民像が新たな公共性を形成する住民像として登場してきている。このような状況下で，今日の地域福祉はどのように住民を捉え，また住民とどのような関係を取り結ぶのであろうか。本章では，そのことを考えてみたい。

1　地域福祉における住民

　本論を展開するにあたって，住民との関係で地域福祉とは何かを述べておかなければならないであろう。わが国における地域福祉はコミュニティをベースにして社会福祉を統合するきわめて包括的な概念といえる。しかも，その包括的概念であるがゆえに社会福祉原論に近似して示されているのが特徴である。したがって，原論自体の学説に諸論があるわが国の現状では，地域福祉論もさまざまに各論者から定義されている。

　そのなかで，近年の地域福祉論を鳥瞰的に把握し分析したものとして，岡本栄一の図がわかりやすい［岡本　2001：12］。同図では，4つの志向軸として①

コミュニティ重視志向軸，②政策制度志向軸，③在宅福祉志向軸，④住民の主体形成と参加志向軸，があげられている。これをさらに大別すれば，住民の参加やまちづくりを志向する群と施策の総合化を志向する群として地域福祉を捉えることができよう。前者の群は活動する住民をイメージでき，後者は利用者（要援助者）としての住民をイメージできる。このように，地域福祉では，活動者と利用者（要援助者）という2つの住民の側面が登場し，なおかつ，この二側面を統一的に捉えようとするのが特徴であるといえる。たとえば，地域福祉実践においては，要援助者への生活支援だけでなく，要援助者の支援に関わる住民への支援も重要な実践である。いわゆるコミュニティワーク実践であり，小地域福祉活動支援やボランティアコーディネートなどがその典型であろう。すなわち，地域福祉における住民は，要援助者としての生活ニーズの充足とともに，福祉のまちづくりへの参加ニーズを同時に充足する主体として捉えられるのである。

2　住民概念の変化

◉ 住民と市民

　さて，地域福祉を語る場合，住民と市民の用語の使用については悩むところである。わが国において，地域福祉概念が登場する1970年以前は，1959年から始まった保健福祉地区組織活動としてのコミュニティ・オーガニゼーション実践がその実態をなしていた。その対象はおおよそ小地域（日常生活圏域）の住民であり，それを受けて，社会福祉協議会基本要項（1962年）では「住民主体」が社会福祉協議会（以下，社協と略す）の組織活動原則として規定された。また，この時代は，運動においても公害問題に代表されるように，地域環境破壊というきわめて地域性をもった問題への民衆の抵抗運動としての住民運動が主流であった。しかし，すこし遅れて「ベ平連」などの市民運動や，生活クラブなどの生協運動の潮流，また，近年の阪神淡路大震災を契機とした特定非営利活動促進法の制定（1997年）などから，わが国においても生活者概念を経由しつつ「市民」概念が急速に普及してきており，今日における地域福祉における

住民像の再考を迫まっている。

　広辞苑によれば，住民とはまさしく「その土地に住んでいる人」（広辞苑第6版）である。また，市民とは直接的には市の住民，都市の構成員をさすが，むしろ「国政に参与する地位にある国民。公民。広く，公共空間の形成に自律的・自発的に参加する人々（citizen）」をさす（同第6版）。この定義でみる限り，「住民」と「市民」を分かつ最大の違いは「地理的範域」と「公共性」「自律性・自発性」の有無というところであろうか。しかし，実際には「住民」「市民」は二分される概念ではなく，きわめて連続的なものである。社会福祉の主要な眼目が，当事者の主体的側面からの社会関係の再構築とそのことを可能とさせる社会変革にあるとすれば，地域福祉における住民は，単に「その土地に住んでいる人」としてのサービス対象ではなく，暮らしの全体性をもつ主体として認識することが迫られる。そして，その場合の主体認識は，権利主体，生活主体，生存主体としての統合的な存在として認識されよう［右田 1993：5-7］。また，地域福祉政策としての対象が地域生活問題であるならば，住民においても，現在の資本主義構造の矛盾としての貧困問題が集中的にあらわれる労働者・勤労者がその主体の中心としてみなされよう［井岡　1980：257-282］。その観点からは，労働と所得保障とともに居住権を剥奪されたホームレス問題は，地域福祉に鋭く問題提起しているといえよう。

　再び「住民」の問題に移そう。「その土地に住んでいる人」の，個々人にあらわれる生活問題に対して，無条件に理解や共感をする住民は多くはないであろう。大多数は無関心であったり，むしろ精神障害者問題に顕著なように，偏見を有している住民も多く居住する。これらの住民や，その地域（範域）の主要な構成をなす団体が，個々人の生活問題の背景にある諸要因を自らの問題として認識し，地域生活問題として認識することなくして地域福祉は成立しない。そしてこの共感のプロセスを経て，住民は「公共空間の形成に自律的・自発的に参加する人々」＝市民となるのである。このように捉えると，地域福祉形成と市民的公共性の形成は相乗的な関係にあるといえる。しかし，この市民的公共性は，必ずしも地理的な範域をその要件としない［山口　2004：272-294］。

　一方，地域福祉は暮らしの場から住民の参加を促進しつつ福祉コミュニティ

を形成し、社会福祉対策という側面においても、自治体政策と密接不可分に成り立つことからすれば、この市民的公共性を基礎自治体を最大広域と限定しつつ、そのなかでの一定の地理的範域において形成する役割をもつのである。そこにおいては、地縁的なつながりをよきコミュニティ感情として醸成しつつ、知縁の結びつきとしての市民として地域福祉に位置づくことをめざすのである。そこでの市民とは、グローカルな統一的視点に立って、なおかつローカルな暮らしの場に根ざした生活実践を行う市民である。そして、その暮らしの場では、当然のことながら、競争原理のなかで勝ち抜ける強い市民だけのコミュニティではなく、むしろ、児童、障害者、高齢者がともに暮らせるコミュニティをつくる普段着の市民活動を行う住民として捉えられるべきであろう。

◉ 住民の市民活動としての小地域福祉活動

このようなグローカリズムに根ざした市民活動を最も身近な場から取り組む活動を、地域福祉では小地域福祉活動と呼ぶ。小地域福祉活動は、日常生活圏域という一定の地理的範域に限定された住民の福祉のまちづくり活動である。それは福祉活動である限り、その住民活動はムラの共同意識を超えた、共同居住者としての連帯と人権意識を前提とした活動が期待される。その意味で、小地域福祉活動は地域福祉において期待される住民活動のあり方を最も期待しているといえる。

さて、小地域福祉活動と住民との関係を述べる前に、地域福祉における「日常生活圏域」という用語を規定しておかなければならない。日常生活圏域は、地域保健、医療領域だけではなく介護保険事業計画においても使用される用語となっているが、たとえば介護保険事業計画では、地域密着型サービスの整備圏域（要援助者のサービス利用圏域）をあらわすなど、その規定はさまざまである。地域福祉においては、普段の生活のなかで住民の交流やコミュニケーションを通して、ニーズを顕在化させ協働して問題解決にあたる組織化と協働行動が可能な範域を意味する。

また、公害や環境問題など住民の共通課題を取り組む地域組織化活動から、今日的には在宅要援助者の地域生活支援、すなわち、コミュニティケアが課題

となっている時代では，専門職が住民と連携してチームアプローチする基礎エリアとしての意義も重視される。そして，このようなコミュニティケアの課題のように，一見，個々人の問題にみえる生活課題を，地域の問題として地域生活課題として普遍化させていく場合，日常生活圏域の最大の特性として「共通関心事」で集まる集団でないという特性，すなわち，前項でも述べたように，住民とは一定の居住区に在住する人という特性は，要援助者の生活課題に共感し，自らも振りかかる課題として感知する住民もいれば，無関心，または偏見のある住民も多数存在するということである。施設コンフリクトでいえばNimby症候群（not in my backyards syndrome）の問題である。ここにおいて地域福祉は，「公共空間の形成に自律的・自発的に参加する人々」＝市民を前提として出発するのではなく，その市民性をもたない住民の主体形成を促進する機能が重視されるのである。近年，地域福祉において地域生活支援が重視され，コミュニティワークをその従属的な方法論として位置づける傾向もあるが，このように，コミュニティワークは地域福祉における住民の共同性開発という重要な任務を担っている。

　以上のような住民の主体形成を住民の集団的・組織的な地域福祉活動実践の総体としてみた場合，「地域の福祉力」と呼ばれることがある。地方分権時代の地方自治は，基礎自治体としての団体自治と地域住民が自ら地域社会を統合する住民自治の両方の成熟が求められるが，地域の福祉力は住民の地域福祉実践からの住民自治の形成力と捉えることができる。沢田清方は，この住民の草の根民主主義にもとづくボトムアップ志向の主体的な力を「福祉力」とし，その要素を次の10点に整理している［沢田　1998：148-156］。①問題を共有し認識し課題化する力，②問題の解決に向けて実践する力，③必要な福祉情報が行き届き，施策制度を活用しきる力，④住民の結束力，共同力，⑤専門機関と連携する力，⑥住民の自己変革力・自己教育力，⑦ソーシャルアクション力（具申，計画など），⑧自治意識の形成力，⑨デモクラシーの形成力，⑩地域福祉理念を咀嚼し獲得する力，である。これらは，住民の主体力を具体的に示すものとして参考にしたい。

　また，以上のことから地域福祉における日常生活圏域とは，都市部では小学

校区域，郡部では単位自治会，集落が基礎エリアになることは明らかであろう。

● 今日の小地域福祉活動が地域福祉に問うもの

　このように，小地域福祉活動は地域福祉における基盤的な活動であり，その中に地域福祉における住民の諸相がよくあらわれている。さらに，近年では地域力の衰退と地方自治の財政難から，コミュニティ政策や地域福祉政策から小地域福祉活動に期待されることが大きくなっている。この政策期待における小地域福祉活動や住民の捉え方においては次の3つの視点が重要である。その第1は，地域のつながりの希薄化の直接的な要因として，居住形態に核家族化や単身化の顕著な傾向がみられるということである。このことは，従来の生活圏域における組織化が自治会に代表されるように，世帯単位から個別の組織化が求められ出していることをあらわす。地区社協においても，インターグループワークとしての団体代表が参加する形態とあわせて，個人資格で参加できる組織形態をとったり，ボランティア部会などを設置するなどの工夫がされつつある。また，地区社協から宅老所運営などのNPOを生み出すなどの実践が生み出されてきている。

　第2の特徴は，自治体の財政難などからの市町村合併などを契機とした住民の自治力への政策期待である。地域のつながりの希薄化をともなって「まちづくり」への期待が高まっている。しかし，今日のまちづくりの特徴は，核家族化，単身化と同時に，それは少子高齢社会におけるまちづくりという特徴をもっている。すなわち，地域を構成する住民において，1日のうち，最も長い時間を過ごす住民は高齢者を主な構成員として，児童，障害者，専業主婦（女性）などが代表される。この住民の特徴は，福祉の対象やジェンダー問題の対象となりやすいことである。このことは，今後のまちづくりとは，生産者としての強い住民を中心に想定するのではなく，ともすれば，社会的不公正や社会的差別の対象となりやすい層を主な構成員として，平等性を意識したまちづくりが期待されることを示している。「福祉でまちづくり」の発想である。また，この「福祉でまちづくり」は2つのことに留意しなければならない。1つは，

これらの住民層が地域参加するための基盤整備をコミュニティ政策と地域福祉政策が連動して用意周到に図っていく必要がある。2つには，これまで援助対象とのみみなしていたこれらの層の住民こそ，まちづくりの主体者となるという価値観の転換である。浦河べてるの家の実践は，そのことを明快に証明している。

　第3としては，地域生活支援が重視されることにともなう住民と専門職の協働のあり方である。

3　利用者概念を超える住民像——利用者から当事者へ

● 社会福祉基礎構造改革が要援助者にもたらしたもの

　近年の社会福祉基礎構造改革は社会福祉法制定，施行をもって帰結をみた。この社会福祉基礎構造改革の主要な改革点は7つの基本的方向として示されているが，その第1は「サービスの利用者と提供者の対等な関係の確立」である［社会福祉法令研究会　2001：34-42］。すなわち，行政が行政処分によりサービス内容を決定する措置制度を，利用者が事業者と対等な関係にもとづきサービスを選択する利用制度に変革することが，この社会福祉基礎構造改革の目的であった。具体的には，措置制度の解体と民間サービスの参入促進が主要な目的であったことは論を待たないであろう。このことによる国民の社会福祉における権利性が反射的受給権からさらなる後退を余儀なくされている現状は別稿に譲るとして，措置制度における住民が救済の「対象者」という客体的存在から，サービスを主体的に選択して生活する「利用者」という主体的存在に立場が180度転換した点は前進である。これ以降，公文書においても対象者という用語から利用者という用語に転換したことは大きな変化である。また，この変化はすでに社会福祉の理念規定においては，1990年の改正社会福祉事業法第3条において「福祉サービスを必要とする者」という表現がなされたことをさらに実体化したものと受け取ることができる。

　しかしその一方で，要援助者を措置という公法で支えていた仕組みから，民法契約のなかに移行させるのが利用契約制度であった。このことは福祉サービ

スの市場化にともなって，行政責任の希薄化と「選択された良質な事業者が良質のサービスを提供する」という消費者が主導権をもつ市場原理幻想のなかに「利用者＝消費者」としての要援助者をおくことを意味した。そして，サービスを適切に選択できる利用者へのエンパワーメントと，それが行いづらい要援助者への「利用者の利益の保護」の新たな制度の構築が図られることになったのである。

このように社会福祉基礎構造改革は，要援助者を利用者とみなし，その個人の強化（エンパワーメント）と保護という2つの支援がめざされていたといえよう。

● 個人の強化と保護を超える第三の道＝つながり・連帯

この個人の強化と保護はいずれにせよ，競争原理にもとづく社会における適応行為である。これに対して，「つながり・連帯」は競争原理のアンチテーゼになる原理を有している。この間，社会経済論としてソーシャル・キャピタル論が注目されているが，それにつながる論理である。

要援助者の地域でのつながりづくりの基盤は当事者組織（SHG）であろう。本来，当事者グループは行政区にこだわらず，種々の「生きづらさ」を共通関心事にしたメンバー同士の交流による「わかちあい」を重視し，それを通して，各メンバーが社会の差別的価値観による自己抑圧から解放されていくという，個々のメンバーの内面的なセルフケアを重視している［岡　1997：126-127］。しかし，当事者組織，セルフヘルプ・グループは，本質的にはメンバー本人の抑圧からの「自己解放」「自己変容」と社会の偏見，差別に対しての問題解決を目的とした「ソーシャル・アクション」の2つの機能をもっている。当事者組織はセルフアドボカシーからシステムアドボカシーという社会変革に向かうエネルギーを秘めている主体であり，活動体であるといえる。ここにおける利用者と当事者の違いを注意深く認識しておく必要がある。利用者とはサービス事業者と対になる用語であり，あくまでもサービス・制度に規定された主体である。ここで問われる権利は「サービスの選択権」に関わるきわめて限定された「権利」である。しかし，当事者は自分の生きづらさに規定される。それは

第一義的には自分に規定されていることにほかならない。したがって，当事者のつながりは，法制度やサービスに第一義的に規定されるものではなく，自分発で自発的につながりあっていくのである。ここにおける権利は基本的人権を前提とする。

このように，地域福祉における要援助者は「利用者概念」に限定されず，むしろ，それを含んだ「当事者概念」として捉えるべきであろう。この「要援助者＝利用者」という捉え方から「要援助者＝当事者」およびその集合体としての当事者組織になることによって，援助対象者から社会変革者という180度の転換を遂げるのである。このように当事者が地域社会と関わる過程において，地域福祉はその転換を促進させる媒介として機能するのである。

● ケアの社会化からケアを取り戻す行為

地域福祉にとって主要な構成要素としてコミュニティケアがある。コミュニティケアは要援助者の地域での生活の継続性を支援する手立ての総体と捉えられる。そして，コミュニティケアは具体的なサービスやサポートと，その諸サービスを本人の生活の希望にそって支援するケアマネジメントに大別されよう。このような支援形態においても，地域福祉は住民をサービスの対象者，また主体であっても「利用者」概念にのみ限定しない当事者としての視点を求めているのである。

介護保険改正により誕生したサービスを地域密着型サービスという。これらのサービスは，介護保険事業計画により設定された生活圏域ごとに配置されるサービス群であるが，その特性は，個別支援を重視する小規模性と生活の継続性を支援する地域生活支援を目的としていることである。その生活の継続性から培われる地域社会関係こそ，このケアサービスの質を担保する源である。したがって，このサービスは「地域密着」を志向せざるをえないのである。この地域密着型サービスの前身は，宅老所などにみられる民間の活動である。認知症ケアにみられる施設の大規模性の限界から，小規模ケアによる個別性をめざした制度外の活動として始まり，やがて介護保険制度によるデイサービスによる介護報酬を組み入れながら経営基盤を確立してきた。なおかつ制度内に収ま

らない要援助者のニーズに即したサービス形態を開発してきたところに，地域福祉に位置づくサービス形態の価値をみることができる。

　全国社会福祉協議会は，宅老所に限らず，このような地域生活支援を志向し地域の質を担保しつつ実施する新たなサービス形態を地域福祉型福祉サービスと命名し，その概念を説明している［全社協　2006：6-12］。そこには地域福祉と住民，サービスの関係がよくあらわれているので紹介しよう。

> 「地域密着型福祉サービス」とは日常生活の場において，「生活のしづらさ」を抱えた住民の生活の継続性や豊かな社会関係など，地域生活の質を高めることを目的にした活動やサービスで，その開発や実施過程において，住民・利用者・事業者・行政が協働することを通して，共生のまちづくりに結びつく「地域資源」の性格をもつものである。

　このように，地域福祉では前項で述べたように利用者を生活のしづらさをかかえた当事者として捉えなおし，その豊かな社会関係を形成する主体としての住民が登場してくるのである。それは，サービスの実施，運営に関わって利用者・事業者・行政と協働するものとして住民が登場してきている。このようにサービスとの関係においても，当事者，近隣者，活動者というようにさまざまな住民が登場することで，地域福祉型福祉サービスは「地域社会とつながる運営」が可能となり，「その人らしい生き方・生活を尊重するサービスのかたち」と「地域福祉の推進」を統一的に進めることができるのである。

　社会福祉におけるケアの問題は，本人や家族による私的ケアを社会的ケアに転換する歴史であったといっても過言ではない。しかし，ケアの社会化が生存権や社会権，幸福追求権としての権利実現としての意義を認めつつも，その一方で，「自分にできないことの外部化」は，自己の生活実現を他者に依存し委ねることと表裏一体の危うさを有していることを見過ごしてはならない。ここにおいて，ケアの問題が本人⇒家族⇒地域という自己責任論の拡張ではなく，ケアの社会的責任，権利としてのサービスをケアの社会化としての資源として開発しつつ，それを当事者や地域住民のものとして取り戻していく行為としてサービスの開発や運営に住民・当事者が参画するあり方が求められるのであ

る。そのことが，基本的人権の保障を所与のものとしてではなく，むしろ権利開発としての具体的な実践をともなって実体化させていく地域福祉における住民の関わり方であろう［右田　1993：101］。このように，社会的ケアを促進しつつ，その危うさを住民参加を媒介にして回避する機能こそ地域福祉における地域密着性の本質である。

4　行政参加を促進させる主体としての住民

　地域福祉における住民の参加形態には活動，運動，参画がある。このうち，政策決定における直接参加としての参画に首長や議員への選挙権の行使があるが，社会福祉とりわけ地域福祉においては，計画への参画が直接参加の方法として注目を集めている。特に地域福祉計画の参加はこれまでの社会福祉計画とは違い，地域福祉の公民協働という性格から，2つの取り組みを要請している。1つは，計画の策定，実施，評価（PLAN-DO-SEE）の各プロセス全般にわたる住民参加を求めていること。もう1つは，多くの地域住民が参加できる小地域福祉計画を策定する取り組みである。このように，地域福祉は住民の参加概念に新たに「参画」の拡張として「評価」を加えるとともに，住民参加の実質的な枠組みやしかけを，地域福祉は住民に用意できるようになったといえる。

　しかし，このような住民参加は，計画策定という行政行為への住民の参加ということにほかならない。この場合，主体はあくまでも行政である。まちづくりで有名な神戸市長田区の真野地区の初代リーダー・毛利芳蔵は，徹底した住民主体を貫くならば住民参加ではなく，住民の運動に行政が参加する「行政参加」という捉え方が必要であると説いている［毛利　1991：268］。地方自治は団体自治と住民自治から構成される。この2つの自治は地方自治の両輪であるが，あえて順序をつけるならば，先にあるのは住民の暮らしであって，住民自治のうえに団体自治が存在すべきであろう。その観点から，本来の住民主体のあり方は，毛利のいうように住民の自治的な生活活動にそって行政が住民のなかに参加していくことであろう。その観点からすれば，今後の地域福祉は「住

民参加」ではなく，住民が自律的に運営するまちづくりの協議の場に，住民がもともともっていた自己管理（自治）の機能を外部化した者としての行政やケアを外部化した者としての事業者などを，住民主体の場に呼び戻す行為としての「行政参加」「事業者参加」が地域福祉のめざすところであろう。

　山口定は市民社会を「国」「市場」につぐ第3のセクターとしての領域論ではなく，「理念（とりわけ平等・構成）」・「場（共存・共生の場）」・「行為（自律的行為）」・「ルール（公共性のルール）」という4つの要件の総体として，それぞれの国で歴史的・文化的にさまざまな形をとって出現するものとして捉えている。その観点からは，「『市民社会』とはさまざまな『公共空間』・『アソシエーション空間』が出会い，政治のあり方，経済のあり方，社会のあり方について，『共存・共生』の原理のうえに立って協議する『場』を用意する諸条件である」と定義している［山口 2004：320-323］。それに対して，地域福祉は市民福祉社会を形成することを目的とし，そのために住民の主体形成をはぐくむと同時に，主体性を有した住民がその主体的な自治的行為を可能にする場や道具を形成する実践ともいえる。さらに，場や道具を獲得した住民はそれを使いながら自己組織化するなかで，さらに住民の自治力形成（自分たちの福祉のまちづくり）に開発されたそのような場や道具を計画等を通して地域福祉に位置づけていくのである。このように地域福祉は住民の主体形成を図り，住民は地域福祉を豊富化する相互関係こそが地域福祉と住民の関係であるといえよう。

結　び

　本章では，一定の地理的範域に居住する「住民」の市民化および生活課題をかかえた住民の利用者から当事者概念に転化する場としての地域福祉の機能を中心に論じた。しかし，その地域に居住はしないが，一時的にその地理的空間を共有する勤労者や学生，また広域で活動する市民活動をどのように地域福祉における住民とみなすかという課題は重要である。今後の研究課題としたい。

【引用・参考文献】

天野正子（1996）『「生活者」とはだれか―自律的市民像の系譜』中公新書
井岡勉（1980）「地域福祉の課題」嶋田啓一郎『社会福祉の思想と理論―その国際性と日本的展開』ミネルヴァ書房
右田紀久恵（1973）「地域福祉研究の基本的視点」住谷馨・右田紀久恵編『現代の地域福祉』法律文化社
右田紀久恵編著（1993）『自治型地域福祉の展開』法律文化社
岡知史（1997）「当事者組織・セルフヘルプグループ」日本地域福祉学会『地域福祉事典』中央法規
岡本栄一（2001）「地域福祉の考え方の発展」福祉士養成講座編集委員会『福祉士養成講座7　地域福祉論〔新版〕』中央法規
佐伯啓思（1997）『「市民」とは誰か』PHP新書
沢田清方（1998）『住民と地域福祉活動』ミネルヴァ書房
社会福祉法令研究会編（2001）『社会福祉法の解説』中央法規
全国社会福祉協議会編（2005）『「地域福祉型福祉サービス」のすすめ―小規模，地域密着の可能性を探る』全国社会福祉協議会
中西正司・上野千鶴子（2003）『当事者主権』岩波新書
毛利芳蔵（1991）「公害追放運動からまちづくりへ」沢田清方編著『小地域福祉活動―高齢化社会を地域から支える』ミネルヴァ書房
山形県社会福祉協議会（2000）『地域福祉活動における住民主体の原則を考える』山形県社会福祉協議会
山口定（2004）『市民社会論―歴史的遺産と新展開』有斐閣

〔藤井博志〕

第3章
居住と地域福祉

1 地域福祉における居住の視点

　「居住」という言葉は暮らしの器である住居のみならず，人間らしい生活に不可欠な環境的条件をも含む概念である。「居住する」ことは「生活する」ことであり，すべての社会生活の根本にある人間の営為である。したがって，「居住」は生活の場である住居やコミュニティを拠点とする人間の生活を包括的に捉えようとする視点であるといえる。

　さらに，「居住」には，継続的にある場所に住み暮らす，定住という意味が含まれている。ある民族，階層，集団が住めるか，住めないか，その自然，社会的条件を含めて「居住」を意味するのが habitat という言葉である。歴史を振り返れば，人々は状況の変化にしたがって，定住と移動を繰り返してきた。その原因は，迫害を逃れ社会文化的な habitat を求めての民族移動・移住，差別による排除・隔離，紛争や戦争，また都市開発などにともなう立ち退き，家賃の支払い不能による追い出しといった非自発的なものであったり，あるいは，よりよい就業機会や生活環境を求めての自発的なものであった。地域福祉の実践，推進においては，上記のなかでも，非自発的な理由によって安定的な habitat を剥奪されることを否とし，社会的包摂という概念を重視する。

　安全かつ平穏に，人間としての尊厳をもって生活する場所をもつことは，居住権として私たち一人ひとりに認められた基本的人権である（社会権規約一般的意見第4第7段）。この権利は，だれもが住み慣れた地域で安心して暮らし続けられる仕組みづくりをめざす地域福祉の基本的要件といえるだろう。「居住」という視点から地域福祉の対象を捉えることはこれまであまりなされてこなかったが，「居住」という視点をもつことで，私たちは地域福祉が対象とする生

活問題の最も基本的な条件に着目することになる。

　20世紀後半から現在にかけて,わが国の地域福祉と密接に関連する居住の問題は,国民の最低水準の住居の確保という課題から,産業化,都市化にともなう居住環境の悪化,暮らしの場におけるコミュニティの喪失へと転換し,また,人口高齢化が進むにしたがって,人生の最後のときまで住み続けられる条件として,地域密着型の福祉・保健・医療サービスの提供や高齢者住宅の整備に関心が寄せられるようになってきている。その一方で,住む家を失い,野宿生活に陥った人々は居住権という基本的人権を守られていないだけでなく,地域福祉関連サービスや住民による地域福祉活動の対象からも排除されているという居住権剝奪の問題にも目を向けなければならない。

　そこで本章では,これらの課題に着目し,居住の観点から地域福祉の対象を検討することにする。

2　住まいと居住環境

● 住宅問題

　戦後,うさぎ小屋と揶揄された日本の都市部の住居の貧しさ（老朽,狭小,過密など）は,住む人の健康や心のゆとり,住居内事故の危険,子どもの教育に影響を与えると指摘されてきた。国民生活センターの調査報告書（1999年）で,乳幼児や高齢者については,家庭内事故死が交通事故死よりも多いことが明らかにされた。暮らしの基盤である住まいが貧しければ,生活を安心なものにすることはむずかしく,住まいの質や環境は地域での暮らしの質を規定する要件となっているといえる。また,住居内での事故,住環境を原因とする病気により,医療や福祉需要が増え,その社会的負担は非常に大きなものとなるとの指摘もなされてきた［早川　1997：145］。したがって,人間存在の基礎である住居を整えることで所得,医療,福祉といった社会保障施策に実効性を与え,さらに精神的な安らぎをもたらすのが「居住の権利」の実現であるとの認識も示されてきた［坂本　2001：6］。

　国民の福祉の向上には適切な水準の住宅を保障することが不可欠であるとい

う考え方が早くから浸透していた西欧福祉国家では，社会保障に先駆けて住宅の保障が公共的な社会政策として行われた［坂本 2001：4］。たとえばイギリスでは，近代化の過程で住宅保障と公衆衛生を両軸にした都市づくりが進められ，戦後の復興期においても「国土の復興は住居の復興から」との首相のかけ声のもと，住宅保障政策が推進された［隅谷・早川 2006：11］。そこには，住宅は公共施設であるという政策的認識があったと隅谷は指摘する。

　しかしながら，日本では住宅は個人所有物であるから，その確保はあくまで自己責任という考え方が強く，また，資本主義の浸透とともに土地や住宅が投機の対象になり，人間のいのちを守り，育む土台としての存在価値が見失われてきた。さらに，企業が従業員の福利厚生のために提供してきた社宅に依存していた側面もあり，住宅ニーズへの政策的対応は遅れた。現在でも社会保障の基礎としての住宅保障は重視されているとはいえない状況である。人間が健康に暮らしを営むのに必要な質を備えた住宅保障は先送りされ，そのしわ寄せは低所得層の住宅水準の低さに反映されている。このことは，1995年に起こった阪神淡路大震災の際に，生活保護受給者の死亡率が全住民の死亡率の5倍となった［毎日新聞1995年6月30日］ことからもよくわかる。また，後述する住居喪失（ホームレス）の問題は住宅保障軽視により発生する問題の深刻さを象徴している。

　適切な住居への権利は，1966年に採択された国際人権規約A規約（社会権規約）の第11条に示されており，居住権は，「社会的に有利な人に特権として与えられるものでも，社会的に不利な人に恩恵的に与えられるものでもなく，『人間の固有の尊厳に由来する』（社会権規約前文第2段）基本的人権」［阿部 2006：69］である。したがって，繰り返しになるが，住居の問題は暮らしの基盤の問題であり，社会保障制度や福祉サービス，住民による地域福祉活動展開の前提として政策的に対応されるべき課題であるとの認識がなされなければならない。

● 居住環境の問題と地域福祉

　高度経済成長期には，工業地域と住宅地域の混在などを背景に，公害をはじ

めとする生活環境の悪化が問題となった。住環境から派生する生活問題は地域住民の共通の課題となり，住民運動が展開されていった。その1つが神戸市長田区の真野地区である。

真野地区では，地域内に進出してきた工場などからの煤煙，騒音，振動，産業排水による河川の水質汚染，そして地区内の砂利集積場から市内の建設現場に向かうトラックが道路にばら撒いていく砂利の問題など，1960年代に公害が悪化し，住民らから健康被害が訴えられるようになった。また，砂利運搬トラックは地域の通学路にも危険をもたらすものとなった。

当時，小地域福祉活動を推進するために福祉会を結成していた地域や防犯組織を結成していた地域などでは，道路や側溝の清掃・消毒，住民の健康診断や道路と歩道の境界に草花を植える活動が始められた。また，市に対して公害対策を行うよう要請したほか，公害をもたらしている企業に対して防止策を講じるよう直接働きかけるなど，公害追放運動を展開していった。居住地域の環境の悪化は地域住民共通の問題となり，それに対応しようと動き出した住民の活動は，公害追放運動にとどまらず，健康や福祉を考える学習活動や子どもの健全育成活動などへと発展していった。こういった住民活動の経験は阪神淡路大震災での迅速な救援活動に生かされ，また，現在でも高齢者の地域ケア活動などにつながっている［真野地区記念誌編集委員会　2005］。

このように，居住環境の問題は，暮らしの基盤に関わる生活問題であり，かつ，子どもから高齢者まで，多くの地域住民が共有する課題であるだけに，地域住民共同の活動展開を要請するものである。こういった観点からも，居住環境の問題は地域福祉の基本的問題と捉えることができる。

3　参加と共生のコミュニティづくり

● 都市における暮らしの変化

高度経済成長期を経て，急速な産業化，都市化，情報化などの進行により，暮らしの場は大きく様変わりした。都市部では人口の集中により住宅が不足し，都市近郊に中堅所得者向けの集合住宅が建てられるようになった。首都圏

や大阪近郊で公団住宅をはじめとする大規模な団地開発が展開されたのは1960～70年代のことである。同時に、戸建住宅を中心とする宅地開発も進められ、ベッドタウンの郊外拡散を背景に交通網が発達し、人々の生活圏は拡大していくこととなった。

　社会、経済の大きな変化にともない、人々の暮らしの場は地域社会という面においても大きく変化した。都市部に広がった新興地域では伝統的な地縁組織がなく、地域資源の自主管理の仕組みがないため、近隣住民との共用部分の管理や環境整備は管理会社などに委託するのが一般的で、農村や下町でみられた地域生活の共同性は失われた。地縁血縁関係と共同性を軸とした農村型社会のような性質は消え、日常のニーズは個人や家族単位で商品やサービスを購入することで賄う個人消費社会となり、個別化が社会の特徴となった。暮らし方の変化により、暮らしの場である地域社会と個人の生活の結びつきの重要性が見失われていくことになったといえよう。

● 福祉サービス、地域福祉活動と居住

　しかし、移り変わる社会状況を背景に、住まいのある地域における新たなコミュニティ形成とケアシステムの構築が地域福祉の課題となっている。福祉サービスについていえば、暮らしが個別化し、また、共働き家庭や片親家族、高齢者世帯が増え、家庭の機能が変化してきたことで、かえって、福祉サービスを居住地域のなかに公的に整備することが、住民の継続的居住の権利を守るために不可欠の条件となってきた。たとえば、近年、「保育所難民」という言葉が聞かれるが、それはまさに、自治体による保育サービスが不備であるために、他の自治体に移転を余儀なくされるケースが多く発生していることを示している。

　また、高齢者が人生の最後のときまで住み慣れた地域で暮らし続けられるために、必要なときに利用できる在宅福祉・保健・医療サービスの整備とともに、"終の住処"となりうる高齢者住宅の整備が求められている。福祉先進国デンマークでは1988年以降、入所型高齢者施設を新たに建設しないという政策方針に則り、「住宅を基盤に据えた高齢社会」づくりを進めてきた。それが可

能となった要件として松岡［2005：42-51］は，①高齢者向け公営住宅が多様に存在していたこと，②24時間在宅ケアの充実を急いだこと，③施設の地域への開放を行ったこと，の3点をあげている。施設にみられる住まいとケアの一元的提供から脱し，多様な住まいを用意して，必要なケアサービスを利用できるようにしたのである。また，地域に開放された施設は，サービス利用者や地域住民がそれぞれに役割をもって活動し，交流することのできる地域の共用空間として位置づけられるようになった。

日本では地域密着型の小規模多機能施設やグループホームの設置が進められるなど，高齢者の継続的地域居住の条件整備が取り組まれているものの，高齢者住宅の整備は遅れている。高齢先進国では施設を含む高齢者住宅の整備は高齢者人口の5～10％程度でなされているが，日本は2004年時点で4.5％にしか満たないうえに，きわめて施設偏重型である［松岡　2005：335-336］。現在，居住性を重視した施設への転換が図られているところであるが，今後は，自宅か施設かという二者択一ではなく，「自宅，施設以外の新しい住まい」あるいは「施設の限りない在宅化と在宅の限りない施設化」による地域居住の条件整備が課題となる。

地域で暮らし続けるために必要な適切な住居およびサービスが利用可能な形で提供される仕組みが各自治体に整えられることは，住民の居住の権利を守るという観点からも重要になる。また，制度的（フォーマル）なサービスのみならず，その隙間を埋めるような，助け合いによるインフォーマルな社会サービスを創出していくこと，そして，そのための拠点をつくっていくことも，地域生活を安心なものにする地域福祉の課題となっている。

● **小さな共同体の形成**

次に，失われた"コミュニティ"の回復をめざし，近隣との共同性を生活のなかにつくりだすコレクティブハウジングや共同性を核にした高齢者や障害者の住まいについて考えてみたい。

核家族化，都市部地域での共同体的慣習の消滅，社会的孤立などを背景に，個人や家族がそれぞれの住空間を占有し，マンションなどの共用部分は管理会

社に任せるといったこれまでの住まい方に不安や不満を感じるようになった人々が、コレクティブハウジングという新しい住まい方を模索し、注目を浴びるようになったのは1990年代頃であった。コレクティブハウジングでは、入居者・家族がそれぞれ独立した住居スペースをもちながら、共同のリビングやキッチン、ダイニングを備え付けて、料理や食事をともにできるようにし、またそういった共用部分の管理も入居者同士で担当していくというスタイルがよくみられる。集合住宅を単位とする小さなコミュニティづくりに主体的に参加し、共同性によって生活を合理化して、それを楽しむ暮らし方をめざす人々が出てきたのである。小谷部 [2004：13] はコレクティブハウジングを「複数の個人や家族が集まり共に取り組むことによって醸成されるコミュニティ（柔らかな住生活共同体）の価値を、自分自身の生活にとって大切なものとして積極的に共有しよう、という生活者の生き方が実践されている集住形態」と定義する。ひとり暮らしの孤独感、犯罪への不安、家族だけの子育てや介護の不安、ちょっとしたあいさつもない関係への不安。コミュニケーションをする術さえ失っている日々への恐れ。そういう1人ではどうしようもない居心地の悪さをたくさんの人がかかえているため、「個々は自分らしい暮らしをしつつも、緩やかなコミュニティを作る家」であるコレクティブハウスに希望と明るさを見出すのではないかと、小谷部は述べている [小谷部 2004：137-138]。

　地域福祉実践では一般的に、地域組織化の手法を用いて一定のエリアに住む住民を組織化し、共有する生活問題や福祉課題に取り組み、安心できる居住環境を整えていくことがめざされる。しかし、ここで述べたコレクティブハウジングのコミュニティづくりはそれとは異なり、地域に広がりをもつものではないが、共同体内での資源の共同管理や行事の共同企画などを基本ルールとする暮らし方を追求するものという意味で、居住を中心に据えたコミュニティづくりに示唆を与えるものといえよう。

　また、集合住宅単位で日常生活に共同性を取り入れる暮らし方は、高齢者や障害者のグループホームなどにおいても不可欠の要素といえよう。小さなコミュニティの一員として暮らしの場の運営に参加し、役割をもつことは、高齢者や障害者が主体となる福祉コミュニティを発信する素地にもなっていくであろ

う。そのため，グループホームや高齢者住宅に常駐するスタッフにはコーディネーターあるいはオーガナイザーとしての役割が期待されるようになってきている［佐藤　2006：19］。

　家族や共同住宅（施設）内の近隣住民，そしてサービス提供者など周囲の人々とのつながりを保ちながら安心して暮らせる住まいのあり方が今，模索されている。そのような条件があってこそ，各個人が住まいの外に広がる地域との接点を見出し，また参加していくことが可能になるのであるし，各個人のライフスタイルや好みに応じて各自に適した住まいを選ぶことができるのである。このような試みのなかで，人や地域社会とのつながり，そして馴染みある風土のなかで人間が住み，暮らすという「居住」を重視する思想が育まれるのではないだろうか。

4　人間の尊厳を守る安定的な住まいの問題

● 住居喪失の実態

　前節のように，高齢者や障害者が地域で暮らし続けるための住居やサービスの整備，新たなコミュニティの形成に焦点を当てた課題がクローズアップされる一方で，住居喪失（ホームレス），すなわち野宿状態に陥るという深刻な居住問題が依然として，無視できない規模で存在している。住居喪失は主として労働問題と関連して引き起こされる社会問題であり，セーフティネットの綻びを如実にあらわすものでもある。

　2007年に政府が行った全国野宿者実態調査の結果によると，1万8564人（2003年，2万5296人）が都市公園や河川敷，道路わきなどの路上に起居していることが明らかになった。野宿生活に入る直前の雇用形態をみてみると，常勤職員・正職員が43.2％で，日雇い労働（26.2％）を上回っている。長引く不況やグローバリゼーションの影響を受け，倒産やリストラなどによって失業し，年齢的な制約（野宿者の平均年齢は57.5歳）などから再就職もむずかしく，ついには路上へという事態になるのである。

　仕事をして路上生活を抜け出そうとしても，住居を失い，さらに保証人もい

ない場合，就労は困難を極める。長引く野宿生活から体調を崩すと，日々の糧を得ることも，就労することもますますむずかしくなるという悪循環に陥り，アパートなど一般の住居での生活はさらに遠のくことになる。そうして，大阪では2000年の1年間に213人が路上で亡くなった（居住が極度に不安定な野宿寸前の人も含めると306人）［読売新聞2002年10月12日］。このような野宿者の出現とその過酷な野宿生活は，現代社会の矛盾が凝結して表出したものといえよう。

　また，野宿者の住居回復，尊厳の回復を困難にしている背景には，周囲から向けられる差別や制度からの排除（社会からの分断）がある。セーフティネットの最後の砦である生活保護の適正な運用が徹底されておらず，住所がないことや高齢でないことなどを理由に保護申請を受け付けてもらえないというように，制度から排除されるケースが実際にあることが報告されている。さらに，公園を本来の目的で使えるようにする「適正化」を名目とする公園からの強制立ち退きや，国際イベントなどの開催にともなう強制立ち退きは，住む場所を失った人々をさらに路頭に迷わせることになる。強制立ち退きの際は就労支援が提供されなければならないことになっているが，就労施策は必ずしも現実に適合したものではなく，結果的に排除の性質が強くなっている。そのような基本的人権を踏みにじるような排除をあたかも正当なもののようにみせかけることができる背景には，「野宿者は汚い，怖い，怠け者」といった偏見がある。また，若者が野宿生活者を襲撃し，死亡または負傷させるという事件が度々起こるのは，野宿者のいのちの尊厳を無視あるいは否定するような風潮が少年たちの心の中だけでなく，彼らの周囲に多少なりともあるからではないだろうか。

　住居喪失は，地域における暮らしを守る営みの場からこぼれ落ちる（排除される）ことを意味する。いのちと健康を守り，人間としての尊厳を守る住居を保障するセーフティネットが危うい状態であれば，地域福祉は成り立たないといえよう。

● 路上から地域へ

　そのようななか，野宿者のアパート入居を支援する試みが始まっている。

NPO法人や弁護士などが組織的に保証人を斡旋し，アパート入居契約を可能にする事業がその1つである。民間団体によるこのような事業と公的施策である生活保護があわさって，地域居住への道が開かれる。しかしながら，慣れないアパート生活に孤独感や不安，ストレスを感じ，再び路上に出てきてしまう人もいる。そのため，地域生活にスムーズに移行できるよう，生活訓練の場を2～3か月間提供するグループホーム型の施設の試みも始まった。この事業を行う京都府下のある施設の職員によると（筆者による2006年12月の聞き取り），施設での基本的な生活訓練を経たあとも，アパート入居後の見守りが不可欠という。社会的孤立や孤独死の不安といった，独居高齢者の多くと共通する生活不安をかかえることが多いからである。路上から居宅への移行後，各地区で取り組まれている住民間の見守り活動などのネットワークにどのようにつなげていけるかが，今後の課題ではないだろうか。ここに，地域福祉への包摂という課題がみえてくる。地域住民と野宿（経験）者との間の断絶を越えて，地域社会の構成員であるという承認（シティズンシップ）を浸透させることが，人権を守り，また私たちの社会における居住の安定を守ることにもなるのである。

　野宿者が経験しているのは，シェルターとしての住居も得られないという，生存権の剥奪であり，究極の社会的排除としてあらわれる住居喪失の問題である。しかし，その寸前のところにかろうじて踏みとどまっている階層が今増えてきている。働いていても生活保護水準以下の所得しか得ることができないワーキング・プアと呼ばれる階層である。収入が少しでも途絶えれば，そして，社会保障のセーフティネットに受け止められることができなければ，ワーキング・プア層が住む場所を失い，路上へと転落してくる危険性はおおいにある。多くの人々にとって，暮らしの基盤が危うくなってきている現状は，地域社会の住民が共有する生活問題であると認識する必要があろう。

5　居住の権利と地域福祉

● 福祉を支える居住の権利―排除から包摂へ

　最後に，以上でみた居住の問題の動向をふまえ，地域福祉における居住の課

題を整理したい。

　高齢者や障害者，その他，社会サービスの利用が必要な住民にとって，安定的な住まい，安心して暮らすことのできる住まいは地域生活の基礎を確保する意味でも特に重要な課題であることを確認した。また，しかるべきサービスが地域または自治体内に設置され，それを必要としている人が利用できるように提供されているか，ということは「必要なサービスにアクセスできる場所に住む権利」と直結している。地域における福祉・医療・保健などのサービスの充実は居住権の観点からも強調されてしかるべきである。

　また，地域における暮らしを守り合うための地域福祉活動の展開は，伝統的な共同体が消滅した地域にあってはむずかしい課題となっているものの，住民が安心して継続的にその地域に居住するための条件になってきている。地域福祉活動の展開は，安定的な地域居住と地域への参加を通して得られる，生活問題を共有しているという気づきと認識に支えられるものであるといえよう。

　しかし，差別や偏見が壁になり，生活問題を共有しているという認識をもちにくいのが，最後に述べた住居喪失者の問題である。そのため，住居喪失者の問題が地域福祉の課題として論じられることは現在のところほとんどないが，上述したとおり，野宿状態に陥ることは地域社会からの排除，脱落であり，その意味で，地域福祉と無関係ではない。地域福祉の課題は，住居喪失者につきまとう差別や偏見を超え，住居喪失者を地域社会の構成員として包含するシティズンシップの観点と人権の思想を広く浸透させていくことである。そのことなくして，社会保障制度や雇用関係などからの排除を克服して住居喪失者が地域に復帰することは困難であるし，また，路上から住居へと移行した（高齢の）野宿経験者を，地域福祉のネットワーク活動で受け止めていくことはできないであろう。

　社会状況が移り変わっても，経済的，社会的，身体的に不利な立場におかれた人々が，人間としての尊厳をもち続けることのできる住まいと居住環境を人権として守り，社会的弱者を排除しない地域社会づくり，ノーマライゼーションが浸透したまちづくりをめざすのが地域福祉のゆるぎないゴールである。

● 地域主義と草の根民主主義

　居住の観点から地域福祉の充実を考えるとき，注目したいのは，地域主義の思想である。「地域に生きる生活者たちがその自然・歴史・風土を背景に，その地域社会または地域の共同体に対して一体感をもち，経済的自立をふまえて，みずからの政治的・行政的自律性と文化的独自性を追及する」ことが地域主義であると玉野井は定義した［玉野井　1990：281-282］。住まいやまちは，住民が安心して住み続けられる，住みたい，住み続けて良くしたい，と思えるものでなければならない。それには，社会サービスや社会保障制度に関する情報が住民に伝えられ，住民が政策決定に参画する機会が与えられ，また地域の住民が主体となって暮らしを守る取り組みを進められるようなまちづくりが望まれる。

　生活者が主権をもち，実践するまちづくりは「草の根民主主義」のプロセスでもある。これは早川和夫が強調する「居住民主主義」とも共通するものである。早川は「その土地に住む人が自らの働きかけで地域を良くしていこうとすることが，居住福祉環境を形成するのであろう。それが市民の『居住の権利』であり，『自治の原点』であり，この国を住みよくする原動力になるのだと思う」と述べている［早川　2006：179］。いのちと暮らしを守る居住環境を備えたまちづくりの土台に，住民による地域自治の意識と実践が求められる。

【引用・参考文献】
阿部浩己（2006）「人間の権利としての『居住権』」早川和男・吉田邦彦・岡本祥浩編『居住福祉学の構築』信山社
小谷部育子編著（2004）『コレクティブハウジングで暮らそう―成熟社会のライフスタイルと住まいの選択』丸善
坂本重雄（2001）「居住の権利と住居保障法」日本社会保障法学会編『講座社会保障法第5巻　住居保障法・公的扶助法』法律文化社
佐藤義夫（2006）「コミュニティとしての住まい」『月刊ケアマネジメント』2006年11月号
隅谷三喜男・早川和男（2006）「対談」早川和男・吉田邦彦・岡本祥浩編『居住福祉学の構築』信山社
玉野井芳郎，鶴見和子・新崎盛暉編（1990）『玉野井芳郎著作集第3巻　地域主義から

の出発』学陽書房
早川和男（1997）『居住福祉』岩波書店
早川和男（2006）「居住福祉社会の形成と居住民主主義─居住福祉資源の観点から」早川和男・吉田邦彦・岡本祥浩編『居住福祉学の構築』信山社
松岡洋子（2005）『デンマークの高齢者福祉と地域居住─最後まで住み切る住宅力・ケア力・地域力』新評論
真野地区記念誌編集委員会（2005）『日本最長・真野まちづくり：震災10年を記念して』真野地区まちづくり推進会

〔小田川華子〕

第4章
高齢者と地域福祉

1　人口高齢化の進展と地域福祉

◉ 人口高齢化の将来推計

　2006年12月20日，国立社会保障・人口問題研究所は，2005年の国勢調査第1次基本集計結果ならびに同年人口動態統計が確定したことをふまえて，社会保障審議会人口部会に報告した「日本の将来推計人口（平成18年12月推計）—平成18（2006）年～平成67（2055）年—」を公表した。[1]　1939年8月，旧厚生省に人口問題研究所が設立されて以降，全国将来推計人口としては13回目の公表となるが，合計特殊出生率が現状から回復せず，「現在までの傾向が今後も同様に続くこと」を前提として，超少子高齢社会が到来することを予測したこの新人口推計は，きわめて深刻なわが国の将来像を映しだしている。

　推計は，国立社会保障・人口問題研究所においてほぼ5年に1回実施されている。今回の新人口推計は，「現在までの傾向」すなわち晩婚化や結婚しない人の増加，子ども数の減少など近年の社会情勢を反映させて，将来にわたる出生率と死亡率を，最も標準的と考えられる中位推計と高めに設定した高位推計，および低めに設定した低位推計の3段階にそれぞれ設定し組み合わせて算定されており，現在国や地方自治体において取り組まれている少子化対策の効果などの期待値は勘案されていない点に特徴がある。

　中位推計をみると，まず合計特殊出生率は2005年の1.26から12年には1.21にまで落ち込み，その後は大きく回復することのないまま44年以降は1.26で推移する。一方，2005年に男性78.53歳，女性85.49歳であった平均寿命は，55年にはそれぞれ83.67歳，90.34歳に達するとされている。また，総人口は1億2800万人から8933万人に減少すると予測され，その時点では，65歳以上の老年人口

は3646万人,15～64歳の生産年齢人口は4595万人,14歳以下の年少人口は752万人となる。前回の中位推計［国立社会保障・人口問題研究所　2002］では,2050年の合計特殊出生率は1.39,平均寿命は男性80.95歳,女性89.22歳,総人口は1億59万人とされており,前回見込みよりも一層少子高齢化が進展する結果となっている。

　2005年から55年までの変化を年齢3区分別人口構成割合でみると,老年人口は20.2％から40.5％に倍増,一方,生産年齢人口は66.1％から51.1％へ,年少人口は13.8％から8.4％へと減少する。その結果,2005年の5人に1人は高齢者という社会から約5人に2人が高齢者という社会を迎えることになる。老年従属人口指数（老年人口を生産年齢人口で割った値）は,30.5％から79.3％にまで上昇する。これは,働き手として経済活動の中心となる人々3.3人で高齢者1人を支えている現状から,1.3人で1人を支える社会となることを意味している。かつて,「21世紀前半には我が国をはじめ先進諸国は未曾有の超高齢化社会を迎えることになる」［厚生省　1986：6］という指摘がされたが,そうした社会の到来は目前に迫っているということができよう。

● 高齢化の特徴・課題と地域福祉

　人口推計はその時々のトレンドを反映する形で定期的に見直しがされ,公表されていくが,いずれにしてもわが国の少子高齢化が今後も加速度的に進行していくのは否定できない。その状況は,過去には社会のなかでマイノリティとされてきた高齢者が,2000年4月の介護保険制度施行前頃には,「一般的・普遍的ニーズを有する福祉対象者」として認識されるようになり,さらに将来においては,人口の40％強を占める「社会の主流」としての存在となる事実を示していると言い換えることができる。

　このようなわが国の高齢化の特徴として,①欧米諸国の数倍の速度で高齢化が進展してきた,②他の先進諸国が経験していない高い老年人口比率の社会を実現している,③年少人口比率と老年人口比率が逆転し,同時に生産年齢人口が極端に減少していく,④高齢化の進行の格差が大都市圏と地方圏で顕著にあらわれている,そして,⑤寝たきりや認知症等の出現率の高い後期高齢者が今

後もさらに増加していく，などの諸点が指摘されてきた。
　一方，こうした動向に起因して，①旧国民老齢年金受給者等に代表される不安定な高齢者の経済生活基盤，②老年人口の増加と相対する生産年齢人口の減少による世代間の費用負担のあり方，③日常生活において介護や介助を必要とする高齢者の増加，④核家族や高齢者世帯（単身世帯を含む）の増加といった世帯構成の変化による介護力の不足，これに関連して，⑤社会全体で介護を支えるための保健・医療・福祉資源の未充足，および⑥それら資源を確保し，効率・効果的に提供するためのシステム構築と財源調達の具体的方策，などさまざまな課題が顕在化した。これらに対応するための各般の制度施策の展開ならびに行政計画の立案が国主導でなされてきたが，とりわけ①③④⑤などは地方自治体や地域社会レベルにおいても身近な生活問題とされてきた。
　そうした視点からすれば，高齢者世帯や高齢単身世帯，介護や介助を必要とする高齢者とその家族等がかかえる諸種の生活ニーズ充足，そしてそれを具現化する基盤としての基本的制度体系の確立，および保健・医療・福祉資源の拡充とそこから提供される地域ケアサービスの総合的提供に向けた連携体制の構築，さらには生活ニーズをかかえる当事者を支える住民福祉活動の組織化などは，地域住民の生活問題の解決を目的とする地域福祉にとって，大きな課題として受け止められてきたことは改めて言及するまでもないであろう。
　高齢者の生活を取り巻く諸問題と地域福祉の関連についてみると，高齢者世帯や高齢単身世帯の生活ニーズが顕在化し，それが地域福祉の課題として認識され始めたのは，高度経済成長の矛盾が表面化した1970年代初期である。さらに高齢者に対する介護が社会問題として捉えられるようになったのは，いわゆるバブル経済期と称呼される1980年代半ばであるとされる。対象となる高齢者の「生活の質」の向上をめざした地域福祉の取り組みの歴史は長期にわたってきたが，以下では，そうした歴史を経て具現化された高齢者の生活ニーズに対応する現代の基本的制度体系と住民福祉活動に焦点を当て，その検討を通して現状における課題を提起するとともに，超高齢社会における新たな地域福祉の基本視点について論及していくこととしたい。

2　高齢者福祉制度・住民福祉活動と地域福祉

● 高齢者福祉の疑似市場化と地域福祉―改正介護保険制度に対する批判的検討を通して

　高齢者の安定した地域での生活を確保するための基盤となる所得保障，医療保障，介護，住宅などの一般的・普遍的サービスの整備と，それに対応する給付・提供基準や組織，その提供責任の明確化を含めた地域福祉の前提条件をなすものが，国の法律や政省令ならびに地方自治体の条例や規則等によって具体化される基本的制度体系である。それは，地域福祉が社会福祉の新たな概念として登場し，その理論化に向けて本格的な研究が開始された1970年代から今日にいたる諸説において，とりわけ地域福祉を構造的側面から把握する制度政策論的アプローチでは，中核的な構成要素として捉えられてきた［右田　1986：302；2005：30］。

　わが国の高齢化現象がもたらす課題として，介護や介助を必要とする高齢者の増加や介護力の不足，保健・医療・福祉資源の未充足等が指摘されてきたことはすでに述べたとおりである。これに加えて，国民の6割が高齢期の生活に関して「不安を感じる」状況にあり，その具体的内容として「自分や配偶者の健康や病気のこと」，「自分や配偶者が寝たきりや身体が不自由になり介護が必要な状態になること」が5割以上を占める［内閣府　2005］現状においては，基本的制度体系の中でも，高齢者やその家族等の生活問題としての介護や介助に対する保障のあり方がより一層重要となってくる。

　そうした意味では，2000年4月から実施されてきた介護保険制度が，介護保障を実現する地域福祉の基本的制度であるといえる。「高齢者の地域での自立生活支援」，「利用者本位の介護サービスの提供」，「家族介護者の負担軽減と介護の社会化」を理念として掲げて創設された介護保険制度は，「わが国社会保障構造改革の第一歩」として位置づけられ，伝統的なサービス提供方式であった「行政機関による福祉の措置」から「対等な立場での利用者と事業者による利用契約」方式への転換を実現した。利用契約という概念は同時に，高齢者福

祉の分野における市場原理の導入を意味する。ただし，具体的制度設計としては，それぞれのサービス提供において個別の価格基準（介護報酬）が設定されていることなどの理由から，完全な自由競争による市場原理というよりむしろ「疑似市場化」という概念を用いるのがふさわしいと考えられる［合津・山岸 2005：30, 38］。

　このような性格を有する介護保険制度は，2005年6月の「介護保険法の一部を改正する法律」の成立によって大きな改革が実施された。旧介護保険法附則第2条にもとづく見直しであり，その基本的視点として掲げられたのが，①制度の「持続可能性」，②「明るく活力ある超高齢社会」の構築，③社会保障の総合化，である。これを実現するための具体的内容として，①給付の効率化・重点化（総合的な介護予防システムの確立，施設給付の見直し），②新たなサービス体系の確立（地域密着型サービスの創設等，居宅系サービスの体系的見直しなど），③サービスの質の向上（ケアマネジメントの体系的見直し，地域包括支援センターの整備など），④負担のあり方の見直し（1号保険料および2号保険料のあり方），⑤制度運営の見直し（保険者機能の強化，事業計画・基盤整備のあり方）が列挙・提言され［厚生労働省　2005a：8-16］，改正法に盛り込まれている。

　わが国第5番目の社会保険として誕生した介護保険制度について，2000年4月から06年10月までの推移をみると，要介護認定者数は218万2000人から441万3000人に倍増し，在宅・施設サービス利用者数は149万人から337万人へと大きく増加している［厚生労働省　2000；2006］。今回の制度改革において，「地域密着型サービス」が創設・実施された点は地域福祉を強く志向したものとして評価することができる。しかしながら，一方で，措置制度における職権主義・応能負担原則から申請主義・応益負担原則への転換，ならびに介護保険施設での食費や居住費の自己負担化をはじめとする介護給付費抑制を主たる目的とした改革によって，社会保険制度が有するマイナスの側面，すなわち，申請しないまたは申請できない状況におかれている高齢者や，保険料は納付しているものの十分な負担能力を有しないために利用料の支払いが困難な高齢者などは制度の対象としないという「排除の論理」が表面化してきている点も見逃すことはできない。

具体例をあげれば，前者では，高齢単身世帯でサービスの種類や内容を理解していない場合，いわゆる老老介護を行う高齢者世帯で外出もままならないために申請権を行使しえない場合，または制度の存在そのものを認識できていない場合，などのケースが推測できる。後者については，旧国民老齢年金受給者等で，低所得での生活を余儀なくされている高齢者も少なくない。2004年7月現在における高齢者世帯の年間平均所得は290万9000円であるが，年間所得が50万円未満の世帯は4.1％，50万～100万円未満が11.1％，100万～150万円未満が14.4％存在していることが報告されており［厚生労働省　2005b］，こうした世帯では原則定率1割とされる利用料を負担することも困難であろう。老年人口比率40％という長野県のある山村においては，介護や介助を必要とする低所得高齢者の在宅生活を保障するために，利用料負担額の60％を公費から支出している。そのような自治体による独自施策の運用によらなければ，村民である高齢者が介護保険制度によるサービスを受けられなくなってしまうという現実がそこにはある。

　このような状況におかれた高齢者に対する方策として，福祉の措置による対応や生活保護の申請・適用という方法が残されているという反論もあると思われる。しかしながら，少なくとも保険料納付の対価として付与されるサービス利用権を奪うことは，被保険者である高齢者を介護保険制度の枠組みから排除する結果となるのである。また，何らかの理由で保険料を納付することができない高齢者がいたとしても，その人が地域社会から孤立した生活を送るのは望ましい姿ではない。これからの地域福祉において重要となる考え方は，こうした状況におかれた高齢者を制度的・社会的文脈から排除することなく，それらの人々を含めたすべての地域住民に，安定と安心を提供できる地域社会を形成するための取り組みと活動を展開していくことであるといえよう。

● 高齢者の生活を支える住民福祉活動と地域福祉

　急速に進展する高齢化とそれにともなう介護や介助を必要とする高齢者の増加，社会・経済の構造変化がもたらす高齢者の生活ニーズの多様化などに対応して，介護保険制度の創設や社会福祉の基礎構造改革，および各種社会資源の

整備・拡充などが計画的かつ段階的に推進されてきた。しかしながら、地域社会においては、さまざまな支援を必要とする高齢者が自由な意志にもとづいて適切なフォーマルサービスを利用し、それぞれが自立して生活できる総合的なサポート体制はまだ十分に整備されていないのが現状である。このような状況のなかで、住民による地域福祉活動が重視される理由として、基本的制度の未整備に対する補完的機能としての期待があげられることがしばしばあるが、地域住民の参加・参画を得て展開される地域福祉活動には、より積極的な意味と意義があることを理解しておかなければならない。

　高齢者世帯や高齢単身世帯、あるいは介護や介助を必要とする高齢者やその家族等は、交通手段の確保が困難であることや外出する機会が得られないなどの理由から広い生活圏や行動範囲、人間関係の幅を有しているとはいえず、親族やごく限られた近隣との交流のみで生活している場合が少なくない。そうした状況から考えると、地域住民による見守りや声かけ、助け合い、交流活動等のインフォーマルサービスの提供、およびフォーマルサービスに関する情報提供が必要となる。このような内容で取り組まれる地域福祉活動は、それぞれの住民が日々の生活の営みのなかで負担を感じることなく行うことができ、信頼できるなじみの関係を形成して推進される点に特徴があるため、町内会や自治会などの地域性と共同性を有するコミュニティとしてのいわゆる「小地域」が活動を展開する規模や範域として適切であると考えられる。

　見守り・声かけは高齢者の安否確認を1つの目的としているが、その活動は同時に、孤独感の解消や生活ニーズを小さいうちに発見することができるほか、高齢単身世帯における孤独死の防止等にもつながる。そこでキャッチした生活ニーズへの対応は、住民の手による生活のなかでの助け合い活動に連動させることが可能となる。最近では、高齢単身世帯の増加や在宅介護などの高齢者問題を共通の関心事として「小地域福祉ネットワーク活動」や「助け合いマップづくり」が各地域で実践されている［全社協　2002；木原　2003］これらの地域組織化活動は、これまで使われてきた古い意味での相互扶助や隣保扶助としてではなく、新しい相互扶助のシステムの構築として捉える必要がある。

　また、助け合い活動の基盤となる信頼関係を構築するための交流活動として

は，当事者とボランティアが寄り添う形で展開される「ふれあい・いきいきサロン」の活動が，今後の住民福祉活動推進において重要な位置を占めると考えられる。こうした交流活動を通して，介護保険制度をはじめとするフォーマルサービスに関する申請方法やサービス内容等の情報提供が積極的になされれば，生活ニーズを有する高齢者とサービスの連結が可能となる。先に示した事例，すなわち申請権を行使しえない場合や制度の存在そのものを認識できていない場合などにおいては有効な社会資源として機能するのである。

このようにして構築された住民福祉活動は，災害時における安否確認，避難所への誘導や避難生活での助け合い活動にも活かされるであろう。日常的な活動の積み重ねが緊急時に力を発揮するのである。その意味では，住民福祉活動は，フォーマルサービスや専門職による支援を補完するだけでなく，より重層的なサービス提供体制の構築を可能にする活動であるということができる。近年，無償でボランティア活動を行うというのではなく，金銭を介在させて住民参加型有償福祉サービスとして継続的支援を提供したり，NPO法人を設立して介護保険事業者としてサービスを提供する組織も増えている[6]。

さらに，活動への参加を通じて地域住民一人ひとりの人格的成長を促すのみならず，「地域の福祉力」［沢田 1991：28］を向上させることが可能となる。住民福祉活動とは，支援を必要とする高齢者等が有する生活ニーズに対して，個人的解決を図るのではなく，共同意識に立脚して可能な範囲で問題の解決に迫ろうとする活動である。住民だけで解決することが困難な課題が発生した場合には，それに関連する制度・施策の改善や新たな社会資源の整備・拡充を求めて連帯し，行政機関での政策立案過程に反映させていくといった活動も必要となる。そこに住民福祉活動の意義があるのであり，さらには活動への住民参加の拡大がこれからの福祉コミュニティ形成につながっていくのである。

住民による地域福祉活動の目的は，さまざまな生活ニーズを有する高齢者等を地域で生活する住民の1人として捉え，そのニーズを解決・緩和し，地域での生活が継続できるように支援していくことにある。それは，たとえその基盤となるコミュニティの形態や具体的な活動内容が異なっていても，地域という共同生活の場を媒介として，地縁や交流・文化的共感，近隣性が生み出す信頼

感と安心感に支えられ，かつ，生活ニーズを有する高齢者等の生活権を守るという視点から，日常生活のなかで実践されていくものである。また，それらの過程を通じて，身近な地域社会の福祉課題の存在に対する認識を高めるとともに，それらの解決・緩和に向けた住民の主体的参画を促していくことが求められる。住民による福祉活動を地域レベルで統合するとともに，生活ニーズを有する高齢者等を個別的・総合的に支援する組織・団体が総合化されることによって，住民主体の地域福祉が具現化されていくのである。

3 高齢者と「共に生きる」地域福祉の基本視点

● 生活ニーズの普遍化・一般化と地域福祉

　近年の地域福祉理論と実践では，高齢者や障害者といった伝統的な社会福祉の対象者の自立生活支援を，基本的制度体系にもとづくサービスとそのネットワーク，および住民による地域福祉活動をその主体力とし，地域を基盤として展開していくことを目標とするだけでなく，地域社会で生活を営んでいる住民のだれでもが，特別な生活ニーズをかかえる状況におかれるリスクを背負っていることを視野に含めるようになっている。それはすなわち，「社会福祉の対象を旧来のカテゴリーに属する人びとに限定するのではなく，生活問題や福祉ニーズの普遍化・一般化を背景として，広く地域住民に浸透してきているという現実が認識されてきている」［清水　2005：6］ことを意味している。

　生活ニーズの普遍化・一般化が認識されるにいたった要因の1つとして，資本主義経済のグローバル化により，伝統的自由主義に対する修正軸として登場した新自由主義（介護保険制度の創設によって実現された高齢者福祉分野の「疑似市場化」を含めた概念）が台頭するなかで，たとえば，高齢者が地域社会や家庭等で孤立した生活を送ることを余儀なくされているという現状をあげておく必要がある。そうした状況において，グローバル化した資本主義下での新自由主義に対抗し，地域における福祉活動の再組織化を図ることにより，地域住民の生活の安定と安心をめざすものとして福祉が定立されるべきとするのが，今日における地域福祉の第一義的な考え方であるといえる。

したがって，高齢化が進展する現状のもとでの地域福祉の対象は，介護や介助を必要とする状態，もしくはそうした状態になりうるリスクをかかえた高齢者等にプライオリティを与えながらも，一般の地域住民をも対象とすることになる。そこには，さまざまな生活問題で援助を必要とする人々に対する支援の場を，地域社会のなかに位置づけることが含意されている。そこでは，基本的制度体系にもとづく保健・医療・福祉資源のさらなる拡充と質の向上を一方の方法論としながら，他方では，住民の主体的参加による地域福祉活動の活性化や地域組織化，ならびにそれらの計画的推進を不可欠な要素としているのである。基本的制度体系と住民福祉活動に焦点を当てて行論を展開してきた理由は，筆者のそうした認識を基本に据えたからである。今後は，この2つの要素が相互に補完し合う形で機能するためのさらなる検証と検討，制度・施策の展開や実践を積み重ねていく必要がある点を提起しておきたい。

● 「共に生きる」地域社会の実現に向けて

筆者は先に，高齢者が地域社会から孤立したり，制度的・社会的文脈から排除された生活を送るのは決して望ましい姿ではない点を指摘した。こうした地域社会からの孤立や制度的・社会的文脈からの排除は，ソーシャル・エクスクルージョン（social exclusion）という用語で表現することができる。一方，これに対置される概念・用語として使用されるのがソーシャル・インクルージョン（social inclusion）である。これからの地域福祉の考え方として不可欠な視点であるが，それについて，2000年12月に厚生省（現厚生労働省）から提出された「社会的な援護を要する人々に対する社会福祉のあり方に関する検討会」の報告書では，「社会や社会福祉の手が社会的援護を要する人びとに届いていない事例」を積極的に問題視し，「これらの問題に対応するための新しい社会福祉」として「"つながり"の再構築をはかりすべての人々を孤独や孤立，排除や摩擦から援護し，健康で文化的な生活の実現につなげるよう，社会の構成員として包み込み支えあう（ソーシャル・インクルージョン）ための社会福祉を模索する必要がある」と述べられている。

報告書で提起されたソーシャル・インクルージョンの実現は，社会的文脈か

ら排除された人々，すなわち，本章が課題とした高齢者に代表される伝統的な社会福祉の対象者のみにとどまらず，フリーターやニート，ひきこもりや不登校，いじめ被害者，外国人労働者，ホームレス，被虐待児・者，DV被害者など，特別な生活問題を有する人々を社会のなかに「包み込んでいく」ことであって，孤立から共同・協力的関係による「つながり」に変革させていくことである。そうした方向で社会改革を積み上げていく実践が，ソーシャル・インクルージョンであると考えられる。したがって，今後は，地域社会の構成員としての権利と義務とは何かを問うとともに，それを具現化するために，「つながり」に内在する利害関係や権力関係を明らかにしたうえで，連帯や協働をどのような方法で推進していくかをさらに検討していく視点が必要となる。このソーシャル・インクルージョンという用語は，「共に生きる」という概念と同義であると理解することができる。間もなく高齢者は「社会の主流」となっていくが，今後はそれらの人々と他の世代がどのような形で「共に生きる」社会を構築していくかが問われることとなるのである。

　2000年6月に公布・施行された社会福祉法において，地域福祉の推進や市町村地域福祉計画の策定等が規定されて以降，わが国の社会福祉は地域福祉を基軸として展開される方向が示されてきた。同時にその総称として，「地域福祉型社会福祉」や「地域福祉の主流化」という造語も生まれている。こうした状況のなかで今私たちに問われているのは，単にこれまでの地域福祉概念を類型化したり整理することではなく，社会・経済の動向に照らしつつ，それらの諸理論に内包あるいは生成された実践と理論の構造要因を抽出し，さらにそれを現実の地域社会の諸相と対比させ応用・展開させることによって，これからの地域福祉の概念と目標，そしてその構成要件や要素を解明し，新たな地域福祉理論と実践の構築に寄与する姿勢をもつことであるといえよう。

1）「国立社会保障・人口問題研究所ホームページ」（http://www.ipss.go.jp/：アクセス，2008年3月5日）に推計結果の詳細が掲載されている。なお，今回の新人口推計では，参考推計として2105年までの予測がされているので参照されたい。
2）　このような表現は，「高齢者福祉ビジョン懇談会」から閣議に提出された「21世紀福祉ビジョン─少子・高齢社会に向けて─」（1994年3月28日）1─(1)で用いられたのが最

3) わが国の高齢化の特徴などを指摘した文献は，老年人口比率が14％に達した1994年前後に数多くみられる。内海洋一・伊東眞理子（1992）「高齢化の進行と高齢社会」内海洋一編著『高齢者社会政策』ミネルヴァ書房，前田大作（1992）「長寿社会と21世紀の課題」前田大作・猪口孝編著『長寿社会のトータルビジョン』第一法規出版，尾崎護・貝塚啓明監修（1994）『人口変動と日本の進路』ダイヤモンド社，などを参照。なお，ここ数年の文献としては，田尾雅夫・西村周三・藤田綾子編著（2003）『超高齢社会と向き合う』名古屋大学出版会，エイジング総合研究センター編著（2006）『少子高齢社会の基礎知識』中央法規出版，などがある。

4) 三塚武男（1997）『生活問題と地域福祉―ライフの視点から―』ミネルヴァ書房，17-18頁，大橋謙策（1999）『地域福祉』放送大学教育振興会，10-12頁，牧里毎治（2000年）「地域福祉の思想と概念」牧里毎治編著『地域福祉論―住民自治型地域福祉の確立をめざして』川島書店，6-10頁，井岡勉（2001）「現代社会におけるコミュニティと地域福祉」井岡勉・成清美治編著『地域福祉概論』学文社，2-5頁，中根真（2004）「日本における地域福祉の歴史」大島侑監修／杉本敏夫・斉藤千鶴編著『地域福祉論』ミネルヴァ書房，33-37頁，井岡勉（2003）「地域福祉の現代的展開と基本理念・概念」井岡勉・坂下達男・鈴木五郎・野上文夫編著『地域福祉概説』明石書店，22-26頁，など多数。

5) その概念や範囲等については，［沢田　1991：40］を参照されたい。

6) 「内閣府国民生活局NPOホームページ」（http://www.npo-homepage.go.jp/：アクセス，2008年3月5日）に全国認証数，活動分野別認証数が掲載されている。

【引用・参考文献】

右田紀久惠（1986）「地域福祉の課題」右田紀久惠・高田眞治編著『地域福祉講座第1巻　地域福祉の新しい道』中央法規

右田紀久惠（2005）『自治型地域福祉の理論』ミネルヴァ書房

合津文雄・山岸周作（2005）「現代日本における福祉サービス利用方式の動向と課題」『長野大学紀要』第27巻第3号（通巻第104号）

木原孝久（2003）『住民の支え合いマップ作成マニュアル』筒井書房

厚生省編（1986）『厚生白書〔昭和61年度版〕』厚生統計協会

厚生労働省編（2006）『厚生労働白書〔平成18年版〕』ぎょうせい

厚生労働省介護制度改革本部（2005a）「介護保険制度の見直しについて」

厚生労働省大臣官房統計情報部（2005b）「平成16年　国民生活基礎調査の概要」（http://www.mhlw.go.jp/toukei/saikin/hw/k-tyosa/k-tyosa04/index.html：アクセス，2008年3月5日）

厚生労働省老健局介護保険課（2000, 2006）「介護保険事業状況報告（平成12年4月分

および平成18年10月分)」
国立社会保障・人口問題研究所編（2002）『日本の将来推計人口（平成14年1月推計）
  ―平成13（2001）年～平成62（2050）年』厚生統計協会
沢田清方（1991）『小地域福祉活動―高齢化社会を地域から支える』ミネルヴァ書房
清水貞夫（2005）「地域共生福祉の創造のために」『長野大学附属地域共生福祉研究所
  報』創刊号
全国社会福祉協議会地域福祉部編（2002）『ふれあい・いきいきサロン活動事例集』全
  国社会福祉協議会
内閣府（2005）「平成16年度　高齢者の日常生活に関する意識調査」

〔合津文雄〕

第5章
「しょうがい」が生きる地域社会をめざして
■ 共生地域社会の構想

はじめに——共生地域社会の意味と本章の目的

　《(人間の) 地域社会》の根本要素は，人間と人間間関係と《地域》である。これらのいずれを欠いても，地域社会は成立しない。

　この地域社会の根本要素である人間は，地域（あるまとまりをもった地理的な範囲と，それに結びついた固有の時空によって構成される場）をフィールドとして生き活動し，地域を媒介に直接・間接に関わり合う。と同時に，ひとつの社会をかたちづくりつつ共有し，そこに出現するさまざまな「しょうがい」と，さまざまな立場で関わる「しょうがい」当事者（「しょうがい」をつくったり，「しょうがい」の被害を受けたり，「しょうがい」を傍観・放置したり，解消したり，あるいは楽しんだりする当人。「しょうがい」の意味は第2節で示す）ともなる。

　《共生地域社会》は「しょうがい」を含むさまざまな人間の「ちがい」を，まず，あるがままに受けいれ，それとつきあいながら，「人間の共生」と「人間の福祉」の理想をめざす空気がある地域社会のことである。この共生地域社会があってこそ，「しょうがい」が「よく」生き，それゆえに「人間の共生」と「人間の福祉」の理想の実現が進むと筆者は考える。「人間の共生」とは相互に対等・平等・自由な関係を結びつつ（ということは，当然，相互の「ちがい」を受けいれつつ）さまざまな人間がともに生き活動することであり，「人間の福祉」の理想とは地域間の相互矛盾のない世界に広がる空間的普遍妥当性と，未来に向かって世代を横切り追求し続けられる時系的普遍妥当性とをあわせもつ（ただの）人間の「よい」暮らし，言い換えれば持続可能な「人間ミニマム」としての「よい」暮らしである。

　本章の目的は，「しょうがい」が生きるとはどういうことかを説明するととも

もに，筆者が構想する共生地域社会——「しょうがい」が生きる地域社会——の基本構造と基本要件についての考えを示し，「しょうがい」当事者の「最善の利益」と，「人間の共生」と「人間の福祉」のために，「しょうがい」が生きる世界をめざす議論の素材とすることである。執筆順序は以下のとおり。
1．世界保健機関による障害と生活機能に関する分類と「障害」についての先行知見
2．「障害」の両義性と「しょうがい」の概念およびその表記について
3．「しょうがい」が生きるとはどういうことか
4．「しょうがい」が生きる共生地域社会の基本構造と基本要件

1　世界保健機関による障害と生活機能に関する分類と「障害」についての先行知見

　1970年代から80年代にかけ，「障害者」の社会生活と社会発展における「完全参加と平等」が，「障害者の権利宣言」（1975年，国連総会決議）および1981年の「国際障害者年」（1976年，国連総会決議）のテーマとして示された［橋本 1991：13］。また，「国際障害者年行動計画」（1980年，国連総会決議）は，「障害者は，社会のなかで異なったニーズをもつ特別な集団ではなく，ごく普通の人間的ニーズを満たすために特別な困難をもつ普通の市民と考えるべきである」とした［竹原　2004：48-49］。
　こうした動きのなかで世界保健機関は国際障害分類を発表した。この分類は障害の概念を①身体の形態・構造や心身の機能についての損傷（impairment）と②能力制限である能力障害（disability），および①と②の社会的結果としての社会的不利（handicap）の3側面に区分して構造的に捉えた。これによって，「障害者」が経験する「障害」とそれにともなう苦痛の問題を解決するには，「個人と環境との関係」を重視しなければならないことが確認された。それは「個人と環境との関係」の問題として障害を捉え，環境整備をすることによって，その問題を解消していく視点を国際共通了解事項とした。たとえば，1階から2階への移動経路は階段だけという建物（環境）では，両足がなくて車椅

子を使用する人（個人）は自力で1階と2階のあいだを移動できない。この状況を国際障害分類の視点でみると，車椅子対応のエレベーターをつけること（環境整備）によって，階のあいだの移動について車椅子を使用する個人が負わされている能力制限を解消できるという発想が出てくる。その現実化は，「移動の自由」の平等とエレベーターを必要とする人の参加を促進する。

　このように国際障害分類は，「個人と環境との相互作用」に着目することで，「障害」を一方的に治療や機能回復訓練によって除去したり軽減したりする対象とみて，「障害」をもつとされる人の側に「障害克服」の努力を強いる視点，「障害者を一般社会即ち『健全者』に溶け込ませる，あるいは近づけるという視点」［横塚　1975：190］からの解放を国際的に確認・浸透させた。そして「障害」を生む環境と，それを放置したり，つくり出したりしている側，いわば「障害者に迷惑な社会」［松兼　1994：11-16］の責任に目を向けさせた。「障害」をもつとされる人間が負わされる不当な不利益，不平等（差別）の結果としての不利益，たとえば，安心して自分の家に住み，自由に出歩き社会に参加するという「健全者」にはごくあたり前のことを，わざわざ「自立生活」として意識してめざさなければならない状況を追認したり，つくり出したりする側，「健全者」を基準に社会を形づくる非「障害者」側の問題を明確化させた。

　なお，ここでいう「自立生活」と「自立生活」における「自立」という言葉には，さまざまな意味づけがなされている［定藤・岡本・北野　1993：2-21；北野・佐藤・定藤　2003：49-84；谷口　2005：79-92など］。それらに共通する要素は，人間として必要なサービスや支援を自己決定により快適に利用し，日常生活環境をバリアフリーにする権利をもち，あたり前の市民として自由に活動して暮らすということである。「介助なしで，自分で何でもできる」とか「生活費を稼げる」とかは，「自立生活」の必要条件にはされていない。たとえば，谷口は「自立生活」における「身辺自立」を「障害当事者自身にとって必要であり，適切であり，安全である介護方法を介護者に依頼し，迅速かつ快適な介護を可能にすること」と定義している［2005：80］。この「自立生活」の概念の源は，アメリカで1970年代に始まった「障害」をもつ市民が主体の自立生活運動にある（詳しくは［北野・佐藤・定藤　2003：8-16］を参照）。

また北欧では，1950年代以降，「知的障害」をもつ人の親の訴えが源となって，どんな「障害」をもつ人も「あたり前に」暮らせる社会（環境）をつくるという「ノーマライゼーション」の思想・理念（概念）と実践が生成・発展した。それが「個人と環境との相互作用」に着目して「人間の福祉」と「人間の共生」をめざす福祉国家の政策規範となった。たとえば1959年のデンマークの法律は，「知的障害者は『最大限ノーマルに生活をおくる』機会を保障されなければならない」としている［テッセブロー・グスタブソン・デューレンダール1999：52］。

こうした背景と成果をもつ国際障害分類の考えの批判的検討のなかから，「障害分類」という枠組みを超えて人間一般の活動の世界のなかで「障害」を捉えようという発想と取り組みが生まれ，世界保健機関は2001年に新しい分類——国際生活機能分類——を発表する。

国際生活機能分類の，国際障害分類と比較しての一番の特徴は，（「障害者」に限らず）すべての個人をまずひとりの人間として捉え，そのありようと「障害」を①身体の形態・構造および心身の機能，②活動，③参加の次元から捉え，いずれの個人も状況によって「障害」をもつことを明らかにしたことである。たとえば，「能力障害」は「活動」が制限された状況，「社会的不利」は「参加」が制約された状況と捉え，どの人にも関係する「活動」と「参加」のありようの問題と理解される。「損傷」は「身体の形態・構造」や「心身の機能」のありようの1つとなる。

以上の世界保健機関による分類とそれに関連する「障害」についての先行知見を下敷きにして，筆者が「しょうがい」と表記することにした概念と，そう表記することの意図について次節で説明する。

2　「障害」の両義性と「しょうがい」の概念およびその表記について

イラストレーターのエム＝ナマエ［2001：http://www.emnamae.com］は，中途失明してからの絵の描き方についてこう書いている。

現在は家内のゴボちゃんがこれ（ナマエが指定する色のパステルを探して手渡す作業）をやっている。もう十年もやっているから少しは慣れた。だが，彼女はずぶの素人で，おまけに記憶力が危ういので，今でもかなり苦労してパステルを選んでいる。だが，それでいい。もしも彼女が絵のプロであったら，ボクの彩色に意見をいい，あれこれアドバイスをするだろう。それはボクにとって一種の縛りとなる。盲目であるからこその自由が許されてもいいはずだ（傍点は筆者による）。ボクはどこまでも自由にそして自らの判断を信じて絵を制作する。それがいちばん楽しいのだ。そして，ボクの目の中ではなく，観賞者の目の中でボクの絵が完成することこそ，ボクの絵の最大の価値なのだ。

　「盲目」で見えないことは一般に「障害」，つまり「障り（さわり）」であり「害（ガイ）」であり，望ましくないもので，ないほうが「よい」ものとみなされる。「見えない」より「見える」のが「よい」とされる。ところがエム＝ナマエには「盲目であるからこその自由」をもたらし，エム＝ナマエと彼の作品が好きな鑑賞者に「よい」ものとして機能する。

　これと同様のことが，耳が「聞こえない」，手足が「不自由」，足し算が「できない」，文字が「読めない」，言葉が「しゃべれない」といった「障害」とされる，さまざまな状況についていえる。たとえば第3節で紹介しているように，楽譜が「読めない」ゆえの即興演奏からジャズが生まれた。ジャズ好きの筆者にとって，これは本当に「よかった」。

　つまり「障害」には，それとどう向き合うかによって「ないほうがよい」にもなれば，「あってよかった」にもなるという両義性がある。「障り」や「苦労」の種にも，「最大の価値」の源泉にもなる。筆者はこの両義性を自覚し，「障害」とされることが単なる「害」や「障り」で「負の価値」しかもたないのではなく，「正の価値」ももちうるものであることを想起するために「障害」という表意文字による表現にかえて，「しょうがい」と書くようにしている。

　この「しょうがい」は人間の「ちがい」の一種である。もう少し厳密にいえば，上のような両義性をもつものとして捉える人間の「ちがい」であり，「障害」とされる場合があるもの，つまり「負の価値」が意識されることのある人間の「ちがい」のことである。たとえば「盲目」というのは，「盲目でない」状態と「盲目である」状態があることを知り，そのあいだに「ちがい」のあることを

認識して初めて生まれてくる概念である。仮に「盲目でない人」を基準に「盲目の人」をみた場合，そのみられた側の人に「盲目」という「ちがい（ないし特徴）」があるということになる。逆に「盲目の人」を基準にすると，「盲目でない」ということが「ちがい（ないし特徴）」になる。「盲目」は「障害」とされることがある「ちがい」であり，その限りにおいて「しょうがい」である。

　念のために断っておくが，「しょうがい」の「正の価値」のみをみよというのではない。国際生活機能分類にいう「参加制約」と「しょうがい」との結びつきは解消すべきである。「活動制限」との結びつきも，制限される当事者の希望にそって解消すべきである。

3　「しょうがい」が生きるとはどういうことか

　「しょうがい」が生きるとは，「しょうがい」の有用性が発揮されるということである。何のために生きるかというと，「しょうがい」の当事者の「最善の利益」と，「人間の福祉」と「人間の共生」のために，である。

　具体的にはどういうことか。第2節で紹介したエム＝ナマエやその協働者の実践をみよ，である。彼らの実践において「盲目」が生きている。例をもう1つ。ジャズに生命を与えるのは即興演奏と独特のリズムだ。これを創造したのはヨーロッパ音楽とアフリカ起源の黒人民族音楽を融合させた黒人楽士である。1900年前後，ニューオリンズの歓楽街（ひとつの地域社会）でブラスバンドの楽器を使って黒人楽士がリズムを強調した演奏をしていた［ブリタニカ国際百科事典 Quick Search Version　2004］。その楽士たちが，「譜面が読めない」という「しょうがい」があったので，メロディーを即興展開したのがジャズの始まりである。「譜面が読めない」が生きてジャズが生まれたのだ。

4　「しょうがい」が生きる共生地域社会の基本構造と基本要件

　共生地域社会は地域社会の1つであり，他の地域社会と同様，あるまとまりと独自性をもち，ある基本構造を保ち安定しつつも，内外からの働きかけや環

境の変化によって変容しうる社会体である。そのありようとしては、さまざまな規模や状況を想定できる。

　本節では、今日の日本の平均的な市民が日々の暮らしにおいて相当な時間を過ごす単一または複数の地域、すなわち、自宅を中心とした居住地域、勤務先を中心とした就労地域、学校・大学を中心とした就学地域などを単位地域とみなし、そこにかたちづくられる地域社会と、それらを含み込んだより大きな社会体（複合地域社会）のある種のありようとしての共生地域社会について論じる。

● 基 本 構 造

　筆者が構想する共生地域社会は、入れ子細工のような重層性と横に連なる連立性とをもつ一連の社会であり、その基本構造は図表5-1のようになる（［見田 2006：172-196］の交響圏とルール圏の概念を参考にした）。

　図表における《ジャズ関係》とは、ジャズ演奏中にスウィングする（痛快なノリと即興で身が動く）演奏者と観客のあいだに形づくられるような関係である。演奏者が、それぞれに個性を発揮しながら楽器を演奏したり歌ったりして合奏・交響（「ちがい」を生かしながら響き合い協同）する。そこにソロの即興演奏（既成のルールから自由な行動）が入り、それを盛りたてる掛け合い演奏や協奏が呼応する。時おり不協和音（ぶつかり合い）も入る。このとき息があえば、すべての演奏者、そして観客が「よい気持ち」になり、身が自然に動き、「喜び」を共有する。「あなたの喜びは私の喜び」「私の喜びはあなたの喜び」の関係、「人間の共生」の関係が生まれる。関係当事者の既成のルールから自由な即興性と交響性をもった行動が、互いの喜びをもたらす関係が《ジャズ関係》である。

　この種の当事者の「喜び」や「よい気持ち」とノリの共有は、あらかじめ決められたルールによって約束したり、権利として保障したりできるものではない。ジャズクラブや小劇場でバンドの演奏者と観客（互いに挨拶をかわせる程度の数の当事者）が、生身やその動きを直接感じ反応し合って、初めて生まれうるものだ。

　この「喜び」と「よい気持」の一例［橋本 2006：5-6］を紹介する。「知的しょうがい」をもつ市民が、各地の「知的しょうがい」をもつ市民に直接会ってアンケ

図表5-1 共生地域社会の基本構造

内部構造（構成要素となる2種類の関係とその相互関係）

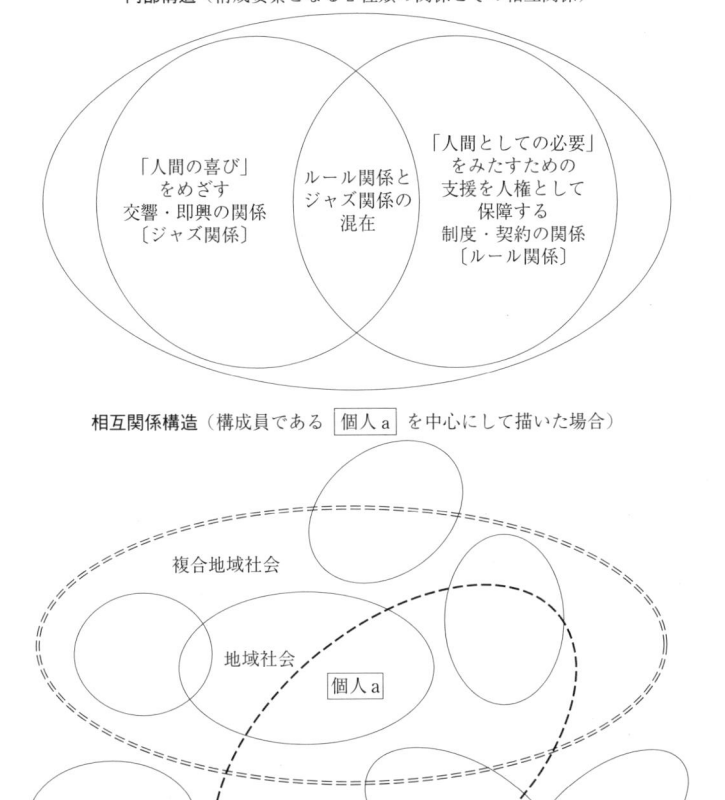

- 「人間の喜び」をめざす交響・即興の関係〔ジャズ関係〕
- ルール関係とジャズ関係の混在
- 「人間としての必要」をみたすための支援を人権として保障する制度・契約の関係〔ルール関係〕

相互関係構造（構成員である 個人a を中心にして描いた場合）

複合地域社会
地域社会
個人a

〔凡例〕・実線楕円：地域社会域　　・二重破線楕円：複合地域社会域
　　　　・単破線楕円： 個人a の日常生活圏

ートに答えてもらう調査に一協力者として参加したことがある。この調査で沖縄県名護市にある知的障害者生活支援センターを訪問したときのことである。

アンケート開始前に全員で自己紹介をした。まず名護の人、次に調査をしにきた大阪と奈良のメンバーが話した。そのとき、奈良のメンバーのひとり

（「コスモスさん」と呼ぶ）がほとんど声を出せなかった。しばらくみんなで待った。それからコスモスさんに同行する支援者が，「私がかわりにしゃべってもいいですか」と本人に断わってから，気分がすぐれず話せないことと，奈良から来たことを話した。

　自己紹介後は3グループに分かれてのアンケート調査。筆者はコスモスさんと同じグループに入った。コスモスさんが声を出して質問を読み，一問ごとに確認しながら回答してもらうことにし，始めようとしたとき，「私，まだ，自己紹介をしていない」と小さな声でコスモスさんがいった。「支援者」が「今から自己紹介をさせてもらっていいですか」と名護の人たちにたずねた。「いいよ，私たち沖縄の者は大きな声でしゃべるけどさ……なかなかそんなふうにはいかないよね」という答えが笑顔といっしょに返ってきた。コスモスさんが自己紹介を終えると，おだやかで温かい拍手がわいた。みんなのようすに「よかった」という安堵感と「喜び」をみた。もちろん筆者も安堵し，身にしみるような「やさしさ」と「喜び」を感じ「よい気持ち」になった。

　《ルール関係》は，既成のルールにもとづく約束や行動によって形づくられる関係である。たとえば，対価を支払って決めたことをしてもらったり，受け取ったりする関係や法制度にもとづく約束ごととして始まる関係（「障害者自立支援法〔2005年制定，2006年施行〕」が定める「障害者福祉サービス事業〔同法第5条第1項〕」者とサービス利用者との業務上の関係など）のことである。

　なお，上の2つの関係は理念型である。現実の関係には「ゆらぎ」や重層性があり，ある関係が2つの型のあいだで揺れ動いたり，他の型の関係と連動したりする。たとえば上の名護での例にみられるジャズ関係は，知的障害者生活支援センターと奈良や大阪から「支援者」として同行した作業所の職員などと「知的しょうがい」者とのルール関係（職員―利用者関係）に支えられている。両者間の関係はジャズ関係の顔をみせるときもあれば，ルール関係の顔をみせるときもある。ちなみに，見田［2006：194］は，自由な社会における人間の関係の成分として，相対的にルール性が優位な〈ルール関係〉と交響性の優位な〈交響関係〉の2つの関係を構想・定義している。

● 基本要件
　地域社会内部についてと外部社会との関係についての説明をする。
（1）地域社会内部について
　「人間の福祉」と「人間の喜び」のために必要であるが，ルール関係では直接的に保障できないもの。即興と交響の関係――ジャズ関係――とそこから生まれる既成のルールから自由な他者支援や相互支援や協同の行動。それらがもたらす「やすらぎ」「安心」と「活気」「高揚」の「空気」――名づければ「緩急自在の支え合い」の行動と空気――があること。名護の知的障害者生活支援センターで，筆者が「知的しょうがい」をもつ人やその「支援者」と共同体験したような行動と空気があること。これが第1の基本要件である。
　人はそれぞれ「ちがう」。人のあいだには無数の「ちがい」がある。「しょうがい」はその「ちがい」の一種。人は成長・老化し，変化し続ける。環境も変わる。それにともない「ちがい」「しょうがい」も変化する。これらの「ちがい」「しょうがい」のすべてを事前に想定して，それに対応するルールをつくるのは不可能。「ちがい」「しょうがい」を生かすには，即興がいる。「常識」や既成のルールから自由な発想や行動がいる。たとえば盲ろう者とのコミュニケーション技術である「指点字」は，盲ろう者の福島智（東京大学助教授）とその母のジャズ関係と即興のなかから生まれた。母が，盲ろうになった福島の指に自分の指を重ねて，点字タイプライターの指使いで「さとし」と打った［中和　2004］。それが福島に通じたのだ。今この技術が世界に広まりつつある。ニューオリンズで生まれたジャズのように。
（2）外部社会との関係について
　（1）に示した「緩急自在の支え合い」の行動と空気を生む地域社会は，単独では成立しない。地域社会に生き・活動する人の「人間の福祉」ないし「人間ミニマム」の暮らしを実現するには，各人の人間としての必要をみたすための支援を人権として保障しなければならない。この人権の保障にはルール関係がいる。人工呼吸器を使用する折田涼君（当時，高校2年生）のことを参照しながら説明してみる［折田　2006：33-41］。
　涼君はストレッチャー型車椅子に乗りサポーターの支援を受け，電車とバス

を乗り継ぎ約1時間かけて通学している。涼君が高校入学後，それまで看護師資格のある介助員に限定されていた痰の吸引介助がホームヘルパーもできるようになった。経管栄養のケアは，それを「医療行為」とする学校側の規制で，まだ看護師に限定されている。これに対して折田みどり（涼君の母）は次のように主張する。高校生らしいあたり前の生活には，痰の吸引だけでなく，人工呼吸器の操作や経管栄養など，生活に必要なあらゆるケアに習熟し，彼の想い・生き方も含めたサポートができるヘルパーがいる。これまでの経験からいって，ケアは研修によって習得することができ，必ずしも医療専門職でなければ行えないものではない。

　涼君の「あたり前の生活」には，ケアに習熟したヘルパーによるルール関係で保障された日々24時間の支援が必要である。この種の支援の実現はルール関係によらねばならない。仕事としての支援への経済的対価を支払う仕組みがいる。最適支援を安定提供できる職能者組織もいる。それを一地域社会内の努力で実現するのはむずかしい。これは涼君への支援に限ったことではない。どんな支援であれ，それを人権として保障するのに必要なことだ。具体案としていうなら，「しょうがい」をもつ人（のほか，療養者，虐待からの避難者など）も含むすべての人に，地域で安心して暮らすのに必要な介護・看護などの支援を，その経済力にかかわらず平等に保障する人権法（名づけるなら「地域生活支援法」）にもとづく全国普遍の支援制度（地域生活支援制度）がいる。これは「夢物語」ではない。そうした支援がスウェーデンにはすでにある（その概要を橋本［2001：22-27；2006：22-40］が紹介している）。

　こうした人権法（ルール）にもとづく制度と（地域社会を超える）ルール関係が基盤にあり，それによる支援を活用してジャズ関係を結びつつ自由に遊び，学び，働き，休息する「あたり前の生活」をすべての市民が享受できる社会が共生地域社会の理想である。たとえば「学び」については，小学校から大学・大学院にいたる，あらゆる教育段階での学費無料はもとより，通学費・教材費などの費用給付と，専門的手話通訳などの学習支援，施設・設備のユニバーサル・デザインなど，「機会の平等」保障の制度が必要である。

　ちなみに，スウェーデンでは，日本の小中学校に相当する基礎学校から大

学・大学院まで授業料が一貫して無料であるだけでなく，すべてのスウェーデン国民と一定の基準をみたすスウェーデン在住の外国人や難民を対象とした就学支援金の制度もある。たとえば，大学生には履修単位に応じた就学支援給付金（フルタイム学生の場合，4週間につき2007～08学年度で2528クローナ〔約4万3000円〕，特別基準をみたすと5896クローナ〔約10万円〕，返済不要）が支給され，さらにこれを補完するための就学支援貸付金の制度もある［CSN 2007：19-21］。また，「しょうがい」をもつ学生への各種学習支援については，国がそのための予算配分制度を設けて保障している（スウェーデンのメーラルダーレン大学〔Mälardalens Högskola〕ベステロース〔Västerås〕学舎の学生課職員で障害学生支援を担当する Stefan Dahlgren 氏からの2006年9月12日付Eメールによる）。

これに対して日本はどうか。障害者自立支援法による支援制度は，利用した障害者福祉サービス等の支援の値段の原則1割を利用者が支払う「応益負担」の仕組みであり，支援利用が利用者個々の経済状況により制限される。「しょうがい」をもつ大学生に対する学習支援を人権として国が保障する制度もない。

「むすび」として——理想の実現に向けて

大きな構想を，関係のありように着目して短くまとめて紹介した。そこで示したジャズ関係とルール関係の最適コンビネーション関係（平等と安心の権利を保障しつつ，「ちがい」「しょうがい」が最高に生きる交響と即興を生む関係）の実現へ向けての歩き方について2点記して「むすび」とする。

1つは，本章の共生地域社会の構想を一案として人々に知らせ，その批判を受けること。社会の理想はただ願うだけでは実現しない。めざす具体的な現実と対応する社会構想にし，他者との共通了解が可能なかたちで表現し，それをたたき台に対話・討論を重ね，批判を生かし，更新案を合作・発表し，支持を獲得しつつ具体化していくのが基本である。

もう1つは，異質な活動が出会い・ともに活動する「異活動交流」の場を創り出すこと。たとえば，筆者は「原生林と渓流の自然体感ツアー」などのエコツアー活動と「しょうがい」をもつ人の人権擁護活動との「異活動交流」の場

づくりを試みている。「異活動交流」には，異なる「ちがい」「しょうがい」「関心」が出会い，重なったり，混ざったり，ぶつかったりして，新たな「ちがい」「しょうがい」「関心」や「異質」と思われた活動間に潜在していた共通性の発見が生まれる可能性がある。それは，さらに理想の構想についての多様な立場からの批判・検討と，構想の現実化に向かう活動ジャンルを超えた合作・連帯へとつながる，と筆者は考え，未知の出会いと共動（ともに活動すること）を時おり試して，ジャズ関係を楽しんでいる。

【引用・参考文献】
折田みどり（2006）「人工呼吸器をつけた家出少年―地域で暮らす・『医療行為』から『生活支援行為』へ」『福祉労働』111号
北野誠一・佐藤久夫・定藤丈弘編（2003）『現代の障害者福祉〔改訂版〕』有斐閣
厚生労働省（2002）『国際生活機能分類―国際障害分類改定版―』（日本語版），厚生労働省ホームページ（http://www.mhlw.go.jp/houdou/2002/08/h0805-1.html）
定藤丈弘・岡本栄一・北野誠一編（1993）『自立生活の思想と展望』ミネルヴァ書房
竹原健二編著（2004）『現代障害者福祉学』学文社
谷口明広（2005）『障害をもつ人たちの自立生活とケアマネジメント―IL概念とエンパワーメントの視点から』ミネルヴァ書房
テッセブロー・グスタフソン・デューレンダール編（二文字理明監訳）（1999）『北欧の知的障害者―思想・政策と日常生活』青木書店
中和正彦（2004）「福島智VS竹中ナミ1―コミュニケーション技術が道を拓いた」『New Media』2004年1月号（http://www.prop.or.jpに転載されたもの）。
橋本義郎（1991）「人権と障害者の『訴え』―身体障害者をめぐる事情の検討を中心に」『ソーシャルワーク研究』Vol. 17 No. 1
橋本義郎（2001）『福祉活動のフィールド学―スウェーデンと日本・アメリカでの試みから』明石書店
橋本義郎編著（2006）『「人間の共生」をめざして―〈インクルージョン〉の福祉学』相川書房
松兼功（1994）『障害者に迷惑な社会』晶文社
見田宗介（2006）『社会学入門―人間と社会の未来』岩波書店
横塚晃一（1975）『母よ！殺すな』すずさわ書房
CSN（2007）*Studiemedelsguiden 2007*, CSN

〔橋本義郎〕

第6章
子ども・家族と地域福祉

1　近代的育児観を問う

● コミュニティの崩壊と閉鎖的育児

　しばしば,「育児」と「子育て」は混同して用いられるが,両者は異なる用語である。「育児不安」,「育児ノイローゼ」という言葉が示すように,「不安」,「ノイローゼ」など,マイナスをあらわす言葉の前に使われるのは「子育て」ではなく,「育児」である。「育児」という言葉は高度経済成長期以降,近代家族に用いられるようになった。「育児」[1]という言葉は,母親などだれかが1人で単独責任を負って子どもを育てる閉鎖的な意味をもつ。「育児」という言葉が用いられる前は,「子守り」「子育て」という言葉がもっぱら用いられていた。「子育て」という言葉は,子どもが中心にいて周囲の大人が複数で取り囲んで見守っているイメージである。本章では,近代家族的育児の問題点とこれからの子育てについて論考する。

● 近代家族の形成

　私たちがイメージするところの「家族」は近代以降誕生した [山田　1994:27]。そもそも近代家族とは何か。デグラー (C. Degler) は,近代家族を①夫婦の愛情を基礎とする,②妻は家庭で家事・育児,夫は外で経済活動,③子ども中心主義,④夫婦と未婚の子どもからなる小集団（核家族）,という4つの特徴をもち,家内性 (domesticity),私秘性 (privacy),親密性 (intimacy) に代表されるという [Degler 1980]。
　以下,ショーター (E. Shorter) の近代以前と以降の家族についての3つの差異 [Shorter 1987] にそって分析を進める。

❶〈近代以前の伝統社会においては，夫婦や親子といった家族関係は親族と地域共同体の強力な連帯のなかに埋め込まれていた〉

本来の「子育て」は家庭のなかで完結する閉鎖的なものではない。それでは，いかにして現代のような閉鎖的な「育児」のパターンが形成されていったのか。

❷〈市場資本主義の台頭とともにもたらされた感情革命によって，「核家族」という近代特有の単位が登場したこと〉

ショーターの「感情革命」とは，夫と妻を結びつけるロマンティック・ラブ・イデオロギーのことである。〈家族には愛情がなければならない〉，〈愛情のある男女が結婚する〉という考え方が浸透し，それがイデオロギーとなって，ロマンティック・ラブ・イデオロギーとして近代家族の形成を支えてきた。そして，母子間にも愛情による家族の絆が成立した。これは「自分の子どもが可愛くない母親はいるはずがない」といった母性愛の強調という面をもっている。現代家族における母性愛の強調はしばしば受験戦争に向けられたり皮肉な側面をもつ。数年前に起きた有名幼稚園での母親の受験の勝ち組への嫉妬に駆られた幼児殺人事件は，その悲惨な結果をあらわしているといえるだろう。歪んだ母性愛のはけ口が逃げ場をもたない弱者としての子どもに向けられることが多い。現代では「感情革命」としてのロマンティック・ラブ・イデオロギーは皮肉な結果となって，児童虐待の温床ともなりかねない様相を呈している。子どもは親のブランド志向への所有欲の対象化を免れない弱者であることが前提となっているからであろう。

また，家庭は聖域としてプライバシーの名のもとに家族以外が立ち入りできなくなっていることが，児童虐待を起こりやすくしている。現在，ニュースや新聞で毎日のように報道されている児童虐待などの問題は，世界から孤立した集団としての家族，閉鎖的な親子関係が起こした負の側面である。家族の愛情ユニットとしての〈家庭〉の専門分化は見方を変えれば，親のブランド所有欲，親のアイデンティティ確立の手段の達成にもなりうる。このことから，現代の家庭が子どもを中心ではなく，親のアイデンティティ確立を優先させていることは明らかといえよう。

❸〈「プライバシーの盾」が社会（公）と家庭（私）の間に設けられ，「家族愛のシェルター」のなかで「近代家族」が誕生したこと〉

これは公私の分離として捉えられる。これについてはアリエス（P. Aries）も，「家族愛の発見」について近代以降あらわれた家族の特徴と分析している。これは近代以前には家族愛はなかったといっているのではない。現代人のイメージするような「家族の愛」のかたちは近代以降に形づくられたというのである。現代の私たちにとって，職場は〈公〉であり，それに対して家族は〈私〉であることはイメージしやすい。「職場に家庭をもちこむな」といった上司が部下に対していう言い回しは，〈公〉と〈私〉がきっぱりと分かれているからいうことができる，きわめて現代的な言葉である。こうした〈公〉と〈私〉の分離を背景として，個人はそれまで親族，近隣住民，友人などにも同様に向けていたであろう関心を，家族という私的世界に向けて特化させてきた。それが現代私たちのイメージする〈家族愛〉となった。[2]

こうして家族は愛情ユニットとして専門分化していった。家族という「家族愛のシェルター」では，消費願望のるつぼになりがちである。市場資本主義の台頭により人間活動の場が生産から消費へと移った。1970年代に刊行されたボーリヤールの『消費社会の神話と構造』によると，私たちは消費によって他人との差異を表示する記号を発するようになった。たとえば，ブランド品に給料の大半をつぎ込む若者は自己のアイデンティティを買っている。バウマンが「消費者は自分が入手したいと願うような自己同一性のシンボルを意識的に購入できるのである」［バウマン 1993］といっているように，私たちは消費によって自らのアイデンティティをあらわすようになった。外部からの価値づけを自分のアイデンティティの根拠となす傾向にある。現代の家族の病理は，家族自身に価値を見出す能力が薄れ，外部からの承認の待ち受け状態にあるといえるかもしれない。[3]

同じことが子育てにもあてはまる。本屋で売られている「頭の良い子を育てる方法」の類の書籍はねずみ算式に増え続けている。頭が良いこと，つまり一流学校に入学を果たすこととみなす世間の尺度を，そのままわが子にあてはめる風潮となっている。子どもをもブランド化しがちな子育て観が問題視されて

いる。子どもは「少なく生んで，大事に育てる」という現代の育児にみられる基調は，子育てに金銭と労力をかけ，子どもに見返りを期待する消費意識と同様，親本位であり，これは近代の資本主義が家族を毒した結果といえよう。

2　核家族のもつ閉鎖性

　近代的閉鎖「育児」の問題点はどのように大きくなってきたのか。その背景を次の4点から考察を進める。
① 性別役割分業の落とし穴
② ソト（公）とウチ（私）の分離から弧絶へ
③ 〈感情革命〉――地域社会に関する無関心と利己志向
④ 子どもの社会的位置づけの低下――授かるものから作るものへ

● 性別役割分業の落とし穴

　「昔々あるところに……」で始まる昔話は「お爺さんは山へ芝刈りに，お婆さんは川で洗濯を……」と続く。これは近代化以降定着した「男はソトで仕事，女はウチで家事育児」という性別役割分業の例である。現実には，川で洗濯するお爺さん，山で芝刈りをするお婆さん，もしくは一緒に芝刈りをするお爺さんとお婆さんがいたことであろう。これは史実にもとづいたものではなく，現代人の感覚で性別役割分業を意識した言い回しといえる。このような性別役割分業にもとづき，家事・育児は母親（女性）が家庭内（私的領域）において行うべきものという意識がなおも存在している。これは女性に単独育児責任を負わせるものとして批判され，「子育ては男女共同で」をスローガンに，「男女共同参画社会」の構築がめざされてきた。

　しかし，男女共同参画社会基本法（1999年）に使われるキーワードは男女に関することに集中している。子育てに関しても，男女が家庭内で役割分担し公平に行うことを理想モデルとしている感は否めない[4]。男女共同参画基本法では，きわめて近代的な核家族モデルによる閉鎖的な育児観を基底とし，子どもを夫婦の私物として捉えるという問題点を内包している。これまで母子密着と

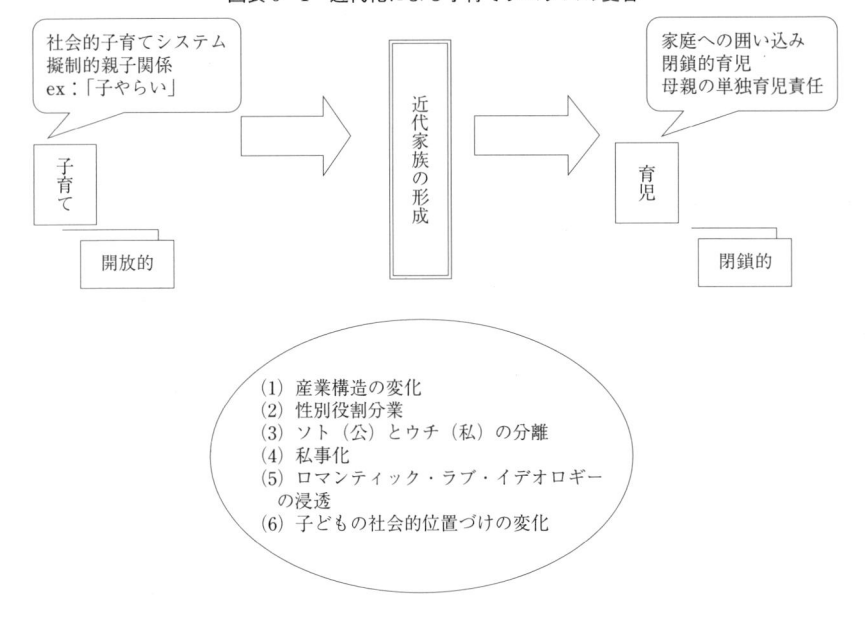

図表 6-1　近代化による子育てシステムの変容

```
社会的子育てシステム                                    家庭への囲い込み
擬制的親子関係                                          閉鎖的育児
ex：「子やらい」                                         母親の単独育児責任

  ┌─────┐    ⇒    ┌─────┐    ⇒    ┌─────┐
  │子育て│         │近代家族│         │育児 │
  └─────┘         │の形成 │         └─────┘
                    └─────┘
   開放的                                                閉鎖的
```

(1) 産業構造の変化
(2) 性別役割分業
(3) ソト（公）とウチ（私）の分離
(4) 私事化
(5) ロマンティック・ラブ・イデオロギーの浸透
(6) 子どもの社会的位置づけの変化

いうと，その原因を父親の物理的・心理的不在に求める傾向にあった。父親の子育て参加や家事分担を現代家族の問題の解決に求める研究は数多い。しかし，このロジックは，男女共同参画基本法にみられるように，「子育ては父親と母親が揃って行い，家庭のなかで完結するべきこと」という考えが根底にあるのではないだろうか。これは母子家庭や父子家庭を異端の家族形態とみなすスティグマにつながる[5]。さらに「育児」を「家庭のなか」で行われるものと限定的に捉え，プライバシーの領域に囲い込みによって，育児の担い手を制限することにつながっている。

● ソト（公）とウチ（私）の分離から弧絶へ

前出のショーターの定義❸〈「プライバシーの盾」が社会（公）と家庭（私）の間に設けられ，「家族愛のシェルター」のなかで「近代家族」が誕生したこと〉にあるように，核家族は地域社会から自律的に存する性質をもっている。

母親が子どもにいう「ウチはウチ，ヨソはヨソ」という言葉のように，「ヨソ」と「ウチ」という言葉をもって強い線引きがなされている。核家族はプライバシーという盾を利用しつつ，地域社会に対し，孤立する側面を強めてきたといっていいだろう。地域社会からの孤立とファミリーアイデンティティとは相関関係にあると考える。

現代社会における地域コミュニティ意識を強化するファクターとしてヒラリー（O. Hillary）は外元的社会の圧力と小コミュニティへの帰属意識をあげている［橋本 1989］。まず外元的社会の圧力についてであるが，大規模な社会では複数の集団に属しているため（たとえば，会社やサークル，学校など），同一地域に住んでいても人々の社会的利害関心は分化される。小コミュニティの帰属意識に関していうと，都市化による「生産の場と消費の場」との分離，さらに「男は仕事，女は家庭」という性別役割分業の定着によって，男性が昼間会社に行き，日が暮れてから家に帰る点から点への生活をしていると，地域社会から阻害されがちとなる。その結果，昼間地域に残されるのは子どもと専業主婦と高齢者に限定されてしまう。〈生産の場〉と〈消費の場〉，〈公的領域〉と〈私的領域〉の分離とともに，「家庭のなかで起こった問題は家庭のなかで処理しなければならない」という囲い込みが起こってきた。これにより地域のなかでは，とかく母親と子どもはともに家庭のなかに閉じ込められ，また高齢者は遠慮して行動を自ら制限することにより，地域では世代間の分断をも引き起こしている。かつて拡大家族の時代にみられた，祖父母をはじめとする親戚などによる地域社会からのサポート・ネットワークは弱体化してしまった。そのうえ，私事化の進行は個人が集団から弧絶することを促進させたのである。

公的領域と私的領域の分離が起こり，核家族が家族のモーダル・パターンとなってから，人々は〈ウチ〉に関心を寄せるようになった。これにより家族の私事化が起こっていった。「私事化」とは，社会的関心の希薄化と個人の私生活への埋没のことであり，「公的世界に対する私的世界の相対的比重増加」［磯田 1996：3］と説明される。仕事（公的領域）よりも家庭（私的領域）を優先するという私事化の傾向は，たとえば，「これからデートがありますので」といって残業を断る若者，「マイホームパパ」として家族に高い関心を寄せる父親

にあらわされるものである。

● 〈感情革命〉と地域社会に対する無関心

　現代社会においてかつての見合い結婚は減少し，代わって恋愛結婚が主流となった。結婚は〈愛し合う両性がするもの〉となり，結婚や家族といった私的領域に感情すなわち，〈愛〉という尺度が入り込むようになったのである。これはショーターのいう近代化によって生じた新しい傾向，「感情革命」である。結婚や家族関係の結びつきに〈愛〉が「なければならない」という規範（イデオロギー）が介在するようになっていった。これにより家族の私事化傾向が強まり，人々の目線が〈ウチ〉側の家族に向けられるようになり，一方でコミュニティの希薄化が促進されたと考えられる。近隣の人と会っても挨拶はしない，という現在家族にみられる地域社会への無関心が広がり，同時にそれは自分の子どもさえ守られればよしとする利己志向ともなった。

● 子どもの社会的位置づけの低下―授かりものから作るものへ

　フランスの社会史家アリエス（P. Aries）は，17, 18世紀に「子供期の発見」がなされたことを説明している[6]。近代になって，子どもは"可愛がられる対象"，"教育を受ける対象"という2つの考え方が登場した。このことが素地となり，「子ども中心主義」が構築されていく。可愛がって教育する対象の子どもには多くのお金がかかる。子どもは少なく産みお金をかけて教育される存在となった。

　さらに，子どもの出生に関して「バース・コントロール」という意識が生じ，厚生労働省が打ち出した少子化対策も現実の家族計画にはあまり効果をもたらしてこなかった。働く女性に保育対策による育児支援を差し出しても，働く女性の意識変化を起こすにいたっていないのである。

　現代は「育児不安」という言葉にあらわれるように，家族が閉鎖的になり，孤立したなかで育児が行われている。これは子どもに対する意味づけの変化であり，加えて「子どもは授かりもの」という意識が失われたことも影響している。「そろそろ子どもでも」という会話がテレビドラマや日常でもよく聞かれ

るように，子どもは自分で作るものというイメージになってきた。妊娠を計画するときからその考えは始まり，たとえば多くの共働きの夫婦は，「いま子どもを作ったら仕事に差し障るのでやめておこう」と産む時期を計算している。自分で妊娠する時期をコントロールする意識により，意識のうえで子どもを自分の工作物のように捉える傾向が生じた。これは現代における「子ども」の社会的位置づけの低下を引き起こす一因となっている[7]。これらの諸要因により，子どもと母親の育児空間の閉鎖化が多くの問題を内包しつつ推し進められているのである。

3 これからの地域における子育てネットワークと世代間倫理の再構築に向けて

● メディアの発達と地域感情の衰退

インターネット，メディアなどのITネットワークも家族成員それぞれに個別に相互作用している。近年，子どもを取り巻く著しい環境の変化としてメディアについてふれておきたい。テレビ，ビデオ，パソコン，携帯電話など電子メディアが各子ども部屋においてある家庭は多くなっている。幼稚園からパソコン教室に通い，子どもの世界でもIT化が進み，さまざまな電子メディアのなかで子どもは生活している。現在，電子メディアが子どもの人格形成にどのような影響を与えるかについても議論がなされつつある。野田正彰は，1日に何時間もコンピュータを使っているプログラマーを「コンピュータ新人類」と呼び，彼らは几帳面で論理的な思考を得意とする一方で，あまり自分の感情を表面に出さないという共通した特徴があると指摘している［野田　1987］。またメディアが子どもたちにとって単なる道具ではなく，人格形成の要因，環境として働いていることも指摘されている［村上　2006］。乳幼児期からテレビ漬けの子どもには，本を読むことが不得意な子どもが増加している[8]。

メディア社会においては，遠方で起こった事件でもテレビやネットを見ることによって，あたかも身近な出来事のように追体験することができる。昨今では，いじめも物理的距離とは無関係に行われるようになってきている。アメリ

カでも「サイバーブリング[9]」というネット上でのいじめが社会問題となっている。

　サイバーブリングによる被害は，ネットカフェなどの匿名のパソコンサーバーから特定の児童を誹謗中傷するメールが送信された，もしくは掲示板やブログなどに誹謗中傷が掲載された場合に，野火のように他児のネットに広がり事件を大きくし，被害者を追い詰めることから，その悪質性が問題視されている[Williard 2005]。近年パソコンユーザーの低年齢化により，この「サイバーブリング」の被害は幼稚園児にまで広がり，子どもの人格崩壊のきっかけになることが警告されている[10]。

　こうしたメディア社会の発達により，物理的領域が不明瞭になっている。物理的領域，すなわちコミュニティの境界が不明瞭になると，共同の土地と生活様式を共有していることに対する住民の自覚の度合いである地域社会感情も衰退していってしまう。このような社会においては地域的結束力は希薄になりがちである。つまり，地域社会感情の要素であるわれわれ意識[11]（共有の感覚），依存意識（コミュニティを大家族として捉え，地域でお互いに助け合おうとする意識）が失われるからである。

● 家族成員の社会ネットワークの個別性
　都市部では隣の人とも挨拶しない，近所の人の顔を知らないというケースが多く，ほとんど機能していないコミュニティは数多い。ボット（E. Bott）は「家族が暮らしている地域としてではなく，家族成員が張り巡らしている資源としてのネットワークとして考察することが適切である」とし，さらに家族成員のもつネットワークと家族の内部構造が関連し合っていることを指摘している[Bott 1957]。地域と社会ネットワークは区別して考える必要がある。家族は箱物としての家を拠点に，その家の位置する区域を地理的に地域と位置づけるが，社会ネットワークは距離の遠近を問わず，家族成員共通のものではない。たとえば共働き家庭を想定すると，妻，夫それぞれに地域，職場，親戚というさまざまなネットワークを個別にもっている。近年の傾向として，妻の親戚は妻にとってのみネットワークとして機能する[上野 1988]，夫のほうも同

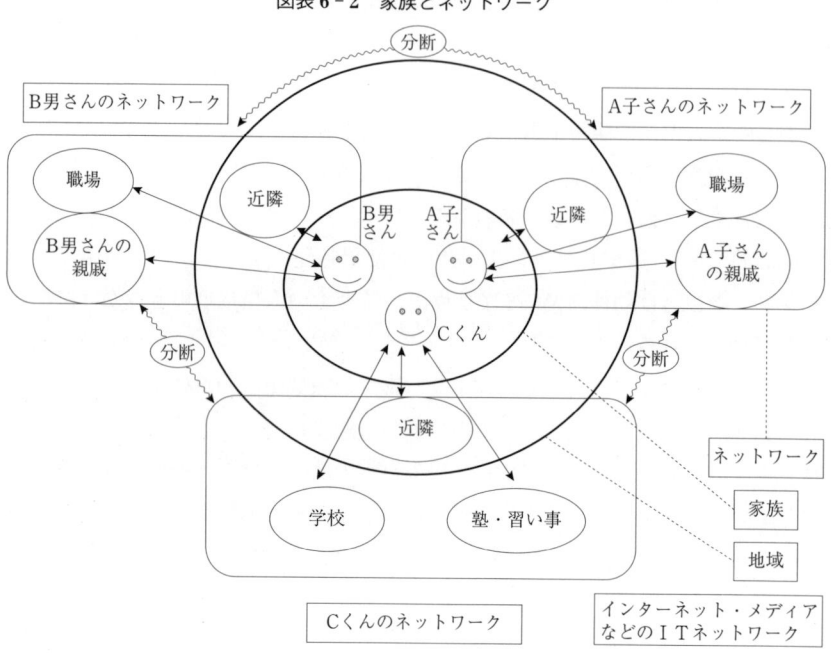

図表 6-2 家族とネットワーク

じく夫にとってのみのネットワークとして機能するということがあるため，妻の親戚ネットワークと夫の親戚ネットワークは分断されている。ネットワークとは横のつながりをイメージするにもかかわらず，現実には家族成員のなかでもネットワークの個別化が行われている。このような現状に鑑み，子育て支援，家族支援においても，家族成員のネットワークの個別性に留意して問題を捉えていく必要があるだろう。

● 世代間倫理の再構築を

　市場資本主義とともに歩んできた直線的発達志向による私たちの子育て観は，低成長時代の到来とともに限界にきている。いま求められるのは子育てシステムのパラダイム転換である。20世紀の閉鎖的育児観は近代資本主義の申し子であった。学校という記号，成績という記号を1つの尺度にし，将来のポス

トをめぐり受験戦争を行い，それはそのまま経済的自立へとつながっていった。リスク・ソサエティといわれる現代社会においては，かつて信用・安定の象徴であった銀行は潰れ，統廃合を繰り返している。学校や成績という記号がどうであれ，現代の市場再編という不安定な社会では確実な拠り所にはならない。このような不安定な社会において価値をもつのは相互連関性ではないだろうか。

　環境倫理の観点から「子育て」をみたとき，世代間倫理の再構築の必要性にふれておく必要がある。現代世代は未来世代に対して生存可能性への責任があるにもかかわらず，この200年間で資源を使い尽くしてきた。現代世代による資源浪費は次世代に対する破壊的行為と捉えられる。近代化は通時的システムによって成立した。一方，現代は消費中心の社会システムによって次世代のための準備がなされてこなかった。現代の家族の特徴の1つとして過去の世代に対する配慮の欠落があげられるが，次世代に対しても責任感が欠落しているといえよう。なぜならば，過去への追憶と未来への責任とはコインの両面のように，現在の私たちを推し進める基だからである。子育てのパラダイムの転換とは，地域共通の課題として閉鎖的育児から脱し次世代への新たな可能性を準備することであるといえるだろう。[12]

　現代文明のなかで私たちの「感受性は退廃した」といわれる [亀井 1979：9]。映像の進化，インターネットの普及により，私たちは茶の間にいながらにして世界各国のありさまを見，通信することができる。こうした情報や通信手段は，私たちの属している社会を飛び越えて地域感覚，縄張り意識を打ち壊した。メディアの普及による情報アクセシビリティは一見，私たちの世界が拡大し，世界の情報が瞬時に手に入る便利さと感じられる。しかし別の言い方をすれば，いま私たちは自分のふるさとや帰属性を失う危機に直面しているのである。いつの時代においても子育ては「地域」に根ざしつつ，社会ネットワークを張りめぐらすことが基本である。

　近代以前の日本では，エコシステムのなかで世代間倫理が構築され，子は親の力だけで育つとは考えられていなかったことが指摘されている [柳田 1990]。子は，ウブのカミやウジガミといった超自然的力の助けにより育つものであ

り，その超自然的力はムラうちの多くの人々や旅の人々など複数の人々の力を通じて具現化されるものと考えられていた。超自然的な力は過去世代からの贈り物として現代世代にあらわれることが多かった。また複数の人々の力を通じて具体化される超自然的力は「情けは他人の為ならず」，「天につばを吐く」という循環志向にもあらわされてきた。このように近代以前の社会では相互システムによって環境倫理が生かされ，子育ては「子やらい」といって，親は子どもを地域コミュニティ，「世間」にやらうことによって社会全体で子どもの育ちを見守るシステムを形成していた。[13] 不安定な現代社会においては「つながり」こそが新たな意味をもつ。サポートネットワークの広がりとともに世代間のつながりは今後の子育ての地平線に期待される機軸となるだろう。

　フレチェットは，現代世代と未来世代の間に契約が成立しうるのは代理人を通してであると述べている。彼は相互性の概念をバトンタッチ式に捉えている。先祖からもらったものを先祖が受けるのは共時的である。これが通時的になると，先祖からもらった地球環境は代理人の手を通して子孫に受け継がれる。フレチェットは「モミの木を植える者は彼がどんなに若くてもそれを切り倒して自分の役にたてることを考えてはいけない。それにもかかわらずモミの木を植え替えて持たせておくことは聖なる義務である」と述べている。私たちは未来の子どものためにモミの木を植えていかなくてはならない。すなわち，子育てとは環境づくりであり，それは近代化で汚染された大人の意識の改革にほかならないからである。

1） T.ハレーブンは「家族の縮小と家族生活の私秘化が近代家族の誕生を画した。家族は，社交性とコミュニティへの統合を犠牲にして，核家族となり，凝集性を高め，内向的になり，そして子供中心になった」［ハレーブン　1990：18］といったが，近代化によって，家族員同士のつながりが密接になり，家族成員（特に母子）の家庭の密室化と家族関係の密着によって，閉鎖的な「育児」は形成されてきた。

2） アリエスは，「世界から自らを切り離した親子からなる孤立集団が，社会に対峙し，子どもの成長を手助けすることに集団の全エネルギーを費やしている」［アリエス　1980］と述べている。

3） 鷲田が「じぶんという存在そのものには何の価値もないと信じているからなのである」［鷲田　1996］というように，自分自身では価値を見出しにくく，外部からの評価によっている。

4 ）男女共同参画基本法では，「男女共同参画社会の形成に当たっては，社会における制度又は慣行が，性別による固定的な役割分担を反映して，男女の社会における活動の選択に対して中立でない影響を及ぼすことにより，男女共同参画社会の形成を阻害する要因となるおそれがあることにかんがみ，社会における制度又は慣行が男女の社会における活動の選択に対して及ぼす影響をできる限り中立なものとするように配慮されなければならない」（第4条）と記されている。

5 ）たとえば，産婦人科で行われる両親学級では参加対象を父と母に限定しており，祖父母や叔父，叔母は入らない。これは核家族信仰ともいえる排他的考えが実践されており，家族形態の多様化が否定されている。本来，子育ての視点からは両親学級ではなく，家族学級と名づけられるべきであろう。

6 ）『〈子供〉の誕生—アンシャンレジーム期の子供と家族生活』のなかで，中世絵画のなかで可愛らしい〈子ども〉が描かれるようになったのは17, 18世紀になってからのことであり，子どもが大人と区別され，社会的意味で「子ども」として扱われるようになったのは17, 18世紀になってからのことであると記している。

7 ）「子どもの権利条約」では主体としての存在が謳われているにもかかわらず，わが国の現実では客体としての存在であり，子どもの周縁化が推し進められている。「子ども中心」というコマーシャリズムは実は「親中心」にほかならない。

8 ）このような子どもは，本を読む場合もまるでテレビを見ているかのように眺めるだけである［ハーリー　1992：5］。

9 ）「サイバーブリング」の特徴は，①ネットの匿名性からいじめの主犯が見つかりにくい，②適切な介入がなされにくい，③「サイバーブリング」を受けた子どもはその後，孤独感をいだき不安になり自尊心に欠け，自殺願望が高まると報告されている。

10） サイバーブリングの被害児童に指導すべき対応としては，①子どもが自分への誹謗中傷をネットやメールなどで見ても返答しないようにさせる，②メールは証拠なので決して削除せずファイルに保存しておく，③犯人の特定に努める，④保護者は被害から子どもを守るために学校に行き，担任とともに子どものクラスの一人ひとりに語りかけ，いじめの恐ろしさを説いて回る，⑤加害者の特定を急ぎ，相手方の保護者に学校で先生のもとで話し合いを行うこと，といわれている。

11） 社会的自意識の一形式でわれわれ感情ともいう。単に参加している成員が共同の利害関心をもっていることを意味するだけでなく，成員が自覚的に集団それ自体を1つの主体として意識するところに始まる共有の感覚。（『社会学小事典』有斐閣より）

12） 近代化以前の「子育て」では，社会的つながりのなかでの「子育て」が行われていた。わが国でも江戸時代では日本各地で，生みの親以外に，社会的に仮の親子関係を複数つくることで，子どもの生命を保護し，その成長を確実なものにしようとする風習が存在したといわれている［飯島　1995：242］。子どもは多くの仮親の手を借りてムラの子として育てられたという記録が残っている。その一部を紹介すると，名付け親（名前をつけた親），拾い親（厄年の子どもや病弱な子どもを儀礼的に道端にいったん捨てて，それを拾ってもらう親），守り親（子守りの親），元服親，烏帽子親（最初に烏帽子をかぶせ

る親），仲人親，草鞋親（最初に草鞋をはかせる親），寄親，取上親，など，社会には擬制的親子関係を結び，さまざまな形でその子どもと関わりをもつ大人が複数存在していた。システム論的な見方では，子どものライフサイクルを成長，安定，成熟，振動，行き過ぎなど，一連の動的な行動形態として展開するとみなす。それらは相互に連携をとりながら行きつ戻りつするものであり，つながりが重要となる。その意味で子育てシステムは，家庭や学校，地域といった環境だけではなく，社会ネットワークから広く影響を受けるものである。ストックやフロー，フィードバックなどシステムのなかで位置づけ，それらが相互にシステム全体に影響を与えていると考える。

13）このような村中で子育てをする意識は「サザエさん」の漫画にもみられる。御用聞きの三河屋の小僧さんが道に迷ったタラちゃんを自転車に乗せて送ってくれたり，カツオが裏のおじいちゃんの家の柿をとって怒られたり，ワカメが伊佐坂先生の浮江さんにかまってもらったりと，向こう三軒両隣での子育てシステムが構築され，そのなかで，タラオやカツオやワカメが順調に社会性を身につけていく様が描かれている。

【引用・参考文献】

アリエス，フィリップ（杉山光信・杉山恵美子訳）（1980）『〈子供〉の誕生』みすず書房

飯島吉晴（1995）「子どもの発見と児童遊戯の世界」坪井洋文ほか著『日本民族文化大系第10巻　家と女性暮しの文化史』小学館

上野千鶴子・電通ネットワーク編（1988）『「女縁」が世の中を変える──脱専業主婦のネットワーキング』日本経済新聞社

落合恵美子（2000）『近代家族の曲がり角』角川叢書

亀井勝一郎（1979）「現代精神に関する覚書」河上徹太郎ほか著『近代の超克』冨山房百科文庫

クリントン，ヒラリー・ロダム（繁多進・向田久美子訳）（1996）『村中みんなで』あすなろ出版

シュレーダー＝フレチェット編（京都生命倫理研究会訳）（1993）『環境の倫理』上・下，晃洋書房

ショーター，エドワード（田中俊宏ほか訳）（1987）『近代家族の形成』昭和堂

ドンズロ，ジャック（宇波彰訳）（1991）『家族に介入する社会──近代家族と国家の管理装置』新曜社

野田正彰（1987）『コンピュータ新人類の研究』文芸春秋社

バウマン，ジグムント（奥井智之訳）（1993）『社会学の考え方──日常生活の成り立ちを探る』HBJ出版局

橋本和幸著（1989）『社会的役割と社会の理論』厚生閣版

ハーリー，ジェーン（西村弁作・新見明夫編訳）（1992）『滅びゆく思考力──子どもたちの脳が変わる』大修館書店

ハレーブン，タラマ・K.（正岡寛司監訳）（1990）『家族時間と産業時間』早稲田大学出版会
細辻恵子（2005）『揺らぐ社会の女性と子ども―文化社会学的考察』世界思想社
牧野カツコ（1988）「〈育児不安〉概念とその影響要因についての再検討」『家政教育研究所紀要』10
正高信男（1999）『育児と日本人』岩波書店
マサビュオー＝ジャック（加藤隆訳）（1996）『家屋と日本文化』平凡社
村上博文（2006）「子どもが育つ環境としてのメディア」『子ども環境学研究』Vol2, No1.
柳田國男（1990）『柳田國男全集23』ちくま書房
山田昌弘（1994）『近代家族のゆくえ』新曜社
鷲田清一（1996）『じぶん，この不思議な存在』講談社
Bott, Elizabeth（1957）*Family and Social Network*, Tavistock.
Degler, Carl（1980）*At Odds*, Oxford University Press.
Williard, N.（2005）*A parent's guide to Cyberbulling and cyberthreets*. Center for Safe and Responsible Internet Use.

〔栗山直子〕

第7章
在住外国人と地域福祉

はじめに

　日本における在住外国人は，オールドカマーと呼ばれる韓国・朝鮮人など，戦前から在住する旧植民地出身者およびその子孫と，ニューカマーといわれる1980年代以降来日し，定住するようになった外国人に大別される。特にこのニューカマーと呼ばれる人々は，国際人権規約批准，難民条約への加入を契機とした1981年出入国管理および難民認定法（以下，入管法と略す）改正や1990年入管法改正によるものであり，インドシナ半島出身者や中国帰国者，日系南米出身者などが含まれる。

　在住外国人とひと言でいっても，来日の経緯，出身国，在住歴，在留資格等によってさまざまに分類ができ，それぞれに異なった生活課題をかかえているが，今回は，ニューカマーのなかでもブラジル等南米出身者を取り上げ，そのかかえる生活課題と地域福祉について考察する。というのは，現在，ブラジル人等南米出身外国人の居住状況には極端な地域的偏在がみられるため，特定自治体にその問題が集積されている，という点で地域性が色濃く反映されていること，さらに少子高齢社会がますます進行し，労働者不足が懸念されるなか，外国人労働者を積極的に受け入れることが政策的課題になっており，現在南米出身外国人が集住する地域の課題は，今後，日本の多くの地域で経験することになると考えられるからである。

　本章では，最も多くのブラジル人が居住する静岡県浜松市を取り上げ，彼らが地域に暮らすなかでかかえる問題と，それらに対する自治体はじめ地域社会のさまざまな主体による対応策を理解したうえで，地域福祉の課題は何かを，主にソーシャル・インクルージョンの視点から明らかにすることを試みる。

1　浜松市における在住ブラジル人のプロフィールと生活問題

　浜松市には1万6764人（2007年7月現在）と，日本で最も多くのブラジル人が外国人登録をしている。その理由は，浜松市が自動車，楽器など製造業を中心に発展を遂げてきた都市であり，それらの関連工場が多く存在し，「安くてフレキシブルな労働力」としての外国人に対するニーズが高いことがあげられる。さらに同国人向けの生活施設が充実しており，ブラジル人が生活しやすい環境が整っていることも，さらに多くのブラジル人を引き寄せる結果となっている。従来，日本の入管制度は外国人の単純労働を認めていなかったが，1990年に入管法が改正され，「日系人とその配偶者」に就労制限のない在留が認められるようになったことを契機に，1989年には浜松市（旧）にわずか146人しかいなかったブラジル人は十数年の間に100倍以上に膨れ上がった。

　浜松市において，1992年度，96年度，99年度，2002年度と4回にわたって行われた日系ブラジル人を中心とする南米人の生活実態，意識，就労実態等に関する調査によると，滞在期間の長期化，単身・夫婦から子どものいる家族構成への変化がこの間の大きな特徴であり，このことは「地域社会の中に外国人が一時滞在者としてではなく，生活者としてプレゼンスを増す」こと［宮島1996：3］を示している。さらに，各調査によると，彼らは「外国人労働者とその家族である」ことにより，次のような生活問題を担っていることが明らかになった。

① 不安定雇用による低収入

　2002年度調査によると，雇用形態として「工場との直接契約」はわずか6.1％に過ぎず，「人材派遣会社との契約」が78.7％であり，圧倒的に間接雇用が優位である。それを反映してか，収入の面で「月収20万円以下」は1992年度調査では19.4％だったものが，2002年度調査では47.7％となっており，全体的に収入状況が悪化していることがうかがえる。

② 医療へのアクセスの困難

　この要因は2つ考えられる。まずあげられるのは医療保険への加入率の低さ

である。2002年度調査によるとその加入状況は，社会保険加入11.8%，国民健康保険加入34.9%とあわせて46.7%にとどまっている。未加入の理由としては，1999年度調査によると「事業所で加入させてくれない」が47.8%，「金銭的負担が大きい」が31.8%であったが，これは，間接雇用が多いことから社会保険加入の責任を事業者が回避していることと，医療保険は年金保険や介護保険とセット加入が原則になっており，医療保険のみへの加入が認められていないことによると考えられる。いずれにしてもこのような医療保険への未加入が受診抑制につながることは容易に想像がつく。次に「治療時に言葉がわからない」「市の健康診査や予防接種を知らない」など，言語の問題やそれによる情報の入手困難も医療へのアクセス困難の要因となっている。

③ 就学上の困難

2004年，浜松市は初めて「外国人の子どもの教育環境意識調査」を実施し，改めて外国人の教育に関する実態を明らかにすることを試みた。その結果，従来義務教育年齢にある外国人の子どもの2～3割が不就学であると推測されていたが，実際はブラジル人の場合，34名にとどまっていることが明らかになった[4]。そして就学している義務教育年齢のブラジル人の子ども1021人のうち，公立の小中学校に在籍している児童・生徒は約6割であり，彼らにとって，日本語能力の不足に起因する学習困難等が学校生活における大きな困難となっていることも明らかになった。また「今後どのレベルまで進学を望むか」という設問に対して，子ども自身も親も70%以上が高等学校以上を希望しているが，日本の高等学校進学希望者については，日本語能力およびその不足による学習困難をどのように克服していくかが今後の課題である。

一方，外国人学校に就学している児童・生徒の割合は年々増加している[5]。それは外国人学校が市内に複数校開設されるようになったこと[6]や，帰国意思のあらわれ[7]ともいえるが，外国人学校は日本の法律上の学校として認可されておらず，公的支援を受けられない。そのため外国人学校に子どもを就学させている親は「学費の確保[8]」を悩みとしてかかえている場合が多い。

④ 地域社会での軋轢

浜松市に居住するブラジル人の住居に関する最近の特徴として，「会社の寮

や社宅」「会社契約の貸家」等，雇用主負担の住居から「全額自己負担の貸家」への移動がある[9]。こうした「全額自己負担の貸家」の大きな受け皿となっているのが低家賃の公営住宅である。2005年4月現在，市営住宅だけを取り上げても，ブラジル人の293世帯が居住しており，1997年3月当時の69世帯に比べると約4.2倍の増加である。このように，公営住宅が存在する地域が「＝外国人が多い地域」となっており，同じ市内でも集住地域の偏在がみられる。

また，外国人住民の自治会等への加入状況は，1999年度調査によると「自治会を知らない」「仕事などの都合で」「ことばがわからない」などの理由から加入しているのは約35％に過ぎず，また54.4％が「日本人との付き合い」は「全くない」または「あいさつをする程度」と答えているように，滞在期間が長期化しているにもかかわらず，地域社会の一員としてなかなか溶け込めないでいるようすがうかがえる。

このような状況のなか，外国人が多く居住している地域においては騒音，ゴミの出し方や違法駐車など生活習慣の違いから起こる問題が，地域住民の外国人住民に対する苦情として町内会長や民生委員，行政当局に寄せられている。また一方，外国人住民の意識にも「日本で差別や偏見を感じたことがある」が64.1％に及ぶなど，両者の間の軋轢が顕在化している。

2　問題解決に向けた取り組み

◉ 浜松市における取り組み

上記のような在住ブラジル人の増加と定住化，それにともなう問題に対して，浜松市においては行政をはじめとしたさまざまな主体がその解決に向けた取り組みを行っている。

（1）浜松市行政

浜松市は，外国人が増加し始めた1991年，企画部に国際交流室を新設し，従来型の国際交流のほか，外国人市民に対応する業務を行う体制を整えた。その後，1999年に国際室への改称を経て2002年には国際課に昇格させている。この間，外国人対応職員の教育委員会，市民窓口センター，保健予防課，公聴広報

課,国民健康保険課への配置,国際交流センター,公民館における日本語教室の開講,学校教育に関連して「帰国・外国人児童生徒相談室」の開設,「外国人児童生徒適応指導教室」開設,加配教員の配置ほか,外国人高齢者福祉手当支給事業,外国人児童保育事業費補助,外国人のための子育て教室などを行政施策として実施している。

　また2001年には「世界都市化ビジョン」を,日本人市民,外国人市民それぞれ10名ずつで構成された「世界都市化ビジョン策定有識者懇談会」の議論を経て策定した。このビジョンのなかで,外国人市民を「本市の産業を支え,共に生活する浜松市民として,街づくりにおける重要な存在」と認識したうえで,「共生―共に生き共に築く街」を重点施策に位置づけ,①地域共生会議の開催と,外国人市民ボランティアの育成・活用,②外国人市民の市政参加を目的とした外国人市民会議の充実,③国際的視野をもつ市民の育成と,外国人の子どもたちの不就学対策の実施を重点取り組み事項とした。

　この策定過程で,日本社会と外国人市民の橋渡し役として外国人市民の意見を行政に反映させるとともに,外国人に関わる諸課題について外国人自らが取り組む契機となることをめざし「外国人市民会議」[10]が発足した。この会議は毎年「教育」,「文化交流」,「青少年にかかわる問題」,「地域ルールの理解促進」をテーマとして取り上げ提言を提出してきたが,2001年の提言を受けて「外国人学習サポート事業」が施策化された。これは次第に明らかになった学齢期の外国人の子どもたちの不就学・不登校問題に対応するための事業であり,2002年から,行政,ブラジル人協会,自治会,学校,ボランティア,NPO,外国人学校の代表者からなる「外国人学習サポート協議会」が主体となって運営している。具体的には市内のとりわけブラジル人が集住する地区4か所でブラジル人の子どもの学習支援教室「カナリーニョ教室」を開設し,日本語とポルトガル語2か国語での基礎教科指導(週5日)をはじめ,就学相談,青少年のための健康講座,父母の教育参加を促す活動,日本とブラジルの社会と文化を学ぶ授業などを行っている。こうした取り組みの結果,開設以来4年間で52名の不就学児童を就学させることに成功している。

　一方,ブラジル人の高等教育に対するニーズに対応するため,2007年度より

市立高校にインターナショナルクラスを開設し，ブラジル地理，ブラジル歴史，ブラジル文学などの教科をポルトガル語で開講するほか，日本の大学進学希望者とブラジルの大学進学希望者に分けたカリキュラムの実施など，きめ細かな対応をすることになっている。

また，浜松市は従来から(財)国際交流協会に委託して「外国人のための生活相談」をポルトガル語ほか多言語で実施していたが，とりわけ心の悩み事に対応するため(社)浜松いのちの電話の協力を得て「外国人市民カウンセリング」も2001年から実施している。

その他，外国人市民が多数居住する地域で，自治会などの地域団体と外国人市民がコミュニケーションを深め，ゴミ出しや地域行事への参加など地域の課題を話し合う場として「地域共生会議」の開催も促進され，市は会場の手配，回覧文書の翻訳，当日の通訳などをサポートしている。

(2) NPO, ボランティア

浜松市内には，外国人市民に対する支援を行うボランティアやNPOが数多く存在し，主に，日本語教育，学習支援，医療，文化交流等の分野で活躍している。

日本語教育についてはNPO法人「浜松日本語・日本文化研究会」や「日本語教育ボランティア協会」などが，国際交流センターや集住地区の公民館，小学校，スーパー，ブラジル人学校などで，日本語教室を開講している。また学習支援活動として，NPO法人「浜松NPOネットワークセンター」が「外国人の子どもと保護者のための高校進学ガイダンス」の実施（浜松市，浜松市教育委員会との共催），「外国人と保護者のための高校進学ガイドブック」の出版などを行っているほか，「CSN (College Student Network)」という学生ボランティア組織は，外国人集住地区において外国籍児童・生徒の学習支援を実施している。

医療に関しては「浜松外国人医療援助会 (Medical Aid for Foreigners in Hamamatsu, MAF)」が毎年「外国人無料検診会」を実施している。実施にあたっては市内の民間総合病院が場所を提供し，尿・血液検査，レントゲン，心電図を用いた検査を全員に行うほか，内科，小児科，耳鼻科，婦人科，精神科・カウ

ンセリング，歯科など専門の診療科目を開設し，対応している。検診の結果，異常が見つかった者にはカルテのコピーを送付し，二次検診を指示するというかたちでフォローすることも欠かさない。この運営はボランティア医師・看護師ほか医療関係者，通訳を含む約300名のボランティアによって担われており，9年間に受診した外国人は約4000人にも及ぶ。また2002年からは，学校保健法が適用されない外国人学校に対する「ブラジル人学校児童検診会」も行われるようになった[11]。

このほか，1990年に設立されたボランティア団体「外国人労働者と共に生きる会・浜松＝へるすの会」は，労災，賃金未払い，解雇などの労働問題やビザ，交通事故の問題などについて外国人からの相談に応じ，場合によっては相手との交渉まで行っている。

（3）民生委員・児童委員

ブラジル人の生活問題に対して，地域社会で支えとなっているのが民生委員・児童委員である。筆者が2002年に浜松市の民生委員・児童委員に対して実施した調査によると，①ブラジル人からの生活相談およびそれに対する相談・支援活動，②ブラジル人住民に関わる調査，証明および施設・団体，公的機関との連絡，③ブラジル人住民に関する一般住民からの相談や申し入れ等，ブラジル人に関わる活動実績がある民生委員・児童委員は80名であり，回答のあった547名のうちの14.6％であった。

このなかで，①のブラジル人からの生活相談およびそれに対する相談・支援活動としては28件の回答があり，相談内容の内訳は，不登校や授業についていけないなど教育に関わること6件，公営住宅を含めた住居や駐車場の斡旋に関すること5件，経済的な側面での生活困窮に関すること3件，地域社会のなかでの生活習慣，住民との関わりに関すること3件，文書の読み方，書き方等日本語理解に関すること3件，就職斡旋に関すること2件，会社との関係調整2件，その他，健康保険加入に関することなどであった。なかには東海地震に対する恐怖の訴えへの対応も報告されていた。これらの相談に対して多くは情報提供や関係機関への橋渡し，継続的な相談等により対応しているが，なかには「不登校の児童を自宅に招いて数学を教えた」，生活困窮の訴えに対して「生活

保護の手続きをするかたわら，保育園探しや仕事，病気のことなどについても相談に応じた」，就職斡旋のケースで「11件の会社を訪問して採用を依頼した」，地震に対する恐怖の訴えに対して「市の防災対策課に依頼して，ブラジル人対象の地震講習会を開催した」など，献身的に支援を行っているようすも散見された。

また②のブラジル人住民に関わる調査，証明，公的機関等との連絡などの活動については66件の回答があった。内訳としては就学援助（要保護・準要保護児童・生徒認定）に関することが最も多く20件，生活保護等生活困窮に関すること13件，児童扶養手当に関すること8件が主な内容であったが，その他被扶養者の証明に関することや，高等学校の授業料減免や専門学校進学にあたっての収入面での証明，児童の非行や虐待問題に関わる家庭環境調査など多岐にわたっている。主な連絡先としては，市福祉事務所が22件，小・中学校21件，その他として市住宅施設課や教育委員会，高等学校，社会保険事務所，社会福祉協議会等公的機関のほか，勤務先，自治会，外国人支援団体などもあげられていた。これらの活動は主に公的機関や団体，本人からの依頼を受けて実施したものがほとんどであったが，なかには「外国人の不登校児童の受け入れはどうなっているのか，ないなら作ってほしいと申し入れをした」というケースや「学校長，担任に，（ブラジル人児童の親は）日本語を話せても書けないので連絡指導を徹底するよう要望した」というように，民生委員・児童委員から行政に対してアクションを起こしたケースもあった。

③のブラジル人住民に関する一般住民からの相談や申し入れに該当する回答は53件あった。最も多かったのは騒音，続いてゴミの出し方，駐車，生活習慣に関することであった。こうしたいわば苦情に対しては，自治会や市の担当課，家主，雇用主に申し入れることで処理した場合のほか，その場で直接注意した，言葉のわかる人に入ってもらって話し合いをもつなかで解決した，という報告もあった。

以上のことから，生活に最も密着した地域社会において，民生委員・児童委員が地域住民の一員としてのブラジル人住民に対し，あるときは日本人住民との間に立ちながら，親身に支援をしているようすがうかがえる。一方，こうし

たブラジル人に関わる民生委員・児童委員活動推進上の問題点として，実態把握のむずかしさが指摘された。これは言語の違いによるコミュニケーション，意思疎通，情報収集・提供のむずかしさに起因するが，ブラジル人の多くが公営住宅，低家賃のアパート（一部会社契約）や社宅に居住しており，自治会に未加入の場合が多いこともその困難に一層拍車をかけている，といえよう。

（4）町内会・自治会

　外国人住民が多く居住する町内会・自治会は，日常的には駐車場，ゴミの出し方，騒音などについての住民からの苦情に対する取り組みや，防災や環境整備，住民同士の交流のための取り組みを，当事者や行政，関係機関と緊密に連携しながら行っているようである。そのようななか，大規模な市営・県営住宅をかかえ，外国人住民が多数居住する地域において，当事者を含めた住民参加による多文化共生のための「ネットワーク協議会」が組織され，地域の諸問題の把握，情報収集・交換，協力のためのネットワークづくり，各種団体との協力体制の場づくりをめざす取り組みも始まっている。

● 外国人集住都市会議の発足と国・県への提言

　以上のように，浜松市においては行政はじめさまざまな組織・団体が，先に述べたような生活問題の緩和に向けた施策や活動の充実を図ってきたが，市レベルの施策・活動だけでは根本的な解決が困難な問題もある。とりわけ就労，教育，医療，社会保障など，法的・制度的に解決が図られるべき問題については国・県に提言することの必要性から，浜松市はブラジル人をはじめとする日系南米人が多く集住する全国13都市[12]に呼びかけ，2001年5月，「外国人集住都市会議」を発足させた。同10月には首長会議において「浜松宣言及び提言」を採択したが，その概要は次のとおりであった。

① 「教育」についての提言

　公立小中学校における日本語等の指導体制の充実，就学支援の充実等について

　　加配教員の増加，外国人学校に対する学校法人化の特例，日本語の習熟度レベルに合わせた柔軟な学年編入，通訳配置に関わる経費助成など

②「社会保障」についての提言

　医療保険制度の見直しについて

　　年金，介護保険とのセット加入の緩和，帰国の際の保険適用期間の納付額の返還制度の検討，将来の年金保険の通算協定を多数の国と締結することの検討，外国人向けの医療保険制度の創設など

　労働環境整備

　　外国人を雇用する事業者をはじめ社会保険適用事業所において確実に加入促進されるよう指導体制の強化，社会保険加入についての企業責任の明確化など

③「外国人登録等諸手続き」についての提言

　　在留資格・在留期間別の登録項目の見直し，申請書の多言語化などの検討，外国人登録システムの電算化，入国管理局や自治体間とのネットワーク化，各種行政情報システムとの連携，住民基本台帳との整合性など

　こうした提言が奏功してか，労働環境整備に関しては2004年に改正施行された労働者派遣法により，業務請負会社による従業員の社会保険加入促進，元請事業者による請負事業者への指導，外国人を直接雇用する事業者の実態把握と許可制導入など，要望事項が一部実現した。また教育に関しては，構造改革特区申請も含めて外国人学校の各種学校等への認可基準の緩和を文部科学省，県に働きかけたところ，2004年，静岡県においてそれが実現した[13]。しかし未解決の課題も多く，その後も「外国人集住都市会議」は引き続き，国・県に対する働きかけを行っている。

3　在住外国人のソーシャル・インクルージョンに向けた地域福祉の課題

　在住外国人問題が社会福祉の対象として明確に措定されたのは，2001年に提出された「社会的な援護を要する人々に対する社会福祉のあり方に関する検討会報告」によってであった。この中で外国人の問題は，貧困問題を内包しながらも基本的には「社会の支えあう力の欠如や対立・摩擦，あるいは無関心とい

ったものを示唆」しており,「社会的排除や文化的摩擦を伴う問題」として認識されている。そしてこうした問題を解決するには,すべての人々を社会の構成員として「ソーシャル・インクルージョン」するための「今日的なつながりの再構築」をめざし,公的制度の柔軟な対応や地域社会での自発的支援の再構築が必要であることが提起され,それを地域福祉計画の策定・運用で実現することが求められた。

　本稿で示した浜松市における在住ブラジル人の生活問題において,「地域社会での軋轢」の問題は確かに地域住民間の「社会的排除や文化的摩擦を伴う問題」の様相を呈しているといえる。こうした問題に対しては,「郷に入れば郷に従え」といった一方的な同化の視点ではなく,異文化交流・多文化共生という視点にもとづき,当事者を含めた地域住民の対等な立場での主体的参加による理解・交流の場づくりを地区社会福祉協議会活動などの一環として推進する[14]必要がある。また,日本語教育や学習支援など課題ごとに実施されているNPOやボランティアによる活動を地域ごとに集約し,自治会,民生委員・児童委員,地区社会福祉協議会との連携のもと,地域社会という場で起こる外国人住民のさまざまな生活問題への総合的な対策,いわばワン・ストップ・サービスとして提供することと,そのための条件整備も重要であろう[15]。浜松市においては2001年度に策定された地域福祉活動計画(社会福祉協議会)においても,2003年度に策定された地域福祉計画(行政)においても,外国人住民の地域生活問題を視野に入れた対策が盛り込まれることはなかったが,次期策定に際しては上記のような具体策を含めて実現されることを期待したい。

　一方で,在住外国人がかかえる生活問題の多くは,地域住民間の「社会的排除や文化的摩擦を伴う問題」という視点だけでは説明のつかない「制度上の問題」であり,しかもそれらが複合的,連鎖的に起こっている状態である,と認識する必要がある。こうした問題に対して浜松市行政は,まさに「公的制度の柔軟な対応」により解決しようと試みているし,NPOやボランティアなどは,それでも解決のつかない問題や,問題発生予防の見地から対応すべき課題に対し,先駆的・自発的支援を展開していることは特筆に価する。しかしこのような外国人労働者受け入れにともなう社会的コスト[16]に対して,国からの措置

はないに等しく，国も企業も自治体に任せきりにしているのが現状である。

　ところで，イギリスでは，社会的排除（Social Exclusion）を「失業，未熟練，低所得，居住の貧困，高い犯罪発生環境，不健康，家族の崩壊など，連鎖的，複合的な問題に人々や地域社会が見舞われているような状態」と定義し，政府に Social Exclusion Unit という省庁連携による対策本部を設置し，雇用，防犯，教育，保健，住宅など包括的な解決策を提案している。そこにはエスニック・マイノリティは社会的排除を受けやすい存在であり，エスニック・マイノリティが集住する地域社会もしかりである，という確かな認識があり，社会的排除状態が深刻な自治体に対する財政補助も含めた対策が講じられている。

　少子高齢化が進行するわが国では労働力人口減少への対応が喫緊の課題となっており，「高度な外国人労働者」を積極的に受け入れていく方針である[17]。であるならば，「わが国における外国人労働者問題の試金石的存在」[経済産業省 2005]といわれる日系南米人が現在担っている地域社会における生活問題に対して，自治体の努力，あるいは「外国人集住都市会議」の提言を受けての担当省庁ごとの努力にとどまるのではなく，イギリスの Social Exclusion Unit を参考に，国として総合的・包括的な対策を提起し，そのもとに自治体を支援していくことが必要なのではないだろうか。それが外国人住民のソーシャル・インクルージョンに向けた地域福祉を推進するための，重要な条件になるものと考える。

1）　2005年7月1日に周辺11市町村と合併したことにより人口約81万になった。さらに2007年4月1日には政令指定都市に移行した。
2）　2002年調査によると，全体の41.3%が通算滞日期間10年以上であった。しかし，浜松市在住年数10年以上は26.0%である。
3）　1992年調査では「単身」・「夫婦」世帯が合計で50.9%，「夫婦と子供」世帯が19%であったものが，2002年調査では「単身」・「夫婦」世帯が合計で22.6%，「夫婦と子供」世帯が60.9%となっている。
4）　不就学とみられる子どもの約8割が，外国人登録住所に居住が確認できない居住不明，または帰国が確認できたなど市内に居住実態がない，ということが判明した結果，不就学の子どもの数が明確になった。
5）　1999年度調査では4.1%，2002年度調査では26.4%であった。
6）　2006年度，市内にはブラジル人学校6校，ペルー人学校1校がある。

7) 将来の見通しについて2000年から02年にかけて,「当分日本で生活したい」が40.5％から20.5％に減少し,「2～3年のうちに帰国」が15.9％から27.8％に増加している。
8) ブラジル人学校の場合,授業料が月約5万円程度かかるといわれている。
9) 1992年調査では「会社の寮や社宅」「会社契約の貸家」が88.9％であったが,2002年調査では「会社の一部家賃補助の貸家」を含めても25.2％に激減している。
10) 構成員は10名。そのなかでブラジル人は当初2名であったが,その後3名となった。
11) 「外国人無料検診会」,「ブラジル人学校児童検診会」の財源は浜松中ロータリークラブによる大口寄付が中心となっている。
12) 現在は静岡県浜松市,磐田市,湖西市,富士市,愛知県豊橋市,豊田市,岡崎市,三重県四日市市,鈴鹿市,伊賀市,岐阜県大垣市,可児市,美濃加茂市,群馬県太田市,大泉町,長野県飯田市,上田市の17市。
13) その結果,市内にあるペルー人学校が2005年準学校法人として認可され,浜松市から補助金が支出されるようになった。また寄付行為も認可されたことから企業による寄付もあり,従来月額4万6000円であった授業料が1万5000円になった。他のブラジル人学校も順次準学校法人化に向けて準備している。
14) 浜松市においては旧浜松市地域を中心に2006年3月末現在,29の地区に地区社会福祉協議会が組織され,各地区の実情にあわせた福祉活動が展開されている
15) その際,イギリスのトインビーホールが現在行っているような,地域のエスニック・マイノリティに属する子どもからお年寄りにいたる各種サービスの提供［佐藤　2004］は示唆に富む。
16) 浜松市は外国人向けの施策に対して年間8億6500万円の財政負担（一般会計予算の0.4％）をしている（『朝日新聞』2006年8月29日朝刊）。
17) 第9次雇用対策基本計画　1999（平成11）年8月13日　閣議決定。

【引用・参考文献】

池上重弘編著（2001）『ブラジル人と国際化する地域社会―居住・教育・医療』明石書店

梶井孝道・丹野清人・樋口直人（2005）『顔の見えない定住化―日系ブラジル人と国家・市場・移民ネットワーク』名古屋大学出版会

経済産業省（2005）「外国人労働者問題―課題の分析と望ましい受け入れ制度のあり方について―」

駒井洋（1999）『日本の外国人移民』明石書店

佐藤順子（2003）「在住外国人の社会的排除の一側面と社会福祉の対象―浜松市に在住するブラジル人を中心に―」同志社社会福祉学会編『同志社社会福祉学』17号

佐藤順子（2001）「在住外国人と地域福祉の課題―英国における『地域再生のための国家戦略（National Strategy for Neighbourhood Renewal）』を参考に―」『月刊福祉』84巻14号

佐藤順子（2004）「トインビーホールの地域社会における今日的活動」『聖隷クリストファー大学社会福祉学部紀要』No. 2
浜松市企画部国際室（2001）「浜松市世界都市化ビジョン～技術と文化の世界都市・浜松へ～」
浜松市企画部国際室（2000）「外国人の生活実態意識調査～南米日系人を中心に～」
浜松市企画部国際室・浜松市国際交流協会（2003）「浜松市におけるブラジル人市民の生活・就労実態調査」
浜松市企画部国際課（2005）「外国人の子どもの教育環境意識調査報告書」
浜松市国際交流室（1997）「日系人の生活実態・意識調査96報告書」
宮島喬（1996）「外国人労働者から市民へ―滞在の長期化と中期的施策の必要」宮島喬・梶田孝道編『外国人労働者から市民へ―地域社会の視点と課題から』有斐閣

〔佐藤順子〕

第8章
社会保障と地域福祉

はじめに

　社会保障と地域福祉。多くの人にとっては，社会保障といえば国が実施している年金や医療，生活保護，また地域福祉といえばボランティア活動がイメージされるだろう。そのため，これら社会保障と地域福祉との結びつきを理解することがむずかしいように思われる。
　しかし，グローバリゼーションにともなう地域産業の盛衰による生活収入の多寡や少子高齢化等から生ずる介護や育児等の必要性は地域によって現れ方が異なるため，住民の生活問題の程度や質も地域によって異なる。また，それらの生活問題に対応すべき社会保障の具体的な施策も，地域の財政状況や住民運動等によって，取り組み状況は異なってくるのが実情である。さらに，近年の社会保障政策の展開にあたって，国はますます地域を重要視するようになってきている。たとえば，後述するように，厚生労働省が毎年公表している『厚生労働白書』の平成17（2005）年度版と，平成18（2006）年度版とも続けて社会保障における地域の役割を強化することを主張している。社会保障と地域との関係が，今まさに問われているのである。
　社会保障について，1995年社会保障制度審議会『社会保障体制の再構築（勧告）』では，「社会保障は国民の生活を公的責任で保障するものである」とされている。公的責任で保障するというのは，国（政府）が国民の「生存権」を保障することである。それは日本の最高法規である憲法第25条で保障された権利であり，その公的な責任を明らかにしている。すなわち，「すべて国民は，健康で文化的な最低限度の生活を営む権利を有する。国は，すべての生活部面について，社会福祉，社会保障及び公衆衛生の向上及び増進に努めなければなら

ない」と規定されている。これはナショナル・ミニマムという国民・住民の最低限度の生活を国が保障するという社会保障の重要な目的であり，規範である。逆にいえば，民間の生命保険，介護保険や医療保険を実施している民間企業や地域のボランティア団体が私的に単独で生活を保障する取り組みを行っても，それには国の公的な責任が担保されていないために「社会保障」とはいわない。ただし，先述の1995年の勧告では，社会保障の公的責任に言及すると同時に「社会保障制度は，みんなのためにみんなでつくり，みんなで支えていくもの」であるとも述べている。こうして，地域での住民の支え合いを想起させ，社会保障と地域福祉の結びつきが，含意されているのである。

　本章では，社会保障と地域福祉がどのように関わっているのか，また，近年期待されている社会保障における地域福祉の現状認識とそのあり方について考えていきたい。そのために，まず社会保障と地域福祉の意味を確認したうえで，社会保障において地域福祉がなぜ期待されているのか，その背景要因について検討する。ついで，社会保障における地域福祉の位置づけについて確認する。最後に，近年の社会保障改革における地域の位置づけを，より具体的に検討するために，生活保護を取り上げ，その動向と地域，そして地域福祉の取り組みとの関わりを考察していきたい。

1　社会保障の地域福祉への期待

　いま，社会保障が地域福祉に期待する理由としては，大きく2つの要因が考えられる。

◉ 地方分権と地域福祉

　第1の要因は，地方分権の流れである。社会保障を実施するにあたり，地域の問題特性にあわせた木目の細かい対応ができるようにしていくために，地方分権が注目されてきている。その理由としては，社会保障は国レベルで考えられるものであるが，実際の施行は都道府県または市町村の地方自治体単位で実施されていることも多いからである。加えて，近年の社会保障の次のような動

向がある。

(1)現金給付から福祉サービスへ

　近年は，社会保障のなかでも，所得再分配よりも介護等の福祉サービスの提供，つまり，現金給付よりも現物給付が注目されるようになってきた。地域との関係でいうと，現金給付はお金を渡せばよい。そのためには，たとえば銀行や郵便局の口座にお金を振り込めばそれですんでしまう。しかし，現物給付の福祉サービスは，必要な福祉サービスを提供できる人材と設備を，実際にその地域ごとに確保し，福祉サービスを必要とするその人に直に向き合いながら，その場において福祉サービスを提供しなければならない。つまり，福祉サービスは地域限定的なのである。たとえば，現金給付では北海道から沖縄にお金を振り込むことはすぐにできるかもしれないが，福祉サービスでは北海道の介護者が沖縄の高齢者の介護をするようなことは現実的に困難である。このようなことから，社会保障の現物給付については，地域・地方自治体が福祉サービスの提供責任をもつように期待されてきているのである。

(2)民間資源の活用（民間化）

　このような地方分権の流れのなかで，社会保障の実施運営については，行政部門だけではなく，民間部門の資源も含めた地域資源の積極的な活用を含めて展開していくことが強調されるようになってきた。そして，社会保障支出の抑制と絡み合って，行政による福祉サービスの民間化へとつながってきている。つまり，地域の医療や介護等の福祉サービス供給体制をつくるにあたって，地域資源をうまく効率的に活用することが要求される。そのときに民間資源のほうが（人件費等を抑えることが容易なために）コストは安く，外部資金の導入等柔軟に経営できる民間団体の積極的な参入を図ることによって，社会保障支出を抑制しながらも，福祉サービスの拡大につなげようとするのである。

(3)住民参加

　さらに，地方分権が進めば，住民が福祉行政に関わりやすくなる。とりわけ，地方自治体に裁量がある福祉行政上の方針や計画策定等については，地域住民の意見をふまえて決定することが求められてきている。たとえば介護保険事業計画等はその端的な例であり，多くの自治体では市民委員（2名程度）が

参加するようになり，介護保険料の金額決定などに意見を表明する機会が確保されるようになってきている。また，パブリックコメントなど行政施策に関して，その決定が固まる前に広く市民が意見を述べる機会を設定するようにもなってきている。もちろん，その住民の意見をどの程度尊重するのかは，意見を述べる住民の運動とそれを受け止める行政の力量次第である。

● 社会保障関係支出の抑制

(1) 社会保障関係支出の抑制の背景

　第2の要因は，社会保障関係支出の抑制が日本の財政再建のために必要だとされていることである。たとえば2007年度の国家予算において，一般会計予算82兆9088億円（100%）のうち，国債費（国の借金およびその利払い）が20兆9988億円（25.3%），社会保障が21兆1409億円（25.5%）と，国債費と社会保障が50.8%を占めている。2007年度末には国と地方の長期債務残高は773兆円に達するとされており，このような多額の借金は，国の自由な政策運営を制約し，多額の借金の返済を後世に押しつけ，世代間の不公平を拡大し，「活力ある経済・社会の実現に大きな足かせ」になるといわれている［財務省　2007：12］。

　また，国の試算では，社会保障給付費は2006年度で89.8兆円から25年度には141兆円にまで増大する。そのため，「社会保障給付の伸びを放置すれば，社会保障制度自体の維持が困難となるおそれ」があるという［迫田　2007：52］。

(2) 進められる社会保障関係支出の削減

　このような認識から国は，地方分権という言葉を使いながら，国の責任を徐々に後退させ，少子高齢化等で自然に増大する社会保障予算を毎年大幅に削減している。図表8-1にみられるように，社会保障関係費は毎年1兆円から8000億円程の自然増加があるが，同時に近年では毎年2200億円分を削減することを目標に，制度見直しを行い削減している。それに加えて，小泉政権の「三位一体改革」により社会保障分野でも3年間で1兆5327億円の国庫補助負担金の削減が行われ，社会保障の利用を要介護認定や年齢等によって制限したり，保険料負担や福祉サービスや医療の利用者負担を増大させたりしてきている［秋葉　2007：49］。

図表 8-1　予算編成における社会保障関係費削減一覧（2002〜07年度）

	2002年度	2003年度	2004年度	2005年度	2006年度	2007年度
自然増試算	9400億円（医療5500億円，年金，介護，福祉等3900億円）	9100億円（医療3200億円，年金2000億円，介護・福祉2750億円，雇用保険1150億円）	9100億円（医療3900億円，年金2100億円，介護，福祉等3100億円）	1兆800億円（医療4500億円，年金3500億円，介護，福祉等2800億円）	8000億円（医療3000億円，年金2000億円，介護，福祉等3000億円）	7700億円（医療2800億円，年金2700億円，介護，福祉等2200億円，雇用保険▲300億円）
削減目標	▲3000億円	▲2200億円	▲2200億円	▲2200億円	▲2200億円	▲2200億円
削減額の内訳	医療制度改革▲970億円	年金物価スライド引き下げ▲1150億円	診療報酬改定▲717億円	年金物価スライド引き下げ▲100億円	医療制度改革▲900億円	生活保護母子加算見直し等▲420億円
	診療報酬改定▲1830億円	介護報酬改定▲300億円	年金物価スライド引き下げ▲100億円	介護保険制度改正▲420億円	診療報酬改定▲2390億円	雇用保険国庫負担見直し▲1810億円
	その他▲200億円	雇用保険制度改革▲500億円	生活保護老齢加算見直し▲167億円	支援費制度見直し▲43億円	年金物価スライド引き下げ▲110億円	―
	―	その他▲250億円	その他▲270億円	公費負担医療利用者負担見直し▲38億円	介護報酬改定▲90億円	―
三位一体改革による削減	―	―	▲2320億円（公立保育所運営費ほか）	▲6300億円（国民健康保険国庫負担，養護老人ホーム等保護費負担金ほか）	▲6707億円（児童扶養手当給付費負担金，児童手当国庫負担金，介護給付費等負担金ほか）	―

出所：[秋葉　2007：49] を若干改変。

（3）社会保障を支えるための地域・地域福祉活動

　一方で，国民の生活は少子高齢化により，低所得の高齢者が増えており，また，地方からは若者が流出して，家族や地域でも高齢者の生活や子育てを支えることがむずかしくなってきている。さらに，パートや派遣，日雇いの労働者となり，生活するのに十分な収入が得られない人（いわゆるワーキング・プア）も増えてきており，社会保障はますます国民生活に必要不可欠な存在となってきている。

　しかし，代替策なしの社会保障関係支出の抑制は国民から批判されることは

目に見えている。そのため，国は代替案として地域に期待しているのである。この点については総務省の『分権型社会における自治体経営の刷新戦略〜新しい公共空間の形成を目指して〜』が端的に述べている。つまり，「経営資源の限界等により，行政で対応しえる範囲が縮小する」が，そこを「行政が一定の関わりを持ちつつ新たに民間企業や住民が担うことによって，従来の行政のやり方だけでは対応できなくなってしまった領域や内容のサービス提供が可能となる」[総務省 2005：12] というのである。

同様に，厚生労働省の『厚生労働白書』の平成17（2005）年度の副題は「地域とともに支えるこれからの社会保障」，平成18（2006）年度の副題は「持続可能な社会保障制度と支え合いの循環〜『地域』への参加と『働き方』の見直し〜」となっている。阿部［2003］によれば，社会保障政策を支えるために地域住民のボランティア活動を推し進める政策は「社会保障政策従属型ボランティア政策」と呼ばれている。支出抑制しながらも「持続可能」できるよう社会保障を支えていくことを，地域住民は期待されているのである。

2　社会保障における地域福祉の位置づけ

先に述べたように，地域で生じる生活問題やそれに関する社会保障の対応次第で，地域福祉の取り組み課題も異なってくる。たとえば，高齢化が進んだ地域では年金や医療，介護等の重要性は高くなるだろうし，失業者が多くなった地域では雇用保険や生活保護等の重要性が高くなるだろう。地域福祉はこのような地域の生活問題とそれに関わる社会保障施策との関わりにおいて，位置づけられるものである。社会保障と地域福祉の関わりをみる重要な視点として，特に次の3つが指摘されよう。

● 地域における社会保障の総合性

第1に，地域ではすべての生活問題・行政施策をトータルにみることができることである。社会保障を国レベルで考えるとタテ割りで単一施策だけの問題になりがちである。しかし，地域に目をやれば，いくつもの施策・制度ごとの

関わり，連携を全体的にみることができる。たとえば，国レベルで年金制度をみると年金制度しか目がいかないが，実際の地域の暮らしでは，年金を受けつつ，生活保護も受給している人も多いだろう。また，介護を要する高齢者が多い地域では，介護保険だけでなく医療の必要性も大きく，制度間の連携が必要になる。このように個別のバラバラの社会保障施策が，ある地域において総合的に有機的な連携をもって整備される必要が出てくるのであり，まさにそれが地域福祉として求められていることなのである。

● 社会保障の代替・補充関係

　第2に，三塚［1997：126-136］によれば，社会福祉は公共一般施策や社会政策を代替・補充する関係にあるものであり，その社会福祉を地域福祉活動が代替・補充する関係にある（図表8-2）。現代（資本主義）社会では私たちの生活は，労働することにより成り立つ。そのため，働く場を確保し（雇用保障），労働者のいのちと生活を守り（労働者の保護），働けなくなったときは労働者の生活保障（労働者保険）が基本的な社会政策となる。また，保健や住宅，教育，生活環境の整備が公共一般施策として実施される必要がある。

　社会福祉は，これら社会政策と公共一般施策が生活をするのに対応できない場合に，代替的にまたは補充する形で対応する。たとえば，労働者の厚生年金や共済年金が対応できないときには，社会福祉的保険制度の国民年金，国民年金が対応できないときには，生活保護が対応することになる。しかし，生活保護でも対応できないときは，公的な対応策はなくなり，住民の支え合いである地域福祉活動が最終的な対応策となる。このように，前者が欠陥をもったり，縮小したりすれば，後者でカバーしていかざるをえなくなるのである。

● 地域福祉活動によるボトムアップ

　第3に，地域福祉活動があらゆる施策の最終的な対応策となっているということは，そこでその地域における社会政策や公共一般施策，社会福祉の欠陥や矛盾を知り，各施策の改善を求める運動の原点にもなる。したがって，先の図表8-2の矢印は代替補充関係のみをあらわすわけではなく，地域福祉活動の

図表 8-2　社会保障と地域福祉の関係

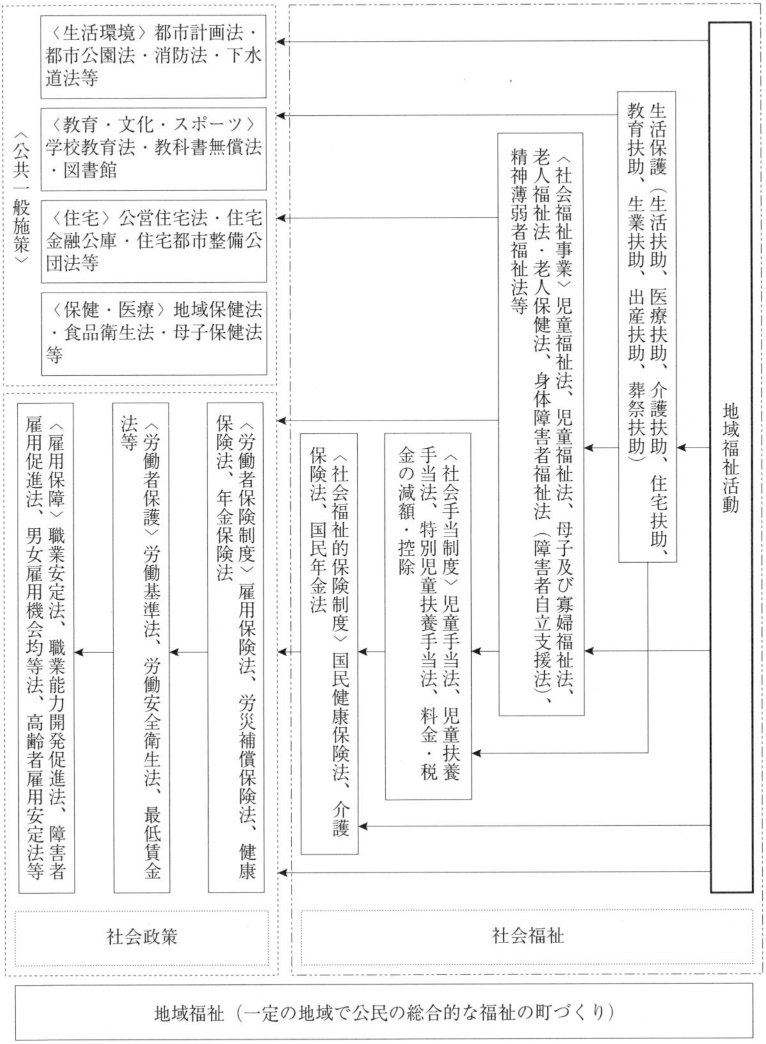

〈公共一般施策〉
- 〈生活環境〉都市計画法・都市公園法・消防法・下水道法等
- 〈教育・文化・スポーツ〉学校教育法・教科書無償法・図書館
- 〈住宅〉公営住宅法・住宅金融公庫・住宅都市整備公団法等
- 〈保健・医療〉地域保健法・食品衛生法・母子保健法等

社会政策
- 〈労働者保護〉労働基準法、労働安全衛生法、最低賃金法等
- 〈労働者保険制度〉雇用保険法、労災補償保険法、健康保険法、年金保険法
- 〈雇用保障〉雇用促進法、職業安定法、職業能力開発促進法、男女雇用機会均等法、高齢者雇用安定法、障害者

社会福祉
- 〈社会福祉的保険制度〉国民健康保険法、介護保険法、国民年金法
- 〈社会手当制度〉児童手当法、児童扶養手当法、特別児童扶養手当法、料金・税金の減額・控除
- 〈社会福祉事業〉児童福祉法、母子及び寡婦福祉法、老人福祉法・老人保健法、身体障害者福祉法（障害者自立支援法）、精神薄弱者福祉法等
- 生活保護（生活扶助、教育扶助、医療扶助、介護扶助、住宅扶助、生業扶助、出産扶助、葬祭扶助）

地域福祉活動

地域福祉（一定の地域で公民の総合的な福祉の町づくり）

出所：［三塚　1997：128-129］を若干改変。

方向性をも同時にあらわしているといえよう。つまり，地域福祉活動でそれぞれの施策・制度の改善をボトムアップ，すなわち，施策の後者の利用者等から前者の施策の改善に向けた働きかけをしていくことにより，よりよい社会保障を追求していく原動力にもなるということである。

次節では，事例として，国の社会保障施策の最後の砦である生活保護とこの地域福祉の取り組みとの関わりを取り上げて検討してみよう。

3　ナショナル・ミニマムと地域——生活保護を例に

生活保護法第1条には，「日本国憲法第25条に規定する理念に基き，国が生活に困窮するすべての国民に対し，その困窮の程度に応じ，必要な保護を行い，その最低限度の生活を保障するとともに，その自立を助長することを目的とする」とある。生活保護は憲法・法律によって国による生存権保障としてのナショナル・ミニマムの位置づけが明確である。しかし，生活保護も地方分権の名による生活保護支出の抑制の危機にある。ここでは，まず小泉政権期の三位一体改革による生活保護の責任における国と地方の攻防をみたうえで，ついで北九州市における餓死事件の対応から生活保護と地域の位置づけについて考察する。

● 生活保護における国と地方——三位一体改革の攻防

小泉政権による三位一体改革とは，閣議決定された国の施策方針である「経済財政運営と構造改革に関する基本方針（骨太の方針）」によって，国の関与を縮小し，地方自治体の権限と責任を拡大するために，2003年度から05年度における国庫補助負担金，交付税，税源委譲のあり方を見直すという改革である。しかし，実際には小泉政権が定めた4兆円を目標に国庫補助負担金の廃止や削減が中心に行われた。そのなかで，厚生労働省は国家責任が明確な生活保護制度を国庫負担金の廃止・削減の対象としてまな板にのせたのである。[2]

（1）生活保護の国庫負担金削減案

当初の2003年の「骨太の方針」では，生活保護について「増大する社会保障

分野の補助負担金の抑制等に向けて，（略）生活保護その他福祉の各分野においても，制度，執行の両面から各種の改革を推進する」とされ，年末の折衝において厚生労働省は生活保護の国庫負担率の引き下げを提案したが，成立にはいたらなかった。

(2) 厚生労働省と地方自治体の攻防

しかし，2004年8月以降，国と地方自治体で活発な議論がなされた。厚生労働省は，生活保護は就労による自立を支援する制度へ転換する必要があり，生活保護に関する事務のアウトソーシング（外部委託）や裁量を拡大するために，財政的にも地方自治体が責任を負うべきとして，国庫負担割合を現行の4分の3から3分の2，または2分の1に引き下げようとした。しかし，地方自治体側は，地方自治体が運営するとしても生活保護は国が責任をもつ法定受託事務であり，その事務を地方自治体に委譲されても，地方自治体の自主性，裁量性の拡大にならないとして反対をした。そのため，2004年度に国が予定していた生活保護の国庫補助負担削減は実施できず，代わりに義務教育費国庫負担金が削減されることになった。

(3) 政治決着

2005年11月に再度，厚生労働省は生活保護の生活扶助と医療扶助，児童扶養手当の国庫負担率を2分の1に引き下げるなどして9000億円以上の財政負担を地方自治体に転嫁する提案をした。地方自治体側は，生活保護制度は国の責任で「健康で文化的な最低限度の生活」を保障する制度であるとして反対した。紆余曲折したが，11月30日最終的に政治決着となり，「地方は生活保護の適正化について真摯に取り組む」ことを条件に，生活保護の国庫負担率の見直しは見送られることになった。ただし，その代わりに児童扶養手当と同時に，児童手当の国庫負担率がほとんど議論もなく引き下げられることになった。

(4) 生活保護の適正化と削減

こうして，国と地方自治体のどちらで生活保護の財政的な責任や負担を担うべきかを争う事態は一応終結した。しかし，2005年以降も厚生労働省は生活保護費の適正化（抑制）を毎年，確実に推し進めている。2006年3月に厚生労働省は『生活保護行政を適正に運営するための手引きについて』を発行し，生活

保護に関する手続き，資産調査等の厳格化，被保護者への監視の強化を地方自治体に求めた。

また，生活扶助の老齢加算が2006年度に廃止となり，母子加算についても段階的に廃止され，多人数世帯には一定の削減率を乗じた金額を給付することになった。そのため，近年の高齢化や経済環境の悪化等により生活保護受給者が毎年増加しているなかで，2007年度の国の生活保護予算は1兆9525億円と，前年度から641億円削減されたのである。さらに2006年の「骨太の方針」では，11年までの5年間で社会保障の給付見直しにより1兆1000億円を抑制するとしており，厚生労働省は生活保護の基準額自体をも引き下げることを検討している［厚生労働省 2007］。

● 生活保護費抑制で期待される地域——北九州市の餓死事件を例に

（1）北九州市の餓死事件

　三位一体改革の議論が収束し，厚生労働省から生活保護適正化の手引きが出されたすぐ後，2006年5月末に北九州市門司区の公営団地で50代の身体障害をもつ男性の餓死が発覚した。この事件で問題となったことは，日本でいまだに餓死をなくすことができないということだけでなく，生活保護行政のあり方でもあった。

　このひとり暮らしの男性は2005年8月以降に仕事を辞めた後，収入が途絶え，水道・電気・ガスも止められ，脱水状態となり，水道局員から福祉事務所に連絡がなされた。男性は「生活保護を申請したい」と述べたが，福祉事務所の担当職員はまず家族が援助することになっているとして，生活保護の申請をさせなかった。後に，コンビニ店で働く長男とともに福祉事務所に行くなどしたが，親族で世話をするようにいわれ，申請できず，ついに餓死した。

（2）北九州市の生活保護行政

　この事件について，市長は議会で「男性には扶養家族がいたので，（生活保護の申請を受け付けない）対応は適正だった。しかし，孤独死という課題は重く受け止め，地域住民や民間団体との協力を進める」と答弁した（『読売新聞』2006年6月10日[3]）。この事件は国会でも議論になり，厚生労働省で検証が行われた

が，北九州市側の書類と意見を聴取したのみで，生活保護の運用は問題なく，見守るべき民生委員や保健師等との連携に問題があったとした。

しかし実際には，北九州市の生活保護行政には大きな問題があった。生活保護制度は憲法第25条にもとづいて国の責任で実施されている制度であり，国民の最低限度の生活であるナショナル・ミニマムを保障しようとするものである。しかし，北九州市では国の基準よりもさらに厳格なルールを独自に設定し，運用していたのである［日向　2007：11-14］。

たとえば，北九州市では生活保護費は300億円以内に抑えるという目標を立てており，この10年間は290億円前後に抑えられていた。そこから，国民は法律上生活保護の申請権はあるが，その申請の前に「相談」を行い，そのなかでさまざまな証明書等の書類や扶養照会を要求し，生活保護の申請をさせてこなかったのである。これらの手続きは法律上は申請後に行うものである。しかし，北九州市では生活保護の申請率（相談者に対する申請者の割合）そのものに数値目標（たとえば，若松福祉事務所では17.0％）を設定し，申請を抑制するような運用がなされていた。そのため，近年までの全国的な不況や高齢化や貧富の格差拡大のために，全国的に生活保護利用者が増加しているなかで，北九州市では生活保護利用者は横ばいで増えていなかったのである。

（3）北九州市の地域福祉と生活保護

このようなことから，餓死した男性が3度も福祉事務所の職員に窮状を訴えたにもかかわらず，餓死したのは地域住民の問題ではなく，生活保護の運用に問題があったのではないかと，北九州市の弁護士や司法書士，生活保護に関心をもつ市民等からなる「北九州市生活保護問題全国調査団」等から批判が相ついだ。特に，この調査団は餓死事件発覚後，北九州市等全国各地で生活保護相談を行い生活保護の申請に同行したり，電話相談やシンポジウムなどを開催したりして，生活困難にある人々の支援をし，北九州市の行政対応の問題を指摘してきた。その後，北九州市の市長が選挙で代わり，2007年5月に「生活保護行政検証委員会」が設置された。北九州市は生活保護の運用は適正だったと主張し続けたが，さらに生活保護の辞退をさせられ餓死した事件が発覚したため（『朝日新聞』2007年7月12日），ついに申請を受け付けなかったり，生活保護を辞

退させたりしてきた市の対応に問題があったことを認め，生活保護の申請率等の目標数値を撤廃することにしたのである（『朝日新聞』2007年9月12日・28日）。

　北九州市は早くから行政主導で地域福祉体制の構築を図っており，地域福祉のモデル都市として評価されてきた［岡本・山崎　2001］。実際，先の餓死した男性について民生委員は福祉事務所に何度も通告をしていた。しかし，福祉事務所ではその通告は無視されていたのである［日向　2007：24］。また，この男性を発見したのは団地の自治会長であった。この団地はほとんどの入居者が高齢者であり，年金生活者や生活保護を利用している世帯が多く，住民同士の助け合い自体が困難ななかでの自治会長の働きであった。それにもかかわらず，北九州市は餓死事件を「孤独死」の事件として捉え，その責任を地域住民に責任を押しつけようとしていたのである。

（4）地域福祉活動の3つの側面

　この事例を考えるにあたって，地域住民の協力体制や助け合いには3つの側面があることがみえてこよう。第1に，行政が求めている「助け合い」である。つまり収入がなく，水道やガスや電気を止められ，貧困に喘いでいる人に対して，必要なお金をあげたり，食料などを提供することである。しかし，このような助け合いをするには，地域住民がよほど裕福でないと続けることはできないだろう。これは単に生活保護行政の欠陥を地域住民が代わりに負担するということである。つまり，**図表8-2**で説明したように，地域福祉活動が生活保護の代替・補充を行うということである。

　一方，第2に，生活に困っている人がいれば，対応すべき福祉事務所や病院等に連絡をしたり，年金・医療・介護等の手続きを支援したり，病気で倒れてないかと見守りをしたり「支援」することである。これは先述の男性についても，実際に民生委員や自治会長が行ってきたことである。しかし，北九州市が生活保護の抑制をしていたため，男性が求めた必要な生活保護の利用にはいたらなかったのである。そのため，第3に，弁護士や司法書士等が行ったように，生活保護の運用の改善を求めて地域での「運動」を展開することである。地域の福祉事務所等が住民の生活を守るために必要な支援をきちんと実施するよう，行政運用上の問題点を指摘し，改善を求めるということも地域福祉活動

の大きな役割である。つまり，これが図表8-2における地域福祉活動を通してのボトムアップの取り組みなのである。

おわりに

　今日のグローバリゼーションや少子高齢化，家族機能の変化等大きな社会構造の変化のなかで，社会保障の位置づけはますます高まってきている。その一方で，まったく同じ理由で，社会保障はますます抑制が必要だとされ，実際にその水準は徐々に切り下げられてきている。そのなかで地域福祉はどのように対応すべきなのか。財政難を前提とした社会保障の縮小を地域でカバーしていくのか。または社会保障を必要とする人々が増えてくるなかで，社会保障の対応力を向上していくための改善に地域をあげて取り組んでいくのか。どちらにしても，その道は進むことが容易な道ではないことは確かである。しかしそれでも，私たちが日本で，そして自分の住む地域で生きていくためには，避けては通ることのできない，地域福祉の道なのである。

1）　この点について，湯浅［2007：162-170］等が批判的な検討を行っている。
2）　三位一体における生活保護の議論の流れについては，務台［2006：69-84］を参照。
3）　なお，生活保護法，行政手続法上は，国民からの申請を，行政は必ず受け付けなければならない。

【引用・参考文献】
秋葉大輔（2007）「社会保障予算―歳出削減と制度構築の在り方」『立法と調査』264号，参議院常任委員会調査室
阿部敦（2003）『社会保障政策従属型ボランティア政策』大阪公立大学共同出版会
岡本栄一・山崎克明編（2001）『北九州市発21世紀の地域づくり―参加型福祉社会の創造』中央法規
北九州市生活保護問題全国調査団（2007）『北九州市生活保護問題全国調査団報告書』
厚生労働省（2007）『生活保護基準に関する検討会報告書』
迫田英典（2007）「平成19年度社会保障予算について」『ファイナンス』496号，財務省
財務省（2007）『日本の財政を考える』
総務省（2005）『分権型社会における自治体経営の刷新戦略―新しい公共空間の形成を

目指して』
日向小太郎（2007）「生活保護『ヤミの北九州方式』の実態と，それを支える『地域福祉の北九州方式』―門司餓死事件は地域住民の責任なのか」『賃金と社会保障』No. 1437
藤藪貴治・尾藤廣喜（2007）『生活保護「ヤミの北九州方式」を糾す』あけび書房
三塚武男（1997）『生活問題と地域福祉―ライフの視点から』ミネルヴァ書房
務台俊介（2006）「国庫補助負担金の改革」神野直彦編著『三位一体改革と地方財政―到達点と今後の課題』学陽書房
湯浅誠（2007）『貧困逆襲』山吹書店

〔木下武徳〕

第Ⅲ部 地域福祉の実践

第1章
社会福祉協議会における地域福祉実践

はじめに

　社会福祉協議会（以下，社協と略す）は，地域住民や社会福祉の参加や協力によって，組織され活動することを大きな特徴とし，民間組織としての自主性と，広く住民や社会福祉関係者に支えられた公共性をあわせもつ，地域福祉の推進を一環して担う民間組織である。社会福祉法では，社協はその区域の社会福祉事業を経営する者，社会福祉の活動を行う者，そして行政の参加により構成され，地域福祉の推進を図ることを目的に，社会福祉を目的とした事業の企画実施や，福祉サービスや福祉活動を行う諸機関・団体間の連絡調整などを行う組織として位置づけられている。市区町村社会福祉協議会（以下，市区町村社協と略す）を基礎単位に，都道府県社会福祉協議会（以下，都道府県社協と略す），さらに都道府県社協の連合体としての全国社会福祉協議会（以下，全社協と略す）が設置されている[1]。

　これまで社協の第一線である市区町村社協では，幅広くさまざまな地域福祉実践を展開しており，本章ではその現状を中心に述べ，社協活動の地域実践の今後の課題についてふれることとする。

1　市区町村社協における地域福祉実践

　市区町村社協の事業は地域の実情に即してさまざまな事業や活動を展開しているが，全社協ではこれらの事業を地域福祉推進部門，福祉サービス利用支援部門，在宅福祉サービス部門，法人運営部門の4つの部門で整理している[2]。これをふまえ，市区町村社協の地域福祉実践を紹介していこう（**図表1-1**）。

図表1-1　市区町村社会福祉協議会の主要な事業

（主要な事業例と実施社協の割合）

部門		事業	主要な事業例と実施社協の割合
地域福祉活動推進部門 ・住民参加による地域福祉の推進 ・福祉のまちづくりの推進 ・ボランティア・市民活動推進		住民に身近な小地域における福祉活動の推進	地区社協の設置*(35.1%) 地区社協に代わる組織を設置*(23.7%) ふれあいいきいきサロンの実施*(71.8%)（実施箇所数＝39,496か所，高齢者82.3%，障害者1.0%，子育て家庭8.4%，その他8.3%) 小地域ネットワーク活動の実施(46.4%)
		ボランティア活動の振興	ボランティアセンターの設置(75.7%) ボランティア連絡会の設置*(60.1%) ボランティア入門講座の実施**(39.8%)，手話・点字講座等の実施**(32.9%)，災害救援等にかかる技術研修**(11.9%) 社協が指定するボランティア協力校 13,381校《2007年3月現在》
		当事者の組織化支援	独居高齢者*(21.5%)，身体障害者*(60.6%)，知的障害者*(48.4%)，精神障害者*(24.4%)，母子家庭*(48.4%)，父子家庭*(9.4%)
		地域福祉活動計画の策定	策定済(28.0%)，地域福祉計画と一体的に策定済(9.1%)
福祉サービス利用支援部門 福祉総合相談，福祉サービスの利用の支援，生活福祉資金貸付事業 等		福祉相談の実施	福祉総合相談(47.9%)，心配ごと相談(91.5%)《2001年4月現在》 生活福祉貸付金事業はすべての市区町村社協が窓口であり，あわせて相談などを行う。
		日常生活自立支援事業	基幹的社協(621か所)，利用者数(23,539人：高齢者56%，知的障害者等19%，精神障害者等19%，その他6%)《2007年10月現在》
		地域包括支援センター	427か所(設置数全体3,436か所の12.4%)《2006年4月現在》
		その他	法人後見の実施(45社協 109人の後見)，市町村児童虐待防止ネットワークへの参加(24.4%)
在宅福祉サービス部門 介護保険・障害者自立支援法にもとづくサービス，その他制度外サービス		介護保険制度によるサービス	訪問介護(73.5%)，通所介護(44.0%)，訪問入浴介護(31.8%)，小規模多機能型居宅介護(1.5%)，認知症対応共同生活介護(3.1%)，居宅介護支援(75.1%)
		自立支援法にもとづくサービス	居宅介護(66.5%)，重度訪問介護(49.9%)，児童デイサービス(13.1%)，機能自立訓練(2.9%)，生活自立訓練(3.5%)，コミュニケーション支援事業(9.9%)，移動支援事業(32.1%)，社会参加促進事業(10.7%)
		地域住民の参加を得て行う制度外のサービス	生活(家事)援助*(65.3%)，話相手(訪問)*(48.8%)，配食・会食サービス*(70.1%)，外出支援サービス*(49.9%)
法人運営部門 法人組織のマネジメント（財務・人事管理，役員会の運営等）			

出所：以下および《　》のないものは，2006年10月現在（「平成18年度市区町村社協活動実態調査(速報) 全社協・地域福祉推進委員会」）
　　　*の印のあるものは，2005年4月（平成17年度　市区町村社協基本調査　全社協・地域福祉推進委員会）
　　　**の印のあるものは，2003年4月（平成15年度　市区町村社協活動実態調査　全社協・地域福祉推進委員会）
　　　その他は，社会福祉協議会活動論（全社協　2007年）全国社会福祉協議会ホームページ

● 地域福祉推進部門

　地域福祉推進部門における事業は，社協の地域福祉実践の中核を担い，住民参加や市民団体等による多様な福祉活動を支援あるいは推進を図り，福祉のまちづくりや福祉コミュニティづくりを展開するところに特徴がある。

（1）小地域における福祉活動の推進

　市区町村社協では，住民が参加し，主体となった福祉活動を進めるために，住民の顔が見える日常生活圏域（以下，小地域という）において地域福祉推進の基礎組織づくり，および活動への支援を行っている。具体的には，小・中学校区などを単位に，町内会や自治会組織などを基盤にして，その地域で福祉活動を行う団体や人々が参加する「地区社協」（地域によっては「校区社協」「学区社協」ともいう）の組織化や，地域ごとに福祉活動を推進する役割をもつ福祉委員の設置，あるいは自治会やコミュニティ協議会などの福祉部の活動を支援するなど取り組みはさまざまである（以下，地区社協等という）。こうした組織が推進役となり，地域に根ざした住民参加による助け合い活動や福祉活動を展開しているのである。

　このような取り組みは，1950年代後半に地域の保健衛生や福祉活動への住民の理解や参加を目的に市区町村社協が全国的に保健福祉地区組織活動に取り組んだことを契機に広がり，社協の主要な地域福祉実践の1つとして発展した。そして，こうした活動はコミュニティ・オーガニゼーションやコミュニティ・ワーク，あるいは地域福祉計画などの地域福祉の方法論が確立するうえで大きな役割を果たし，また具体的に展開される場となったのである[3]。

　具体的な活動の1つとして，地域で孤立しがちな高齢者や障害者，子育て中の母親などを対象に，気軽に出かけて地域住民と交流できる場として「ふれあいいきいきサロン」が，全国の市区町村社協の取り組みとして広がっている。この活動は，身近な地域のなかを活動の場とし，地域住民の主体的な参加や運営によって行われるところに特徴があり，仲間づくりや閉じこもり予防の取り組みとして展開されている。近年では，高齢者や障害者だけでなく，子育て中の親子を対象としたサロン活動や年齢や障害の違いを超えてさまざまな人たちが自由に集えるサロンなど，多様な広がりをみせている。

また，近隣の地域住民同士がネットワークを組み，民生委員児童委員や専門機関とも連携しながら，日常生活に不安のあるひとり暮らし高齢者や障害をもつ住民が生活する世帯に対して，地域で見守り，支援を行う「小地域ネットワーク活動」も社協活動として広がりをみせている。

　こうした小地域での福祉活動の取り組みは，日常生活の支援や見守りだけでなく，大震災などの大規模災害時における要援護者の避難活動を円滑に行うものとして大きな期待を受けている。

（2）ボランティア活動や市民活動の振興

　市区町村社協では，地域住民の福祉活動の参加について前述のようないわば地域の役割としての参加だけでなく，ボランティアセンター等を設置し，自ら主体的な活動への参加を推進している。ボランティアセンター等には，個人のボランティアやグループなどに支援を行うボランティア・コーディネーターなどを配置し，地域住民の相談や活動先の紹介，講習会の実施，活動プログラムの開発などを行っており，市区町村社協および都道府県社協のボランティアセンター等で登録や把握されているボランティア活動団体は約5万2000団体，ボランティア活動者は約300万人にのぼる（2005年4月現在，全社協調べによる）さらに，小・中学校などの学童・生徒や一般の地域住民を対象とした社会福祉に関する学習や体験活動などを内容とする「福祉教育」の活動も展開している。

　市区町村社協のボランティアセンターの取り組みは，1960年代頃からの住民の善意（労力，技術，金品など）を必要とする人や活動に結びつける活動として始まった善意銀行を起源とし，1970年代後半には，その推進のための国庫補助事業が開始された。1992年に社会福祉事業法（現・社会福祉法）に社協の事業として「社会福祉に関する活動への住民の参加のための援助」が位置づけられ，さらに93年に厚生大臣（現・厚生労働大臣）告示「国民の社会福祉に関する活動への参加の促進を図るための措置に関する基本的な指針」が発表されるなかで，ボランティア活動の推進は市区町村社協の主要な事業の1つとなった。

　また，近年では，2000年の特定非営利活動促進法の制定などを契機に，福祉分野に限らず環境，教育などさまざまな分野のNPOなどの市民活動団体やグループが生まれ，地域住民の生活支援や地域づくりの活動を行っており，こう

した幅広い市民活動やボランティア活動も含めた支援組織としてボランティア・市民活動センターとしての役割をもち，より幅広いネットワークのなかで地域福祉活動の推進をめざす市区町村社協も増えている。

さらに，大規模災害時においては，市区町村社協は，地域の関係機関とのネットワークやボランティア・市民活動の取り組みを基盤に，地域外の市区町村社協やNPO組織とも連携をしながら，福祉救援・災害ボランティアセンター等を設置し，全国から駆けつけるボランティアのコーディネートに取り組むようになっているのも近年の大きな特徴である。

(3) 地域福祉活動計画の策定

社協活動においては，その当初よりコミュニティ・オーガニゼーションなどの理論を背景に，単に地域住民や福祉活動や当事者活動の支援を行うだけでなく，地域の福祉課題をふまえて，地域住民の活動の組織化を図り，その主体的な参加によって問題解決のための計画化を図る取り組みを進めてきた。こうした取り組みをふまえて，1980年頃より，地域福祉計画や地域福祉活動計画づくりの取り組みを理論化し，多くの市区町村社協において実践されている[4]。

特に2000年には，地域福祉計画が行政計画として法制化され，住民参加による計画づくりの取り組みが行われている（2006年10月現在173〔21.7％〕市区町村で策定。厚生労働省調べ）が，市区町村社協では，地域福祉計画づくりと連携して地域住民や福祉活動を行うボランティア団体や市民活動団体，社会福祉施設関係者などの参加による民間の福祉活動の行動計画として地域福祉活動計画づくりの取り組みを展開している。こうした計画づくりのなかで，地区社協等を単位にして，地域住民が自分の生活に密着した福祉課題を把握し，その解決のための取り組みを小地域の地域福祉活動として策定し，地域福祉活動計画や地域福祉計画に連動させる取り組みも広がっている。

(4) 当事者活動の支援

市区町村社協では，ひとり暮らし高齢者や介護者の会，知的障害者や身体障害者など当事者の交流グループなどの支援や組織化を進め，必要な施策の働きかけやサービス開発などにつなげている。

● 福祉サービス利用支援部門

　福祉サービス利用支援部門は福祉サービス利用者や生活課題をかかえる地域住民への相談・支援を行う部門であり，具体的には，福祉総合相談，自立生活支援事業（旧・地域福祉権利擁護事業），地域包括支援センターなどがあげられる。

　近年，既存の制度では解決できない，児童や高齢者の虐待，ホームレス問題などの社会的排除の問題，悪質商法などにみる高齢者や障害者に対する権利侵害や孤独死など，深刻な福祉課題が広がっている。これらの事業では，多様な生活課題を幅広く受け止め，社協の中立的性格や地域でのネットワークを生かし，専門機関や福祉サービスあるいは住民の福祉活動とも結びつけて，支援を必要とする人々の地域生活を支える事業を展開している。

（１）福祉総合相談

　市区町村社協では，1950年代の後期より民生委員児童委員活動と連携し，各種専門家の協力も得て，「心配ごと相談活動」や低所得世帯を対象とする「生活福祉資金事業」を実施してきた。さらに，1991年の国庫補助事業よる「ふれあいのまちづくり事業」の実施を契機に，住民参加による福祉サービスの開発や地域の福祉施設や専門機関とのネットワークづくりが全国的に進められた。福祉総合相談は，こうした事業を基盤にし，地域住民のあらゆる生活相談を受け止め，ボランティア活動なども含めた制度・非制度を問わないケアサービスや援助活動につなげる取り組みであり，社協活動を特徴づける実践のひとつとなっている。

（２）日常生活自立支援事業（旧・地域福祉権利擁護事業）等

　自立生活支援事業は，2000年に地域福祉権利擁護事業としてスタートし，認知症高齢者や知的障害者，精神障害者等で判断能力が不十分な人に対して，福祉サービス利用契約の援助や日常的な金銭管理の支援，重要な書類の預かりサービスなどを展開している。近年では，法人後見なども含めた成年後見制度を活用した支援を行う市区町村社協の実践例も増えている。

　さらに，介護予防マネジメントや高齢者の総合相談，虐待予防や権利擁護などを行う地域包括支援センターの受託実施を実施している。

● 在宅福祉サービス部門

　市区町村社協は，住みなれた地域や自宅で生活し続けたいという住民の願いに応えるために，長年にわたりさまざまな在宅福祉サービスを開発し，先駆的に取り組み，その体系化にも取り組んできた。たとえば，いまや介護保険事業の中核的なサービスであるホームヘルプサービス（訪問介護）は長野県上田市社会福祉協議会で開始され，1982年には国の制度になり，市区町村社協が中心的な担い手となって全国的に広がった。毎日型の食事サービスや車での外出支援事業や訪問入浴事業も，社協が先駆的に展開してきた事業である。

　現在，約7割の市区町村社協がホームヘルプサービスやデイサービスなどの，介護保険法や障害者自立支援法にもとづくサービスを実施し，たとえば介護保険制度の訪問介護等の居宅サービス事業では1割以上のシェアを有している（「平成17年度介護施設・事業者調査（厚生労働省）」によると市区町村社協のサービスの利用者を占める割合は，訪問介護13.0％，通所介護10.9％，訪問入浴介護14.8％，居宅介護支援11.9％である）。

　また，市区町村社協では，こうした制度サービスのほか，高齢者に対する食事サービス，会食サービス，介護用品の斡旋，障害者に対する外出支援事業，朗読・点訳サービス，児童に対するケアとしてのひとり親に対するホームヘルプサービス，乳幼児の一時預かりなど，それぞれの地域において住民ニーズに応じたサービスを住民の参加を得ながら，企画・実施している。

　市区町村社協が実施する在宅福祉サービスにおいては，介護サービスや福祉活動を行う民間企業やNPO団体などが増加するなか，社協らしいサービスが求められている。たとえば，民間企業も含めた，地域の福祉・介護サービス事業者をリードするような質の高いサービスの提供，低所得者や困難ケースなどへの積極的な取り組み，住民参加による福祉活動などのインフォーマルサービスなどとの積極的な連携，制度の谷間にあるニーズに対する新たなサービスの開発など，地域福祉の推進する中核的な組織としての特性を生かし，社協のもつ幅広い事業展開やネットワークを基礎とした事業展開が求められている。

2　市区町村社協の地域実践をめぐる課題

◉ 住民に身近な小地域からの地域福祉の再構築

　社会福祉法において利用者主体や地域福祉の推進が社会福祉の基本理念となるなかで，近年，福祉サービスのあり方は，地域社会のつながりや生活を継続するため，地域密着や小規模化，多機能化など地域志向になっている。さらに，市町村合併や補助金改革など地方分権が大きく進展し，社会福祉諸施策における市町村自治体の役割はますます大きくなっている。また，地域や家族の崩壊，住民の孤立化などコミュニティや家族による支え合いの基盤の弱体化は深刻であり，また地域における社会資源の格差も大きくなっている。こうしたなかで，社協が多様な地域福祉実践を通じて，住民参加や関係機関のネットワークによって層の厚い地域福祉を構築し，コミュニティの再生に寄与役割を果たすことが重要になっている。

　そのためには，社協が，地域住民自身がその地域の福祉サービスの運営に参加し，コントロールができるシステムをつくり，地域福祉の質を高める取り組みを進めることが求められる。具体的には，地域福祉活動計画や地域福祉計画づくりでは，地区社協等の小地域における住民参加による地域福祉推進の基礎組織において，その地域の福祉サービス事業者や専門機関，あるいは市民活動も巻き込んでの計画づくりを進め，その際，共同募金の配分金を小地域における福祉活動に重点的に配分したり，住民ニーズに即した新たな施策やサービスを行政の各種の福祉計画に反映させるような取り組みが必要である。また，その地域の社会福祉施設の評議員会やサービス事業の運営委員会に，地区社協等のメンバーが参加することをルール化することも考えられる。

　その一方で，地域の福祉課題は幅広く，現行の制度や福祉サービスでは対応できない深刻な福祉課題が広がっている。そうした制度の谷間や隙間にある深刻な福祉課題について，行政や福祉関係者などにも働きかけて，地域住民・福祉サービスや専門機関，福祉活動を行う団体などのネットワークにより，日常生活圏域のなかで住民の相談や問題を確実に受け止め，切れ目のない支援につ

なぐシステムをつくることも重要である。

　具体的には，住民の福祉活動と地域の福祉サービスや専門機関とを結びつけて多様な生活課題を受け止められるシステムを日常生活圏域のなかに構築するとともに，そこで解決できない問題については，市町村圏域や都道府県圏域の専門機関に有機的につないでいく仕組みづくりが求められる。こうした取り組みは，地域住民や関係者の参加のもとで行政の仕組みとしてのルール化やシステム化が必要であり，地域福祉計画のなかに地域福祉の施策として位置づくよう，積極的に行政をはじめとする関係者に働きかける必要がある。

● 社協組織の運営基盤の強化

　市区町村社協がこうした地域福祉の推進の中核として大きな役割を果たすためには，その運営基盤そのものも強化する必要がある。特に地方自治体の財政悪化にともない公的な補助金が厳しくなり，市区町村社協の運営や地域福祉活動を支える財源も厳しくなっている。

　そのため，ひとつには，職員の財務・人事などのマネジメントに対する力量をあげ，組織運営や事業運営において，民間組織として自立的な運営ができる組織マネジメントの体制を確立することが重要である。

　また，その財源についても，活動や事業にふさわしい財源を確保することが重要であり，前述のように地域福祉活動計画と共同募金の配分計画を連動化させるなどして，住民の理解を得ながら，民間資金による長期的な活動財源の醸成したり，介護保険事業の収益の一定割合を地域福祉活動の事業推進に充てたりすることをルール化するなど，これまでの補助金だのみや委託費だのみではない事業の進め方を検討する必要がある。

　そして最後に，職員育成である。市区町村社協の職員数は，非常勤職員も含めれば約10万人を超え，介護職や看護職，ソーシャルワーカーなどさまざまな専門職をかかえている。こうした専門職を社協職員として育て，社協らしい事業展開を進めていくことが重要である。また，これまで市区町村社協が積み上げてきたコミュニティワークなどの地域福祉推進のノウハウを社会的に明らかにしていくような取り組みも重要であると考えられる。

1) 2007年10月1日現在の社協数（かっこ内は，社会福祉法人格を有する社協の率）は，全国1（100％），都道府県47（100％），指定都市17（100％），市町村（東京23区を含む）1807（99.7％），指定都市の区130（90.8％）であり，その職員数は，2005年4月1日現在，11万8318人（非常勤職員を含む）である。
2) 全社協地域福祉委員会（2003）「市区町村社協経営指針」を参照。
3) 1962年に全社協において社協基本要項を策定し，住民主体の原則にもとづく地区組織活動方針を明確にした。その中では，市区町村社協の機能を効果的に推進するための組織構成，住民生活と直結するような小地域社協の設置，対策と住民参加を目的とした問題別委員会の設置，地域福祉計画にもとづく共同募金運動の促進等を規定し，現在の社協活動や地域福祉推進の基礎となる取り組みが提案されている。
4) たとえば，全社協における取り組みとして「地域福祉計画―理論と方法―」（1984年），「地域福祉活動計画策定の手引き」（1992年），「地域福祉計画に関する調査研究事業」（1999-2001年），「地域福祉活動計画策定指針―地域福祉計画策定推進と地域福祉活動計画―」（2003年）などがある。
5) 1970年代頃より市区町村社協における在宅福祉サービスの取り組みが広がりをみせ，また地域福祉や地域における福祉ニーズへの対応のあり方，公私の役割分担と協働のあり方などが議論されるなかで，1979年に全社協では「在宅福祉サービスの戦略」をまとめ，その後の社会福祉体系にも大きな影響を与えた。

【引用・参考文献】

『新版・社会福祉学習双書』編集委員会編（2007）『社会福祉協議会活動論〔改訂6版〕』全国社会福祉協議会出版部

『新版・社会福祉学習双書』編集委員会編（2007）『地域福祉論〔改訂新版〕』全国社会福祉協議会出版部

全社協地域総合相談・生活支援システム及びワーカーの専門性に関する検討委員会（2005）『地域総合相談・生活支援システムの構築について』全国社会福祉協議会地域福祉部

全社協地域福祉推進委員会　小地域福祉活動に関する調査研究委員会（2007）『小地域福祉活動の推進に関する検討委員会報告書』全国社会福祉協議会地域福祉部

〔佐甲　学〕

第2章
小地域の福祉実践

1 小地域とは

　まず,「小地域」についての概念を整理しておきたい。小地域については,一般的に「小学校区」程度をさす。また,山間僻地においては50～100戸程度の集落を小地域と呼ぶ場合もある。山間僻地は集落間が谷間で隔たっていたり,ポツンとその集落だけがあったりする。また,都市地域では小学校区という範疇で必ずしも捉えきれない場合もある。たとえば,人々の日常の営みが密接に結びついている地域,1丁目,2丁目といった丁目ごとに自治会が結成され,集会,行事,お祭りなどがこの単位で行われ,住民のまとまりができている地域,これらを一般的に小地域と呼んでもよいのではないか。

　次に,小地域とコミュニティの関係について概念を整理しておきたい。コミュニティという言葉のなかには「生活上の諸関連の累積体,言い換えると住民の日常的な生活欲求が,この中でほぼ満たされる範囲『地域社会』」という意味と,この生活上の諸関連のうえに形成される人々の合意にもとづいた「共同社会」という意味が含まれる。コミュニティの概念は,この地域社会と共同社会という二者が,有意味的に密接に関連しているという事実のうえに生まれたものである。今日の社会においては,このコミュニティの2つの側面が必ずしも共存しなくなっている［橋本・三浦　1973：3］。さらに,自治体はコミュニティか,という課題に対しては,「範域の拡大,業務の高度化につれ官僚機構の性格を次第に強めてきている。われわれが住民自らの手によるコミュニティの必要を感ずるひとつの理由がここにある」［橋本・三浦　1973：11］と指摘し,自治体をもって無条件にコミュニティとは規定できないとする。しからば,「町内会,自治会,隣組などの地域集団は,今日では原則として民間団体であり,

住民によって自律的に運営されている。そしてその目的は，住民の親睦と，共同生活の向上を目指すものであり，コミュニティ形成のひとつの基盤として評価されてよい面がある」[橋本・三浦　1973：12] としている。

こうみてくると，住民主体の生活向上をめざした諸活動が展開され，地域社会連帯の基盤となっている小地域は，それをコミュニティと規定してもよいのではないかと考える。

2　小地域は住民生活の実態を反映する

小地域と住民生活をみると，次のようなことがいえよう。
① 小地域は住民生活の生の姿を反映するところである

住民の生活上のニーズ，人間関係の多面的な姿，年齢階層間の問題，利害関係などが生々しく噴出するところでもある。逆に，小地域であるだけに問題（ニーズ）が潜在化して顕在化しにくい場合もある。「隣近所の手前」「世間体」，自己のその地域での立場を卑下してなどの理由で問題（ニーズ）が表にあらわれない。しかし，それを克服する手段は必ずある。たとえば，KJ法を用いて，無記名のアンケート調査で，面接調査でなどその場に応じた手法を用いれば，かなりのニーズを把握することが可能である。
② 関係調整が行われやすいところである

当事者と住民，住民同士，施設と住民，行政と住民，といった関係が濃密に築けるところである。この関係構築がネットワークとなり，小地域の良好な環境に向けての前進が可能となる。また，小地域では，諸集会や諸会合を通して，もちろんそこには意図的な専門職の介入が必要であろうが，住民同士の対等な関係への調整も進むこととなる。
③ 小地域は住民の主体形成を促す

小地域は住民の日常生活基盤であるだけに，その地域を住みやすい快適な，しかも安全で安心できる地域にしていく活動は，その地域に住み暮らす人たちにとっては自分自身の問題である。

小地域，換言すれば，自分たちの地域をつくり出す活動は住民自身の活動能

力を高めることになる。自己も含めたニーズを掘り出し，分析し，担い手を組織し，活動計画を立て，それを推進する能力，いわゆる，福祉力を高め，住民の主体形成を進める。

3 小地域の福祉実践は地域福祉の基礎

地域福祉は小地域の実践を基盤とするといっても過言ではない。これを少し具体的にみてみよう。

● 小地域は地域福祉計画策定の基盤

地域福祉を実体化するためには，住民主体の地域福祉計画の策定とその推進が不可欠である。地域福祉計画は社会福祉法でも規定されているが，基本的には市町村が策定する行政計画である。社会福祉法第107条には市町村地域福祉計画について規定している。すなわち，市町村は，その策定においては「住民」「社会福祉を目的とする事業を経営する者」その他「社会福祉に関する活動を行う者」の意見を反映させること。また，地域福祉の推進は同法第4条（地域福祉の推進）で同じく前の三者が相互に協力して推進に努力することを規定している。

社会福祉法でいう地域福祉計画は，行政計画でありながら，地域住民，主として社会福祉法人（施設），ボランティアといった民間が主体的に関わり，その活力に期待するものとなっている。

地域福祉計画の策定基盤は市町村域であるが，それは小地域からの福祉ニーズを汲み上げ，小地域の住民活力の集積を図るものでなければならない。従来の福祉種別計画，具体的には，市町村ゴールドプラン，市町村エンゼルプラン，市町村ノーマライゼーションプランの策定において，小地域からの丹念なニーズの把握や小地域の住民活力を活かす視点は非常に弱かった。弱かったというよりも，所詮は行政計画であるため，一定の体裁が整っていれば「良し」とされたし，計画遂行は行政自らが行うものであり，住民の力をさほどあてにはしていなかったといえる。

● 小地域は住民の主体的活動の基盤

　住民主体の活動は，小地域から始まるといえる。小地域における住民の福祉活動実践が住民主体のありようを実体化させる。

　具体的な事例にはこれを実証するものを多く含んでいる。たとえば，東京都あきるの市における事例［全社協　2006］にみる，市内88か所の全町内会自治会を単位に459名の「ふれあい福祉委員」を設置し，隣近所への声かけ・見守り，近所の高齢者や障害者への気配り・見守り，登下校中の児童生徒への見守り，新興住宅地での住民交流事業（日帰り親睦旅行，ミニコンサートの開催など）の実施，環境美化・防犯防災パトロールなど住民自身の連携による多彩な活動がある。

　災害救援の場合でみても，小地域における住民の（主体的な）活動は目覚しいものがあった。阪神淡路大震災の際も，初動救助は近隣住民の相互救助であった。今日，大規模地震の発生予測とあわせて，住民同士の連携でその地域の児童，高齢者，障害者にどのように救助の手を差し延べるか，津波からの避難をどのように行うかが検討されているが，それらの活動の基盤はやはり小地域である。

● 社会資源を有効的に活かすのも小地域である

　小地域福祉活動の成否を占うもう１つの要因が，社会資源の活用度合いである。住民の福祉ニーズに社会資源をどのように的確にマッチングさせえたかどうかは，活動の成否を決める重要な要素である。この社会資源は小地域でこそみえるものがある。たとえば，筆者が関係したある市の地域福祉計画策定の作業のなかで，「ふれあいサロン」を開設するのに適当な集会所がないことが問題になったことがあるが，その地域の自治会長は「広いおうちに１人で暮らしている高齢者世帯が５軒もあるので，ここを開放してもらうように交渉してみよう」ということで，早速に交渉してもらったところ，５軒ともが快く引き受けてくださった。この５軒の家で順番にサロンを開設したが，地域の高齢者からは大変好評を得て成功した。これなどはその一例である。小地域には眠っている資源がいっぱいあり，これを発掘し有効に活用すれば思わぬ効果をあげる

ことができる。

　もちろん，社会資源の活用はもっと広域的な視点で捉え活用することは大切であるが，この活用術は，実は，小地域の活動から住民自らが学び取ることができるのである。

● 重層的な住民のネットワークも小地域から

　先の例でみた「見守り活動」なども，近隣住民の1つのネットワークである。こうした基礎的なネットワークから，見守り1つをとってみても，近隣住民に加え，郵便配達員，新聞配達人などの見守りも加えた重層的な「見守りネットワーク」をつくりあげることができる。そのネットワークは，見守りだけでなく他の活動，災害防止・災害救援，児童生徒の安全サポートなど，もっと広範囲の活動におおいに活かすことができる。

● 活動財源も小地域活動から

　今日，地域福祉活動財源は行政からの補助金や委託金など公的資金に負うところが大きい。しかし，行財政「改革」などでこうした公的資金は徐々に削減ないしは打ち切りの波を受けてきている。小地域活動はその活動財源も自ら生み出しながら推進することが期待される。政府や地方自治体が小地域における住民の福祉活動に財政助成や補助金を出すことなど期待薄である。

　筆者は共同募金会にも関与していたが，共同募金は，社会福祉法第112条で「その区域内における『地域福祉の推進をはかるため』に募金を行い配分することを目的とする」と規定しているが，その実績額たるや僅少である。住民の寄付額は「お付きあい」の域を出るものではなく，ましてや，地域の福祉を高める観点など最初からないのも同然である。

　小地域活動は財政的にも住民主体で寄付金を募り，また組織会費を集め，それら民間財源を中心に推進されることが道ではないかと考える。

　小地域活動は互助的・相互扶助的色彩を強くもつが，反面，地域のインフラ整備，環境改善，バリアフリー化，資源造成など行政に強く働きかける内容も含んでいる。そのためには，活動自体の財政自立がなければ，そうしたソーシ

ャルアクションの展開もできないのではないか。

　小地域の福祉活動に，その資金として，住民自らがお金を出し合うことは，住民が自ら活動に参画しているだけに理解も得やすいし，今日の低水準寄付額の枠を破ることが可能であろう。

4　小地域の福祉実践から市町域・都道府県域の地域福祉へ

　小地域の福祉実践は，地域福祉の基盤をなすものであるが，これはあくまでも基盤活動であり，地域福祉の動向は政府・都道府県・市町村それぞれの政策に大きく左右されている。したがって，小地域の福祉実践は，その一方ではそうした政策動向も俯瞰しながら，さらに広い地域の地域福祉の引き上げに貢献するものでなければならないだろう。

【引用・参考文献】
岩崎美紀子編著（2000）『分権社会を創る⑦市町村の規模と能力』ぎょうせい
岡田徹・高橋紘士編（2005）『コミュニティ福祉学入門』有斐閣
全国社会福祉協議会『月刊福祉』2006年1月号
真田是（1997）『地域福祉と社会福祉協議会』かもがわ出版
塚口伍喜夫・明路咲子編（2006）『地域福祉論説―地域福祉の理論と実践をめぐって』みらい社
土橋敏孝（2001）『地域福祉の実践に学ぶ』信山社
橋本正巳・三浦文雄編（1973）『地域活動論』全国社会福祉協議会

〔塚口伍喜夫〕

第3章
ボランティアと地域福祉

はじめに

　筆者は社会福祉協議会（以下，社協と略す）職員として地域福祉の推進に関わってきたが，政策的な関わりにおいては，社会資源としてのボランティアの養成が求められてきた。社会資源とは，「援助の目的を効果的に達成するために，必要なものとして社会的に存在し，また利用することができるすべての物的・人的な要素」[原田　2002：154] をさし，社協職員はフォーマルな社会資源（制度・施策）を補完するためのインフォーマルな社会資源（ボランティア）を政策的につくる役割が求められている。一方で，住民との関わりにおいては，まちづくりの主体としてのボランティアを支援する役割が求められてきた。

　日常的に問い続けたことが，ボランティアは「利用されるための社会資源なのか」，「まちづくりの主体なのか」ということである。「利用されるための社会資源」とのみ捉えると，ボランティアは当事者を支援するための一資源として客体化され，ボランティア自身がもつ主体的な側面が矮小化され，まちづくりの主体というよりコントロールされる対象となる。この見方の違いは，ソーシャルワーカー（社協職員，ケアマネジャー，役所のケースワーカー，また地域包括支援センター，在宅介護支援センター，障害者自立生活支援センター，子育て支援センターの職員など）のボランティアへの関わり方を大きく変え，その後のボランティア活動自体に大きな影響を与えることになる。

　社協職員としての立場からすると後者と考えるのであるが，現場で問題に対応していくなかでは，前者と捉えられる場面も少なくない。ここでは現実に実践してきた社協職員という立場からこの問いの部分に焦点を当て，事例を通してボランティアと地域福祉，そして住民主体のまちづくりについて考察する。

1　ボランティアは「利用されるための社会資源」か「まちづくりの主体」か

◉ 地域福祉概念から

　地域福祉の概念は「機能的概念」と「構造的概念」とに分けられ，前者は資源論的アプローチ，主体論的アプローチに，後者は運動論的アプローチ，制度政策論的アプローチに整理される。それぞれが地域福祉の代表的な概念である。地域福祉の概念はさまざまな場面で現場実践に影響を与えている。たとえば，個々のソーシャルワーカーが実践していく際の拠り所であったり，制度・施策に反映され，ソーシャルワーカーを規定したりする。

　ボランティアを「利用されるための社会資源」化する概念として資源論的アプローチが使われ，「まちづくりの主体」化する概念として主体論的アプローチが使われていると考えられる。「どこが主体なのか，誰が主体なのかは，目的や立場によって」異なってくる［牧里・野口・河合　1995：5-14］。

◉ ボランティアは利用されるための社会資源

　1つめの「利用されるための社会資源」としては，管理運営する者，組織の側を主体にして，ボランティアを社会資源と位置づけ客体化して捉える。制度，施策などのフォーマルサービスを補完するためのインフォーマルなサービスとして位置づけられる。そのため，住民の主体的参加やまちづくりという視点は弱く，ボランティアは在宅福祉サービスの協力者としての位置づけになってしまう。

　このように考えているソーシャルワーカーは，実際には少なくはない。そのように教えられてきているため，インフォーマルなサービスもフォーマルサービスと同じように利用できると考えているからである。もちろん，当事者を支援するためにということであるが，あたかもボランティアという社会資源がもともとそこにあるかのように，またその社会資源がソーシャルワーカーに利用してもらうために存在しているかのように考えるのである。当事者を援助の対象とし，ボランティアも客体化している。

介護支援専門員養成のテキストでも，ボランティアというインフォーマルサービスを上手に活用するようにと説明されているし，介護支援専門員の実習においても，社会資源として利用できるサービスとしてのボランティアに関するヒアリングに多くの人々が社協を訪れる。

● ボランティアはまちづくりの主体

2つめの「まちづくりの主体」としては，生活者である住民や当事者を社会を変えていくことができる主体として捉える。ボランティアは活動に参加することを通じて，制度的矛盾や地域における課題に気づき，その解決に向けて社会に働きかけていく主体である。そのためボランティア活動は，活動参加から運動参加，そして計画策定過程への参画などを含んだ幅広いものになる。

ボランティアを客体化し，「利用されるための社会資源」とするソーシャルワーカーと，ボランティアを「まちづくりの主体」として協働してまちづくりに参画するソーシャルワーカーとでは，ボランティアへの関わり方が大きく違い，その後にも大きな影響を与えることになる。つまり，その場だけの解決なのか，今後ずっと続くまちづくりの課題につなげられるのかということである。

2　実践事例からボランティアと地域福祉を考える

ここでは，ボランティアを「利用されるための社会資源」として捉えがちであったケアマネジャー（居宅介護支援事業者連絡会）と，制度では対応困難な日常生活支援を行っているボランティアグループが協働でボランティア講座の企画から運営までを行った実践事例を通じて，ボランティアと地域福祉について考えてみる。

● 地域の概要

政令指定都市大阪市生野区。面積8.38 km^2。人口13万8829人（市内24区中6位）。高齢化率22.8％（市内3位）。要介護認定者数7435人（市内2位）で認定率

23.5％は，市内1位である［大阪市高齢者保健福祉計画・介護保険事業計画 2006］。介護保険の事業所（施設）数は224か所あり，市内2位である［大阪府介護サービス情報公表センター 2007］。また，国民健康保険の披保険者数は7万1505人で，市内2位である。区の人口の約4分の1にあたる3万4231人が外国籍住民［生野区役所福祉事業の概要2005］であり，多文化共生のまちである。また，戦前の長屋造りの住宅が多く残っており，銭湯が64か所（2006年），人口あたりの銭湯数は市内1位で，下町情緒が多く残るまちでもある。

● 協働するまでの背景，協働の必要性

　ケアマネジャーは，勤務する組織形態もばらばらで，ボランティアに対する理解も，組織により大きく差異があり，全体的には深まっていない現状があった。社会資源としてのボランティアへの関心はあるが，日常の業務に追われ，どこからボランティアへ関わっていいのかもわかりづらい状態でもあった。

　社協ボランティアセンターには日常的に，ケアマネジャーからボランティア依頼や地域活動の利用方法の問い合わせが入るが，ボランティア，地域活動をどのように利用できるかに焦点が当てられる。ともに考え，ともにボランティアの主体を大事にしながら関係をつくりあげていくことを提案すると，「ボランティアや地域はそんなに手間がかかるのであればいらない」と断られることもあり「ボランティアをつくるのが社協の役割ではないか」という反応になることもある。また，現実的にはケアマネジャーだけでなく一部を除いた社協職員間でも，「地域福祉活動推進部門」「福祉サービス利用支援部門」「在宅福祉サービス部門」担当とで認識が異なることが多い。「ボランティアを使うほうが手間がかかる」とか「あの地域は使えない」などである。ボランティアや地域住民が資源化（客体化）され，管理者側が主体となっている例である。

　一方，ボランティアグループ側は，ケアマネジャーとの関係でいえば次のような悩みをかかえていた。1つには，ケアマネジャーからの依頼にも応えていきたいが，活動者が限られており活動が困難になってきていること。2つには，ケアマネジャーからの依頼は，ケアマネジャーが利用者とボランティアの関係をていねいにコーディネートしていかなければ，ボランティアで活動する

には困難が多いが，そのことを理解してもらえていないことである。ボランティアはホームヘルパーと同じようにはいかないのである。

さらに，ボランティア活動をしていくうちに制度の矛盾や課題に気づき，この矛盾や課題を解決していくためには，ケアマネジャーをはじめとする専門職との連携協働を進めていきたいという思いもあった。

● 社協職員としての関わり

社協職員としては，ケアマネジャー側，ボランティア側双方がかかえる課題をまちづくりのコンテキストのなかで捉えていきたいという考えをもっていた。

地域福祉活動推進担当ワーカーと福祉サービス利用支援担当ワーカーが協働で担当することで社協という特性を生かし，両者の課題をつなげられる協働の場（テーブル）づくり支援を行った。具体的には，地域福祉活動推進担当ワーカーは，ボランティアグループの主体的な定例企画会議で講座の実施計画の検討を支援し，福祉サービス支援担当ワーカーは，居宅介護支援事業者連絡会の主体的な運営委員会でボランティアについての検討を支援し，講座の後援が2005年度の事業計画に盛り込まれた。約1年かけて支援に関わりをもち，講座は2005年6月に3回シリーズで開講された。

社協職員としては，次の2つのことを目標におき支援した。1つは，企画立案，実施の過程を通じてケアマネジャーがボランティア活動実践者と直接関わることでボランティアへの理解（客体化された資源ではなく，思いのある主体であること）を深めてもらうこと。また，同時にボランティアにもケアマネジャーという専門職を理解してもらうこと。2つには，当事者に近い位置にいるケアマネジャーだからこそ，また活動を続けてきたボランティアだからこそ制度の限界や矛盾を認識できており，この協働の取り組み自体がソーシャルアクションであり，新たなサービスの創造と制度改革につながるまちづくりの取り組みであることを認識してもらうことであった。

● 講座の協働企画，協働運営へ

　ボランティア講座は，名目的にはボランティアグループと区社協とが共催，ケアマネジャーの協議体である居宅介護支援事業者連絡会が後援という形をとって開催された。

　実質的な役割分担としては，企画案はボランティアグループが主体的に作成し，その案をもとに社協が調整した協働のテーブルでケアマネジャーとボランティアが企画を練り上げていった。講義の内容，当日の運営の役割分担，周知ビラ作成など１つ１つを積み上げていった。講師も外部に依頼するのではなく，ケアマネジャーとボランティアが協働で担当した。区社協としての役割は，協働の場づくり，講座の会場提供，募集周知実施という側面的援助であった。

● 成果と課題

　ケアマネジャーがボランティアとともに講座を協働して開催していく。このプロセスを通じてボランティアを社会資源として利用しようという視点から，ボランティア自身もまた主体であるということに気づき，ともにサービスを創り出す主体となっていった。つまり，お互いにだれもが安心して暮らせるまちづくりの主体であるという認識ができた。そして，ケアマネジャーとボランティアとが引き続き対等な関係を築き，利用者の主体的な生活を支援する協働のパートナーとなるきっかけとなった。また，この講座の受講生がさらに続くまちづくりの主体となっていく可能性が生まれた。

　さらに，協働での講座開催の取り組みが，ボランティア，ケアマネジャーの力量向上にもつながった。たとえば，その後もケアマネジャーとボランティアがそろって講演依頼を受けたり，計画づくりの委員に就任したりと継続的に積み上げができていった。その後続く地域福祉の計画づくりのなかにも，講座開催の取り組みが具体的に計画として位置づけられたのも大きな成果である。

　このそれぞれの活動主体の集積が地域全体の力となり，地域福祉の推進，まちづくりの前提条件になっていくはずである。

　課題としては，講座企画に参加したケアマネジャーはボランティアと対等な

パートナーとしての関係を築くことができたが，このような関係が全体的な広がりにはいたっていないこと。実際にボランティア活動をする際のコーディネートをだれがしていくのかまで踏み込まれていないことなどがあげられる。

3　住民主体のまちづくりをめざして

　本章で取り上げた問いは，多くのソーシャルワーカーが直面していることではなかろうか。この部分を概念や制度・政策から直接影響を受け，規定される現場から改めて整理したかった。「ボランティアは利用されるための社会資源」という捉え方が，専門職間，専門職とボランティア，地域住民とのネットワークや協働を阻んでいることを，今まで何度も目の当たりにしてきたからである。

　ボランティアは，個人としてさまざまな思いをもち参加している場合もあれば，ソーシャルワーカーが協働し組織化している場合もある。また，当事者自身が集まり組織化する場合もある。それぞれの個人，団体に歴史があり，目的があり，苦労がある。それぞれが考え，思いをもった主体であり，単純に客体化されるものではない。

　ソーシャルワーカーからすれば，今，目の前に困っている当事者が存在するなかで「まちづくり」という悠長なことをいっている場合ではないという意見も当然あるだろう。しかし，その当事者と同じ課題をかかえている人が数多くいるはずである。ソーシャルワーカーは，当事者側に立つ人としてそのことに気づき，この現状を何とかしなくてはという問題意識がもてる位置にいるはずである。だからこそ，ボランティアや地域住民とともに協働や連携をしながら，サービスの創造や制度改革などを通じて課題の解決をめざさなくてはならない。ソーシャルワーカーも以前に比べれば飛躍的に人数が増えた。しかし，ソーシャルワーカーも個別バラバラではまちづくりの課題に取り組むのは困難である。お互い協働し，さらに地域住民，ボランティアと協働し，課題に対して取り組んでいくことが必要である。この取り組みがまちづくりにつながっているのである。

地域福祉の推進とは，まさに「地域住民」，「社会福祉を目的とする事業を経営する者および社会福祉に関する活動を行う者」といわれる異なる立場や特徴をもつ主体が同じテーブル（協働の場）につき，組めるところで組み，協働活動，協働事業を創り上げ主体としての力を高めていくことである。そして，計画策定などの政策決定プロセスにも参画していき，「行政」にも役割を果たさせながら創り上げていくものである。このプロセスの積み上げが住民主体のまちづくりそのものではなかろうか。

【引用・参考文献】
生野区役所（2005）『生野区役所福祉事業の概要』
岩間伸之（2004）「ソーシャルワークの機能を問い直す」『ソーシャルワーク研究』30巻（No. 3）
大阪府介護サービス情報公表センター（2007）ホームページ
介護支援専門員テキスト編集委員会（2006）『〔三訂〕介護支援専門員基本テキスト』長寿社会開発センター
原田理恵（2002）「社会資源」白澤政和ほか編著『福祉キーワードシリーズ　ケアマネジメント』中央法規
藤井博志（2004）「住民参加の促進とソーシャルワーク機能」『ソーシャルワーク研究』30巻 No. 3
牧里毎治・野口定久・河合克義編（1995）『地域福祉』有斐閣

〔武　直樹〕

第4章
施設と地域福祉 ■地域福祉活動の拠点としての施設

　私に与えられたテーマは「施設と地域福祉」であるが，施設と地域福祉は横並びの並列的な関係ではない。「地域福祉における施設の位置と役割」として検討したい。
　介護保険制度を第一歩にした措置制度から契約制度への転換は，社会福祉施設のあり方や施設と利用者・家族，利用者同士，利用者と職員の関係を大きく変えるものであった。こうした新たな社会福祉政策の展開のもとで，いま地域福祉における社会福祉施設のあり方をどう展望していくかが問われている。
　地域福祉における施設の役割を明らかにするためには，①地域福祉とは何か，②施設とはどういう社会的存在であり，どのような役割を担っているのか，③施設は制度体系上どのような位置づけにあるのか，を明確にしておく必要がある。ここでは，地域福祉を社会保障とまちづくりの一環に位置づけ，住民の参加と自治に根ざした地域福祉活動の拠点という視点から主として社会福祉施設の役割と課題を考察していくことにする。

1　住民にとって施設とは──社会的共同生活手段としての施設

● 自助の原則の限界と社会的共同生活手段

　施設とはどういう社会的存在であり，どのような役割を担っているか。それを明らかにするためには，現代社会の仕組みに関連づけて捉えなければならない。
　現代社会において住民の大多数を占めている労働者は，生産手段や資産の所有から切り離されているため，自らの労働能力を「労働力商品」として使用者・雇用主に売って一定時間働き，その対価として支払われる賃金によって必要な食糧や衣服，燃料，家具，住居などの生活資料・生活手段を商品として購

入し，本人と家族の暮らしを維持しなければならない。したがって，労働者にとって働く場と賃金の確保は最も基本的な暮らしの基盤である。

しかし，雇用によって得られる賃金だけで労働者本人と家族の暮らしを維持することは困難である。資本主義社会が独占段階に移行すると，生産と資本の集中・集積にともなって労働者が増加し都市に集中した。この過程で，慢性的な大量失業や賃金の切り下げ，労働時間の延長，女性労働の増大による労働力の価値分割，さらにはインフレーションや重税，物価の上昇と実質賃金の低下など労働者の生活破壊＝貧困化が増大し，生活における自己責任（自助）の原則の矛盾と限界が表面化した。

同時に，労働者の増加を基盤にして労働（組合）運動が発展した。それを契機に，社会政策としての社会保険制度とともに，保健・医療，教育，住宅・生活環境施設などの社会的共同生活手段が国・地方自治体の責任と負担によって整備されるようになった。[1]それらは，資本主義の独占段階への移行にともなって生活における自己責任の原則が限界に直面したことの社会的承認であり，自助の原則の「部分的」な修正を意味している。今日の社会においては，国・自治体の責任と負担による社会的共同生活手段の整備は自助の原則が成り立つ前提条件である。[2]

● 最終的な生活保障の場としての社会福祉施設

社会的共同生活手段には，①安全な生活道路や交通手段などの都市生活基盤，②一定水準の公共住宅や保健・医療機関，公園，集会所，学校・図書館，スポーツ・レクリエーション施設，子どもの遊び場などの生活環境施設，③保育所や老人ホームなどの社会福祉施設がある。身近な暮らしの場である地域における「社会的な生活保障の場」として，一定の量と質をそなえた専門職員を配置して，訪問，相談，教育・指導，看護・介護，養護，保育，給食，入浴などの社会的共同サービスを提供することが基本的な役割である。

社会的な生活保障の場である施設にとって重要なことは，住民相互の「日常的・集団的な交流・連帯と協力・共同を組織化する拠り所」［三塚 1984a：371］としての役割である。施設は単なるサービス提供の場ではない。日常的な交

流・連携と協力・共同を基盤にした「共同利用」を通して暮らしを守るところに大事な施設の役割がある。

社会的共同生活手段は，制度体系上，①すべての住民を対象にした公共一般施策としての公共施設（住宅・生活環境施設や保健・医療機関，教育・文化施設など）と，②生活問題対策のなかで最終的な補充・代替案である社会福祉施設に区分される。公共施設は，現代の生活問題対策の中核である社会保障制度の前提条件であり，「国民的最低限（ナショナル・ミニマム）」を構成している。他方，社会福祉施設は，社会保障制度の不可欠の構成要素であり，社会政策・社会保険制度や社会手当制度，公的扶助制度，さらには公共施設を最終的に補充・代替している。

社会福祉施設は，住民にとって「最終的な生活保障の場」であるが，制度体系上，単独で機能しうるものではない。前提になる公共施設の体系的な整備と有機的な連携があって初めて，本来の役割を果たすことができるのである。

2　地域福祉の課題と社会的共同生活手段の整備状況

地域と住民の暮らしを規定している社会的条件 [三塚 1984b：79-88] は，①その地域に住んでいる住民の階級・階層構成，②社会的共同生活手段の整備状況，③暮らしの場における日常的な交流・連帯と協力・共同である。住民の就業・雇用と労働条件に規定された暮らしの実態と要求に対応して社会的共同生活手段が整備され，住民相互の日常的な交流・連帯と協力・共同が発展するよう運営されているかどうかによって，住みやすい地域かどうかが決まるのである。社会的共同手段が不備・不足していると，地域における日常的な交流・連帯と協力・共同が妨げられ，生活上の困難や不安が一層深刻化することになる。

そこで，住んでいる身近な地域で取り組むべき課題（「地域で日頃何とかしなければならないと思っていること」）として住民が何に目を向けているかをみると，「だれでも安心して往き来できる歩道が少ない」とか「障害者や高齢者が安心して利用できる交通機関が少ない」「交通が不便」など，安全な生活道

路・交通機関の不備・不足を指摘している割合が高い。ついで,「子どもの遊び場や公園が少ない」や「いつでも診てくれる医療機関が身近にない」「救急・休日・夜間の診療体制が不十分」といった生活環境施設,保健・医療機関の不備・不足をあげている。これらは都市部や農村部にかかわらず共通している特徴である。

それに対して,生活困難世帯や子ども・障害者に対する社会福祉施設の整備・改善への関心は相対的に低く,地域の共通課題になりにくい実態がある。それは,安全な生活道路・交通機関や住宅・生活環境施設,保健・医療機関などの整備が不十分なために家族の自助努力に委ねられる範囲が拡大し,暮らしの問題は深刻な実態があっても顕在化せず個人的に解決すべき「私事ごと」として扱われるからである。また,行政による生活条件の公共的な整備が立ち遅れているために,住民の自主的な地域活動やボランティア活動の発展が妨げられ,暮らしの中身や社会福祉施設に関する問題は潜在化しているのである。

こうした社会的共同生活手段の不備・不足は,自助の成り立つ条件が乏しい雇用・労働条件の不安定な世帯にとって生活上の困難や不安を一層増大させるものである。雇用・労働条件の不安定化が広がっている今日,暮らしの最低限を確保する社会福祉施設だけでなく,住宅・生活環境施設や保健・医療機関,教育・文化施設などの整備・拡充を図ることが重要である。それは地域福祉を推進するために必要な前提条件でもある。

これまで住宅・生活環境施設や保健・医療機関,教育・文化施設などの整備・拡充は,社会福祉にとって直接的な課題ではないという理由で真正面から取り上げてこなかった。「地域に開かれた施設づくり」や社会福祉施設の機能・マンパワーを動員する「施設の社会化」など,社会福祉の枠の中での議論が中心に据えられてきた。しかし,前提になる生活条件の不備・不足をそのままにしていると,社会福祉施設によって肩代わりさせられる範囲や内容が増大し,社会福祉施設の整備・拡充も進まないことになる。

社会的共同生活手段の範囲や種類・量がどのように整備されるかは地域における住民の要求・運動の発展の度合いによる。わが国では,地域における住民の要求・運動が停滞しているために社会的共同生活手段の整備が抑制され,最

終的な生活問題対策である社会福祉施設に解決できない矛盾がしわ寄せされてきた。したがって，社会福祉施設は常に前提になる生活条件の整備・拡充の課題に結びつけ，それを実現していく住民相互の日常的な交流・連帯と協力・共同が発展するように設置・運営することが最も重要な課題である。

3　地域福祉における施設の役割とは何か

◉ 利用者・住民の暮らしの実態を明らかにしていく

　地域と住民の暮らしの課題に対応した地域福祉を推進していく出発点は，取り組む課題を明確にすることにある。社会福祉施設は，日常的な相談・援助活動を通じて利用者とその家族がどのような地域に住んでいるのか，その地域における近所づきあいや地域活動への参加状況，さらには社会的共同生活手段の整備・利用状況を把握できる立場にある。暮らしのすべてに関わっているという強みを生かして，地域の実態と住民の生活実態と要求をトータルに明らかにしていくことが求められているのである。

　利用者の状態や年齢，処遇の目的・方法などによって細分化された社会福祉施設の中での自己完結的な「個別処遇」やサービス供給に終始していると，地域から切り離されて施設の役割もみえなくなる。介護保険制度にみられるように，保険料や利用料を負担できない住民を切り捨てることにもなる。

　いま必要なことは，職員が暮らしの場である地域に出向いて，利用者だけでなく社会福祉施設・サービスが貧困なために切実な生活問題をかかえ在宅を余儀なくされている住民の要求や願いを明らかにし，それを実現する事業・活動に取り組むことである。実際に社会福祉施設・サービスを利用している世帯は，暮らしや社会福祉の問題を地域で住民が力をあわせて取り組まなければならない共通の課題として受け止めている。利用者・家族や住民同士の交流・連帯，関連する専門職員との協力・連携を発展させ，地域で最も深刻な生活困難・不安をかかえている住民の生活問題をだれもが安心して暮らせるまちづくりの課題として提起していくことが不可欠である。それは暮らしの最低限を確保していく地域福祉にとって原点になる取り組みである。

● 日常的な交流・連帯を広げる拠点

　地域で厄介者扱いされることの多かった重度・重複障害者や精神障害者をはじめ，障害の種類や程度に関わりなくすべての障害者とその家族の願いを実現するために，身近な暮らしの場に働く場を設けてきた障害者共同作業所の取り組みは，地域福祉における施設のあり方や役割を教えてくれる貴重な実践である。働く場づくりを通じて，病院・診療所や保健所・保健センター，福祉事務所，学校，公民館，社会福祉協議会，社会福祉施設などの専門職員との協力・連携をつくり出してきた。施設は地域における日常的な交流と連帯，人と人を結びつける拠点としての役割を果たしている。さらに，地域の自治会や民生委員，ボランティアと専門職員の交流に積極的に取り組んでいる施設では，住民が安心して暮らせるまちづくりに取り組む拠点にもなっている。

　長野県松本市では，「身近な公民館を地域福祉づくりの場に」を掲げて，公民館の講座から会食会（「お元気さろん」）や「すこやか健康教室」の開催，ケアハウスや特別養護老人ホームづくり，「身近な地区に老人福祉を築く活動拠点＝『地区福祉ひろば』」の整備に取り組み，地元の民生委員や食生活改善委員，地区社協の役員，町会役員など地区内の諸団体や役員が協力して行政に必要な条件整備を求める活動へと広がった実践も生まれている。そこでは，保健師やケースワーカー，ホームヘルパー，看護師，公民館主事，出張所職員，ボランティアコーディネーター，社協職員などのナワバリを越えた協力・連携を基盤にして，まちづくりや地域福祉活動の担い手を育てる活動にまで広げているのである［手塚　1996：41-71］。

　社会福祉施設には利用者とその家族，施設の事業・活動に協力しているボランティア・住民がいる。そして施設の事業・活動を担っている専門職員がいる。職員集団のまとまりと自主的な学習活動を基礎に，地域で最も深刻な生活不安や困難をかかえている世帯の問題をまちづくりの課題として取り組む基盤になる住民相互の交流・連帯や専門職との協力・連携を強めていくこと役割が期待されているのである。

● 自主的な地域活動・ボランティア活動の担い手づくり

　いま地域では，さまざまなボランティア活動が広がっている。全国社会福祉協議会が把握しているボランティアの人数は，2005年4月現在，738万5628人となっている。1980年の160万3452人の約4.6倍である。高齢者や子育て支援の「サロン活動」も2000年以降急速に広がっている。また，「住民参加型在宅福祉サービス団体」は87年の138団体から2003年には2120団体へと増加している。介護保険事業者としての事業だけでなく，介護保険制度の枠組みだけでは対応できない課題に取り組む活動やたまり場，地域の拠点づくりなどまちづくりの活動へ展開する動きもみられる。自治会・町内会や民生委員，ボランティア，社会福祉協議会との連携・ネットワークづくりも生まれている。これらの活動は，地域における相互扶助として政策的に推進している事業であるが，同時に地域で取り組まなければならない課題が山積していることのあらわれである。

　会食会やサロン活動，地域ボランティア活動は，自治会・町内会を組織的な基盤にして取り組まれている。自治会・町内会を基礎にして地域や暮らしに根ざした事業・活動を発展させるためには，暮らしや社会福祉の問題についての定期的な懇談会・学習会に取り組むことが不可欠である。取り組む課題を共有する学習活動が欠けていると，事業・活動の目的が曖昧になり活動は長続きしない。

　社会福祉施設はボランティア講座や家庭介護講座などの学習会に取り組んできた実績がある。地域では介護保険制度や障害者自立支援法の学習会，年金相談などの取り組みも広がっている。公民館の高齢者学級やボランティア講座に参加した人のなかから自主的な地域活動やボランティア活動に参加する人も出てきている。地域の課題や住民の生活課題と結びついた事業や学習活動を通じて，まちづくりに取り組む担い手を育てることができるのである。

　私たちが実施した「生活問題調査」では，①お年寄りや障害者と子ども・若い人たちとの交流を広げるなど住民相互の対話・交流を広げること，②ボランティアや福祉委員など地域福祉活動の担い手を増やすこと，③身近な地域で住民の暮らし・福祉の懇談会の開催や活動の交流会・学習会を開くことをあげている。

こうした住民の暮らしといのちを守る事業・活動に取り組む担い手づくりを進めるために拠点になる施設や専門職員が必要なことはいうまでもない。住民は，①「身近な地域にいつでも気軽に利用できる施設をふやす」や「地域福祉活動やボランティア活動の拠点になる施設を設置する」など施設を増やすこと，②保健師や訪問看護師，ホームヘルパー，ボランティアコーディネーター，社会福祉協議会の専門員など地域に出向いて住民とともに活動に取り組む専門職員を増やすこと，などを求めている。

　地域福祉を推進していくために必要な条件の整備を自治体行政に働きかけていく運動の拠り所としての役割が社会福祉施設に求められている。運動的側面での取り組みを強化することによって，住民が必要としている事業・活動を発展させることができるのである。

4　地域福祉活動の拠点になる施設づくりの課題

● だれでも気軽に利用できる公共施設の整備が基本

　すでに述べてきたことであるが，第1に住民が暮らし・福祉の問題で話し合ったり相談できる拠点の整備が必要不可欠である。少なくとも高齢者や障害者なども気軽に往き来できる範囲（都市部では最低小学校区，農村部では字ごと）に設置しなければならない。自治会・町内会が管理している集会所・自治会館は，カギの管理や部屋数・広さ，トイレ・厨房などの設備や運営面で多くの限界があり，活動の拠点としての条件は乏しい。拠点になる施設は自治体行政の責任と負担による公共施設として設置・運営していくことが基本である。

　現状では，公民館が地域活動の拠点として役割を担っている。2005年現在，類似施設を含め全国で1万8182館設置されている。小学校区ごとに設置されているわけではない。都市部では中学校区単位という自治体も多く，利用できる住民は地域的に限られる。住民参加を保障する運営審議会を設置し，企画委員会や利用者懇談会を設けて地域や住民の暮らしの課題と結びついた事業・活動に取り組んでいるところもある。しかし，規制緩和により指定管理者制度が導入され，住民の参加と自治による運営体制が形骸化する方向が強まっている。

ボランティアセンターは2005年4月現在，全国に2308か所（ボランティアセンターの機能を有している市区町村社会福祉協議会を含む）である。その数は市町村合併によって減少傾向にある。文化会館や福祉会館，老人福祉センター，障害者福祉センターなどは絶対数が少なく，地域における日常的・継続的な活動の拠点としては不十分である。

　拠点となる施設は建物があればよいというものではない。活動内容や団体の大小にかかわらず平等に利用できる，労働者・サラリーマンを考慮して夜間（午後10時）や休日も利用できる，使用料の無料化や利用手続きの簡素化・夜間受付，利用者の活動や学習の自由の尊重が重要である。また，地域福祉活動の拠点になる施設にふさわしい設備も必要である。現在の公民館の構造や設備は不十分である。たとえば，①交流の場として，談話室・ロビーや軽食・喫茶室，フロ，相談室，料理室，②活動の場として，集会室，和室，団体交流室，印刷室，③学習の場として，コンピュータ室，講座室，図書資料室，視聴覚室，さらには④保健室，トイレ，駐車場等の整備が必要である。

　これらの設備をそなえた施設を自治体行政の責任で身近な地域に設置していくことが地域福祉の推進していく基本的な前提条件である。

● 暮らしの現場に出向く専門職員の配置

　地域福祉活動を発展させるために必要な条件として，地域に出向いて住民とともに活動に取り組む常勤専任の職員の配置が不可欠である。職員あっての施設である。

　公民館についてみると，館長と公民館主事，労務員，指導員の3～4人体制が多い。しかも，職員「専任」規定が削除され規制緩和によって兼務や非常勤職員やパートタイマーなど不安定な身分の職員が増えている。講座などに追われて，地域福祉活動にまで手がまわらない現状にある。社会福祉協議会のボランティアコーディネーターやコミュニティソーシャルワーカーなどの職員を地域公民館に配置することも1つの方策である。

　社会福祉協議会のボランティアコーディネーターは全国で2569人（2005年4月）と絶対的に不足している。しかも，常勤専任は673人，常勤で兼任827人，

非常勤・専任353人，非常勤で兼任116人，有給・無給の協力員等600人である。これでは地域に出向いて相談活動に取り組むことは不可能に近い。常勤専任のボランティアコーディネーターを増やすことが最も基本的で緊急の課題である。1人では，集団的組織的に取り組むことはできない。複数配置していくことが原則である。

　社会福祉協議会には，中学校区単位に要援護者に対する「見守り・発見・相談・サービスへのつなぎ」機能を担うコミュニティソーシャルワーカーを配置する事業も進められているが，社会福祉施設にも地域福祉を担う職員を配置することが必要である。地域に根ざした活動に取り組んでいる施設では，職員不足のなかでも相談活動やボランティア活動，学習活動に取り組む職員を独自に配置している。運転手や訪問リハビリ職員・訪問看護師，保健師などすべての職種において増員が必要である。1人しか配置されていない職種は，休みを取ることもできない。少なくとも複数配置にしていくことが必要である。

　そして何よりも「人たるに値する」雇用・労働条件を確立していくことが重要である。社会福祉施設では，慢性的な職員不足に加えて嘱託職員や非常勤職員が増えている。その結果，職員集団としてのまとまりが乏しくなり，与えられた仕事に追われて見通しをもった組織的な事業・活動に発展させることが困難になっている。毎日やっている事業・活動の社会的役割や地域における施設の役割を見失うことになるであろう。

　専門職員の養成・配置は，施設の経営努力で解決できる課題ではない。国と自治体行政の責任において対応しなければならない課題である。

● 行政の責任による施設の体系的整備と住民自治を発展させる運営

　地域福祉は，従来のタテ割りの社会福祉制度では対応できない生活問題の地域的な広がりに応じて登場した最終的な対応である。制度的には，社会保障制度の一環であり，同時に住民の参加と自治を基盤にしたまちづくりの一環である。住民の自主的な参加と自治を基盤にして，生活問題の地域性を規定している社会的条件に働きかけて改善・拡充していく組織的な取り組みであるところに地域福祉の特徴がある。したがって，地域における相互扶助にとどまるもの

ではない。児童福祉や高齢者福祉，障害者福祉など「各論的なタテ割り福祉のいずれにもかかわる基底的な位置と役割を占めるもの」[三塚　1984b：71]である。

　地域福祉を発展させる基本方向は，社会保障制度の一環として，地域における暮らしの最低限を確立していく取り組みである。と同時に，住民の自主的な参加と自治の発展とそれに必要な条件の体系的な整備を働きかける方向である。

　住民のだれもが安心して暮らせる福祉のまちづくりにおいて，住民の暮らしの最低限を確保する社会福祉施設の整備・拡充は不可欠である。社会福祉施設の整備が立ち遅れていると，最も深刻な生活上の困難をかかえている住民の暮らしの問題が潜在化し，暮らしにくい地域がつくられることになる。したがって，まちづくりにおいては，生活上の困難をかかえている住民の暮らしの最低限を確保する社会福祉施設の整備が不可欠である。

　同時に，社会福祉施設だけで住民の暮らし・健康を守ることはできない。住宅や安全な道路（送迎保障を含む），公園，公民館・コミュニティセンター，集会所・会議室，学校，図書館，博物館，スポーツ・レクリエーション施設，病院・診療所などの公共的な整備が不可欠の前提条件として必要である。特に，いつでも入院できる医療機関やリハビリテーション施設の整備は，いのち・健康を守る最低限の対策として重要であり，それなしには地域福祉が成り立たない前提条件である。地域保健・医療や社会教育活動などに取り組んでいる公共施設との有機的な連携があって，地域福祉活動も進むのである。

　地域と住民の暮らしの実態に対応した公共施設・社会福祉施設の体系的な整備にとって大きな問題は，自治体行政の責任による設置・運営が曖昧にされ民営化や営利企業の参入が進められていることである。指定管理者制度や介護保険制度などによって，その方向は一層強まっている。特別養護老人ホームの待機者数は約30万人を超えるといわれている。医療機関の不足・偏在も著しく，「介護難民」「医療難民」という言葉まで登場している。

　医療機関や社会福祉施設の不足・偏在は，利用者同士や利用者と利用できない住民，利用者と職員などの間に対立をもちこんでいる。その結果，住民の日常的な交流・連帯と協力・共同が妨げられ，深刻な生活問題をかかえた世帯が

地域で孤立するという暮らしにくい地域が広がっている。改めて地域と住民の暮らしの実態に対応した施設の体系的な整備を図り，有機的な連携のもとに住民自治を発展するように運営することが自治体行政の責任として問われているのである。

1) イギリスを例にとると，伝染病院（1871年）や改正公衆衛生法（1875年）による上下水道，廃棄物処理の整備，助産婦法（1902年），ロンドンの訪問看護婦制度（1909年），母子保健法（1918年）など公衆衛生の整備が図られた。これらに続いて，地方自治体による公共住宅の計画的供給を促進する制度（1890年）や住宅および都市計画法が1909年に制定されている。教育分野では，1890年の教育令（改正）によって義務教育制度が確立，貧困児童に対する学校給食法（1906年）や学校保健法（1907年）が，さらには牛乳供給所（1904年）や保育所法（1919年）などの施設・サービスが登場している。詳しくは野村拓［1968］および三塚武男［1979］を参照のこと。
2) 社会的共同生活手段・社会的共同サービスが自助の原則の限界を補完するという考え方は，逆立ちしている。それなしには，自助の原則が成り立たない前提条件として位置づけることが大切である。
3) 社会政策である労働基本権の確立と労働者保護制度，雇用保障制度，最低賃金制度が公共一般施策とともに社会保障制度の前提条件である。
4) 高槻市社会福祉協議会・高槻市ボランティアセンター『住宅急増都市における地域福祉の課題』（1992年），安曇川町社会福祉協議会『「ふれあいのまちづくり事業」のための福祉実態調査報告書』（1996年），栗東町社会福祉協議会『栗東町における福祉のまちづくりの課題と条件』（1998年），彦根市社会福祉協議会『地域福祉活動指針』（1999年），摂津市『誰もが健康で安心して暮らせるまちづくりの課題と条件』（2005年）などを参照していただきたい。

【引用・参考文献】

手塚英男（1996）「生涯学習と福祉が出会うとき」島田修一編『生涯学習のあらたな地平』国土社
野村　拓（1968）『講座 医療政策史』医療図書出版
三塚武男「保育所の位置と役割」清水民子・細川順正編（1979）『保育所保育を考える 新しい保育をめざして1』ミネルヴァ書房
三塚武男（1984a）「施設整備と職員の養成配置」右田紀久惠・井岡勉編著『地域福祉―いま問われているもの』ミネルヴァ書房
三塚武男（1984b）「生活問題と地域福祉」右田紀久惠・井岡勉編著『地域福祉―いま問われているもの』ミネルヴァ書房

〔安井喜行〕

第5章
地域ケアシステムとサポート・ネットワーク

はじめに

　わが国に，イギリスのコミュニティ・ケアの考え方が紹介されたのは1970年前後といわれている。高齢者分野を中心に在宅福祉の重視が打ち出され，その推進に力が入れられ始めた1980年代以降，「保健・医療・福祉の連携」が強く叫ばれるようになった。介護ニーズをかかえた人が在宅生活を送るためには，在宅福祉サービスだけではなく，訪問診療や訪問看護などの医療的ケアと連携を取り合うことが不可欠な要素だからである。2000年の介護保険制度の実施により，保健・医療・福祉サービスは1つの土俵に乗ることとなり，その連携は一定の到達点をみたといえる。

　しかし，介護保険制度ができたことで，わが国の介護問題，在宅介護問題は解決したといえるであろうか。要介護高齢者が地域で生活を送るためには，保健・医療・福祉サービスだけでなく，もっと多様な支援が組み合わさり提供される必要がある。同様のことは介護保険対象者に限ったことではなく，福祉サービスを必要とするすべての人々にあてはまることでもある。

　本章では，ノーマライゼーション理念そのものともいえる「地域自立生活」を支えるために必要な支援体制――地域ケアシステム――のあり方について考察していく。そのなかで，在宅生活上の多くの要素を支える「保健・医療・福祉以外のサービス」の重要性や，「制度外の資源や支援（インフォーマルサービス）」の，地域ケアシステムにおける位置や役割について検討する。また，地域ケアシステムの構築を担う組織として，市町村社会福祉協議会の役割，介護保険制度改正により2006年度から新たに設置された地域包括支援センターの役割等について考察する。

1　進む福祉改革

　社会保障制度改革から社会福祉基礎構造改革を経て，わが国の福祉理念・福祉制度は大転換を遂げつつある。1つには，「普遍化」のもとに低所得者対策から一般対象へと福祉サービスの利用対象が拡大されたことである。それにともない，高齢者分野や障害者分野において従来の措置制度のもとでの「応能負担」から，サービス利用にかかる一定費用を利用者＝受益者が負担しようとする「応益負担」へと理念も制度も転換した。さらには，「自由化」や「選択利用」という理念を具現化するために「規制緩和」と「多元化」を進め，福祉サービスの提供者も，従来の「国・地方公共団体・社会福祉法人等」といった限定的主体から，特定非営利活動法人や民法法人，さらには利益追求を目的とする株式会社・有限会社等にまで拡大し，「競争原理」と「第三者評価」による質の管理，「情報公開」を前提としながら，福祉サービスの「選択・契約利用」を推し進めてきた。

　また，憲法第25条にいう「最低限の生活保障」という考え方から，「利用者本位・自己決定・自己実現，利用者の尊厳重視」といった「利用者がどう思い感じるのか」という視点に立った援助理念へと転換し，福祉サービスにも質が問われ，水準がミニマム（minimum）保障からオプトマム（optimum）保障へと拡大しつつある。同様に「施設を中心とした保護救済」という理念から「在宅生活を基本とした自立支援」へと転換し，予防対策や社会復帰支援，地域生活支援が社会福祉援助の目標とされるようになってきた。こうした流れを受けて，在宅福祉サービスの拡充が進み，その形態も「地域密着・小規模・多機能・共生型施設」の設置へとより「地域化」しつつある。また，従来の制度的サービスではカバーしきれなかった，在宅利用者の生活管理面を支える「地域福祉権利擁護事業」や民法改正による「成年後見制度」などが始まっている。

2　制度的サービスの限界

このような理念や方向性で進められている諸改革だが，介護保険制度や障害者自立支援法には，さまざまな「網の目の粗さ」が指摘されている。「本当に福祉サービスの普遍化が進んだのか」「地域自立生活支援を支えられる在宅福祉体制が構築できているのか」についての検証が必要となってきている。

本章の「はじめに」でも提起したが，介護保険制度ができたことで在宅介護問題は解決したといえるであろうか。問題はそう簡単ではない。私たちの生活は，さまざまな要素から成り立っている。新聞や牛乳の取り入れから回覧板，洗濯や布団干し，買物や調理，掃除や電球の交換，家計の管理，家賃や公共料金の支払い，など生活を維持するための最低限のスキルが本人ないしは家族に求められる。さらには，交友・趣味・外出といった，生活を豊かにし，生きがいを維持するための要素も無視できない。人が主体的に生活するということは，実に多様な側面をもつのである。こうした生活の諸側面を分類した指標として「新国民生活指標（People's Life Indicators：以下，PLI という）」が参考になる。PLI は，旧経済企画庁（現内閣府）が都道府県別の県民の暮らしやすさ指標として用いていたもので（現在は廃止），人々の生活は「住む」，「費やす」，「働く」，「育てる」，「癒す」，「遊ぶ」，「学ぶ」，「交わる」の 8 活動領域からなるとしている。

施設サービスでは，「働く」や「育てる」など一部を除き，これら 8 領域の多くを施設内で完結的にみたそうとしている。衣食住が前提的に保障されていて，さらに，十分とはいえないまでも交流・学習・遊技・外出などさまざまなメニューが用意されている。しかし，在宅では，このようなお膳立てはない。在宅生活上発生する諸課題に，要援護者本人や家族の力で対処していかなければならない。このことは非常に負担であり，在宅生活のハードルを高くしてしまう。介護保険サービスが保障しているのは，この中のほんの一部，十数種類の介護サービスだけである。しかも，たとえば訪問介護（ホームヘルプ）サービスを利用しても，新聞や牛乳の取り入れや回覧板まわしなどは業務外であ

る。洗濯や布団干しはしてくれるが，取り込みには来てくれない。本人の占有的かつ日常利用スペース以外（普段行かない2階の部屋や家族との共用スペース）は掃除してくれない。電球の交換やちょっとした掃除にともなう家具の移動なども断られる。他のサービスも制限だらけで，状況は変わらない。こうしたサービスをいくつか組み合わせて使ったとしても，結局，制度がカバーできるのは「最低限の介護のお手伝い」部分のみである。それ以外の，生活を送るうえで必要な部分はインフォーマルサービスでの対応が必要となる。

このことは，厚生労働省高齢者介護研究会報告「2015年の高齢者介護～高齢者の尊厳を支えるケアの確立に向けて～」（2003年）のⅢ-(4)「地域包括ケアシステムの構築」にも，以下のように指摘されている。

> 「介護保険の介護サービスやケアマネジメントが適切に行われたとしても，それのみでは，高齢者の生活を支えきれるものではない」「ケアマネジャーだけで問題を解決しようとしても難しいことがある」「専門機関や近隣住民と連携して，介護の周辺にある問題を解決することが必要になる」「介護サービスの利用を誰に相談してよいのか分からない，という住民もいるであろう」「介護以外の問題にも対処しながら，介護サービスを提供するには，介護保険のサービスを中核としつつ，保健・福祉・医療の専門職相互の連携，さらにはボランティアなどの住民活動も含めた連携によって，地域の様々な資源を統合した包括的なケア（地域包括ケア）を提供することが必要である」「地域包括ケアが有効に機能するためには，各種のサービスや住民が連携してケアを提供するよう，関係者の連絡調整を行い，サービスのコーディネートを行う，在宅介護支援センター等の機関が必要となる」

さて，インフォーマルサービスが求められる背景は，制度的限界ばかりではない。要介護認定上はまだまだ利用できるのに，経済的負担によりサービス利用を抑制している利用者・家族も多い。応益負担の影の部分のしわ寄せが低所得世帯層に重くのしかかっている。現実に，介護保険制度改正後は食費が自己負担になったことなどもあり，個室型の特別養護老人ホームで月15万円程度，老健やグループホームが月18万円程度，ケアハウスでも月10万円超の自己負担を求められるようになった。さらに，身の回りの日用品代等を考慮すると，介護施設入居には月額20万円の支払い能力が求められるということである。さらには，残った夫や妻の自宅での生活費も考慮すると，月額35～40万円の収入な

り資産を有している必要がある。金額を聞いて入居を断念する人も多く，まさに「介護の沙汰も金次第」の時代といえる。2006年からは，障害者自立支援法により，障害者福祉サービスも利用者の一部負担が導入された。これにより，介護保険制度と同様の事態が起こってきている。このように考えると，介護保険法や障害者自立支援法ができたからこそ，インフォーマルサービスの重要性がより高まってきたといえよう。

3　インフォーマルサービスの創出と地域ケアシステム

　インフォーマルサービスとは，福祉産業が提供する有料サービス，住民参加型サービスやシルバー人材センターのような非営利有料サービス，地域での見守りや支え合い活動，ボランティアグループ等による援助活動，当事者による自助的な活動，そして家族や親戚等による自助活動，などを総称したものである。

　制度的なサービス（フォーマルサービス）と相まって，これらが重層的に地域に存在し，それぞれが補完し合って，地域自立生活を支えていく必要がある（図表5-1）。フォーマルサービス，インフォーマルサービスにはそれぞれ特徴がある。さらには，インフォーマルサービスのなかでも市場原理によって提供されるものと，共感原理によって提供されるものとでは，その性格や役割が大きく違っている。

　フォーマルサービスは，公的責任により行政論理によって提供されるものであり，公平かつ安定したサービスといえる。一方で，基準どおりの運用・適用がなされ，硬直的な側面もあわせもっている。さらには，症例の多いニーズに公約数的にしか対応しておらず，少数派のニーズには対応してくれない。フォーマルサービスには，行政そのものだけでなく，制度のなかでサービスを提供している社会福祉法人・NPO・株式会社等の事業者も含まれる。

　有料老人ホームなどに代表される福祉産業は，市場原理にもとづいている。顧客・消費者ニーズに即応した柔軟なサービス開発やサービス提供ができる。高い福祉ニーズや高いアメニティ欲求，さらには制度も対応しない少数派のま

図表 5-1　重層的な高齢者福祉システム

ニーズ 高い↑↓低い	費用負担 多い↑↓少ない		
		より高次のニーズに対応するサービス（アメニティ）	…シルバー産業などの市場サービス
		介護保険のサービスその他の諸福祉制度	…税・社会保険によるサービス
		比較的軽微で制度の対象外や緊急・短期利用のニーズ	…住民参加型サービスやNPOなど
		制度や市場では補い切れないささやかなニーズ	…近隣，地区，ボランティア，当事者による自助・共助

れなニーズにも対応してくれる。それだけに利用料も高額なものとなり，「持てる者」のみがそのメリットを享受できるという非公平な側面をもつ。さらには不採算部門からの撤退もありうるので，不安定なサービスということができる。

　共感原理にもとづくサービスは，ボランティア活動等をはじめとする共助・互助活動である。直接的な支援活動もあるが，PLIの「癒す」「遊ぶ」「学ぶ」「交わる」といった心の支えに関わる部面を多くカバーしているといえよう。共感原理にもとづく住民の自発的活動は，行政論理のように公平・硬直的である必要はなく，その対極の非公平かつ柔軟さが特徴である。目の前にいる困った人に思うように手を差し伸べることが許されるのである。さらに，非営利であるため，市場原理とも一線を画している。欠点として，活動主体の動機に依存していて責任性が弱いため，不安定なことがあげられる。その不安定さを補う意味で1990年頃から，全国各地で住民参加型在宅サービスが結成されている。有料有償サービスの形態をとってはいるが，その金額は低額であり，営利追求というよりもサービスの安定化を目的としたものといえる。

　前節では，インフォーマルサービスがフォーマルサービスの補完的役割を果たすものとして，その存在が際立ってきたと述べたが，このように単なる補完機能を果たすだけではなく，それぞれ独自の価値や原理にもとづいて機能しており，固有の存在意義をもっていることを確認しておきたい。

4　地域ケアシステムの要素

　これまで紹介してきたように,「保健・医療・福祉の連携」は地域ケアシステムの構成要素の一部である。また,「制度的サービス，市場サービス，共感サービス」も地域ケアシステムの1つの断面といえる。さらには,「問題発見システムと問題解決システム」という切り方や,「地域圏域レベル」で切るなど，地域ケアシステムは多面的に捉えることができる。「制度的サービス，市場サービス，共感サービス」については前節ですでにふれているので，ここでは「保健・医療・福祉の連携」,「問題発見システムと問題解決システム」,「地域圏域レベル」について整理したい。

◉ 保健・医療・福祉の連携

　保健・医療・福祉の連携が求められた背景についてはすでに述べたが，地域自立生活を支えるためには，今日では,「保健・医療・福祉の連携」だけでは不十分である。これに加えて,「司法」分野の協力が欠かせない。福祉サービス利用者のなかには，判断能力の低下している人，金銭管理や生活の組み立てができない人，紛争や債権をかかえている人，虐待を受けている人，などが多数いる。こうした人々の権利擁護のためには，司法関係者が専門職チームに入るか，あるいは，いつでも相談にのってもらえる広域の連携体制づくりが必要である。このほかにも，必要に応じて，労働，教育，住宅，防災，まちづくり分野との連携体制づくりなども求められよう。

◉ 問題発見システムと問題解決システム

　要援護者が，自分が福祉問題をかかえていると自覚し，必要な情報を収集し，的確に相談機関を見つけて訪れるということはまずない。むしろ，情報弱者であることが多く，当事者意識が弱く，深刻な状態になるまで援助を求めないことが多い。そこで必要となるのが問題発見システムである。ニーズを発見し診断できる専門機関・専門職にニーズを届けるためのシステムである。その

アンテナの機能を果たすのは，家族・近隣・友人・地域住民等の見守り活動の場合もあれば，ふれあいサロンで発見する場合もある。民生委員・児童委員も訪問だけでなく，近所の噂からの発見もある。また，診療所やさまざまな福祉機関をはじめ，広域圏では行政・ガス会社・水道局などの場合も考えられる。必要なことは，これらの人々や機関との関係づくりをし，信頼関係を築いておくことである。また，生活問題・福祉問題に対する感度を高めるためにも，関係者の研修や住民等への講座や啓発活動が不可欠な取り組みとなる。

問題解決システムは，さまざまな援助に対応できる資源を発見・創出し，連携関係を構築しておくことである。具体的には，地域住民の組織化，ボランティアの組織化，当事者の組織化，関係機関連携である福祉組織化，などがあげられる。地域住民の組織化が図れていれば，個別ニーズに対応する小地域ネットワークも組織しやすくなる。しかし，地域住民も，ボランティアも，当事者も，関係機関も，「役割だから」と頼まれて「はいそうですか」と，ボタンを押せば動いてくれるような，都合よく機能的なものではない。そこには相互の信頼関係が必要であり，長期間にわたる不断の働きかけや関係維持のための努力が必要である。

● 地域圏域レベル

「最初は，担当地区の中学校区の全住民対象に，様々な情報を発信したり講座の呼びかけをしていたのだが，今ひとつ反応が悪かった。そこでもっとエリアを細分化して町内会単位できめ細かく対応したところ，住民の反応がよくなり活動にも主体的に参加してくれるようになった」。ある地域包括支援センターの社会福祉士の言葉である。地域性にもよるが，住民は住民なりに地域活動をしやすい単位がある。それを発見できた好事例であろう。ブロックなど数十世帯単位の地域組織から，町内会や自治会，小学校区，中学校区，福祉圏域，市町村域と圏域にはさまざまなレベルがある。ほかにも，単位民協，老人クラブ，施設連絡会といった組織の活動単位もある。問題発見システムを構築する際にも，問題解決システムを構築する際にも，どの圏域でだれが何を担うのかを考慮することが重要となってくる。

図表5-2　「地域ケア会議」(岡山県社会福祉協議会)地域ケアシステムと地域ケア会議モデル

	早期発見・早期対応システム			問題解決システム
生活圏域 (町内会自治会)	家族・親族／近隣・友人／仲間等			町内会レベルでの連携
福祉圏域 (小学校区)	町内会・自治会長／愛育委員／ 福祉委員／ボランティア／老人 クラブ／当事者組織			地区社協 ― 小地域ケア会議
	民生委員・児童委員委員			
地域福祉圏域 (中学校・旧市町)	行政機関 ／社協	サブセンター／ブランチ	居宅事業所／医療機関等	地域ケア会議
広域圏域 (自治体・保健エリア)	地域包括支援センター 市町村行政（本庁）			市町村社会資源開発会議

出所：[岡山県社協　2006：9-10]

　ここでは，岡山県社会福祉協議会在宅福祉開発推進委員会がまとめた『地域ケア会議―岡山モデル PART2・中間報告―』（2006年6月）に提案されている「地域包括支援センター創設を見据えた，地域ケアシステムと地域ケア会議モデル」の図を一部省略したものを紹介しておく（図表5-2）。

　図にも示されているとおり，同報告書では，中学校区を想定した地域福祉圏域に「地域ケア会議」を設置し，社会福祉協議会，ケアマネジャー，医師，保健師，行政，当事者団体代表，民生委員・児童委員代表，地域包括支援センター，介護サービス従事者らによる，①総合調整，②問題共有・ネットワーク，③社会資源開発，④困難事例検討，⑤指導助言を行うことが必要であると提言している。さらには，小学校区を想定した福祉区圏域では，地区社会福祉協議会に専門職が加わった「小地域ケア会議」を開催することを提案している。ここでは，必要なサービス開発やインフォーマルサービス・マネジメントが行われる。専門職が定期的に関与しながら，住民の活動主体形成を支援しようとするものである。

5　地域ケアシステムの推進者

　地域ケアシステム構築の責任は市町村行政にある。諸福祉サービスの実施主体である市町村は，地域福祉計画の策定を通じて，市町村におけるさまざまな圏域の設定と，拠点や資源の効果的な配置に取り組む必要がある。また，地域ケアシステムの構築や運営の中心となるのは，地域包括支援センターと市町村社会福祉協議会であろう。ここでは，地域包括支援センターと市町村社会福祉協議会の役割について詳しくふれたい。

● 地域包括支援センター

　地域包括支援センターは，改正された介護保険法の第115条の39に根拠をもち，人口2～3万人に1か所（全国5000～6000か所）を想定し，スタッフとして保健師（スクリーニング・介護予防関連）・社会福祉士（総合相談・虐待等権利擁護など）・主任ケアマネジャー（困難ケース対応，ケアマネ支援など）を配置し，地域包括ケア推進の役割と指定介護予防支援事業者（介護予防ケアマネ）の役割を担う機関として誕生した。

　実際には，市町村によって設置方法がまちまちで，3500か所程度にとどまっている。現在のところ，介護予防プランに追われ，システムづくりにまで手が回っていない支援センターが多いようである。しかし，介護保険ケアプランであれ，介護予防プランであれ，個別事例と向き合い，利用者本位の援助計画を立てようとすると，制度の限界にぶつかってしまう。地域ケアシステムづくりは，そうした限界を乗り越え，よりよい援助を提供するために構築するものである。このシステムづくりに社会福祉士の果たすべき役割は大きい。

　現時点では構想段階ではあるが，地域包括支援センターは将来，高齢者分野だけでなく，分野を超えた地域のあらゆる福祉相談のワンストップ窓口になり「包括」的に対応することが期待されている。また，保健・医療・福祉・司法の専門機関をつなぐ接着剤の役割を果たす「包括」的対応も期待されている。さらには，フォーマルとインフォーマルの両資源に「包括」的に関わりなが

ら，システムづくりや個別援助を行うことが期待されている。あらゆるニーズとサービスの扇要機関としてきわめて重要な役割を果たすことは間違いない。

● **市町村社会福祉協議会**

市町村社会福祉協議会は，地域住民組織や公民の社会福祉に関する活動を行うあらゆる関係者により構成され，地域における民間の自主的な福祉活動の中心機関として住民参加の福祉活動を推進し，地域における生活上の諸課題を計画的・協働的努力によって解決しようとする，地域福祉の推進を使命とする組織である。各市町村社会福祉協議会の活動・事業は多様だが，最大公約数的に定義づけるとおおむねこのようなものとなろう。つまり，社会福祉協議会の使命は，インフォーマル資源開発と公民協働活動の組織化などシステムづくりを行い，さらにそれらをマネジメントして1人の不幸も見逃さない個別援助活動を展開することである。

市町村社会福祉協議会は，地区社会福祉協議会などのコミュニティ型インフォーマル資源をもち，ボランティアグループなどのアソシエーション型インフォーマル資源ももっている。住民参加型サービスの創出や，介護保険事業や地域福祉権利擁護事業などの制度的サービスの提供も行い，さらには施設協議会等の連絡組織ももっている。社会福祉協議会そのものが地域ケアシステムといっても過言ではない。しかしながら現実には，大半の社会福祉協議会がその持ち味を最大限発揮したシステムづくりや活動が行えていないのが実情であろう。市町村社会福祉協議会は，常に新しいニーズを発見してそれを解決しながら，資源開発とシステムづくりを行う，高度な専門性を有したソーシャルワーク機関としての役割が期待されており，その役割を果たせる機関はほかにはない。その視点を職員間で共有し，地域住民や諸機関の伴走者として地域ケアシステムづくりを進めていく必要がある。

地域包括支援センターも市町村社会福祉協議会も小さな組織でありながら，「個別支援」と「地域ケアシステム構築」の両方を担わされることとなる。しかしながら，担当者タテ割りで職員がケースや業務をかかえて孤立して仕事をするのではなく，業務とは別のプロジェクトチームや地域担当制，ケースカン

ファレンスをもち,組織全体でソーシャルワーク機能を発揮していく視点が求められよう。

おわりに

　インフォーマル資源やネットワークを重視しつつ,ニーズに多元的・複合的に対応するシステム構築はソーシャルワーカーの重要な役割である。ニーズは高齢者の介護問題だけではない。2000年の「社会的な援護を要する人々に対する社会福祉のあり方に関する検討会」報告書でも指摘されているように,私たちの生活の身近なところにたくさんの社会問題がある。地域ケアシステムの構築は,制度的には対応できない分野の隙間に落ち込んだニーズや不定形のニーズにも対応しうる力と可能性を与えてくれると考える。

　本章では,地域ケアシステム構築が求められる背景,地域ケアシステムとは何か,地域ケアシステムはだれが推進するのか,等について整理してきた。しかしながら,章題にある「サポート・ネットワーク」については,ここまでふれてこなかった。サポート・ネットワークとは,特定の問題をかかえる人々を支援するインフォーマルな組織をさす。これらの資源も,地域ケアシステムの中で重要な位置を占めることはいうまでもない。その開発・支援もソーシャルワーカーに期待される役割である。

【引用・参考文献】
岡山県社会福祉協議会在宅福祉開発推進委員会(2006)『地域ケア会議―岡山モデルPART2・中間報告―』岡山県社会福祉協議会
日本社会福祉士会地域包括ケアシステム構築のための地域におけるソーシャルワーク研究会(平成16年度老人保健事業推進費等補助金)(2005)『地域包括ケアシステム構築のための地域におけるソーシャルワーク実践の検証に関する調査研究報告書(概要版)』日本社会福祉士会
山本主税・川上富雄編著(2003)『地域福祉新時代の社会福祉協議会』中央法規

〔川上富雄〕

第6章
地域トータルケアとコミュニティ・ソーシャルワーク

1 新しい社会福祉の考え方，サービスシステムとしての地域福祉

● 社会福祉のメインストリームとしての地域福祉とコミュニティ・ソーシャルワーク

　地域福祉は，社会福祉における新しい考え方であり，新しいサービスシステムである。また，2000年以降，社会福祉のメインストリーム（主流）になった考え方である。地域福祉という考え方は，従来，ややもすると社会福祉方法論の1つの技法であるコミュニティ・オーガニゼーションと同義語的に考えられてきたところもあり，それはあたかも社会福祉協議会の活動のことを意味していると考えられてきた側面があった。あるいは，社会福祉6法体制である児童福祉，障害者福祉，老人福祉等の属性分野以外の"その他の福祉"を地域福祉と捉え，その主な担い手が社会福祉協議会であったことから，地域福祉＝社会福祉協議会の活動であると考えられてきた側面がある。

　しかしながら，地域福祉という考え方は社会福祉の新しい動向をさし示すものとして，イギリスのシーボーム報告等の考え方を受けて，1970年頃にその理論化の取り組みが始まったものである（岡村重夫）。その考え方は，その後，1980年代に先駆的な在宅福祉サービスの開発が行われ，それをふまえた1990年の社会福祉関係8法の改正により法制度的にも位置づけられるようになり，2000年の社会福祉事業法から社会福祉法への改正・改称で社会福祉のメインストリームとして集大成されてくる。

　地域福祉は，戦後日本の社会福祉行政の根幹をなしていた属性分野ごとの社会福祉サービスのあり方を根本的に変え，児童分野・障害者分野・高齢者分野を超えて，地域での自立生活を支援する横断的なサービス提供のあり方を考え

るものである。そこでは，福祉サービスを必要としている人のニーズが属性分野ごとの法律で定められている福祉サービスに該当するかどうかといった"判定"を行い，サービス提供の可否と有無を決定する「措置行政」ではなく，福祉サービスを必要としている人やその家族がどうしたら地域での自立生活が可能になるのかを，家族全体の生活や近隣のソーシャルサポート・ネットワークの有無も含めてアセスメント（診断・評価）し，"福祉サービスを必要としている人の求めと専門職の判断にもとづいて必要と両者の合意"にもとづき支援方針を立て，支援プログラムを作成することが重要になる。それは，ニードオリエンテッド（ニード）を有している人（ニーディ）の属性に着目し，制度化されたサービスを指向することではなく，ニードオリエンテッド（属性に関わりなく，その人の有しているニードそのものを指向すること）（三浦文夫）であり，ニーズをどう把握するかが改めて大きな実践的・政策的課題になってくる。それは，政策化に必要なニーズキャッチのあり方とともに，何らかの福祉サービスを必要としている人の地域での自立生活を支援するうえでのニーズキャッチのあり方の両側面から検討されなければならない。

　政策的には，地域にどのようなニーズがあり，それに応えるサービスのメニューと総量はどうあるべきかを考えたり，地域での自立生活を支援できるシステムの開発やシステムの運営管理の問題も含めて市区町村の地域福祉計画につながる課題が大きい。一方，実践的には，地域にあるニーズの把握の方法，ニードオリエンテッドにおけるニーズ分析の視点と枠組み，ニーズとサービスを結びつけて問題を解決するシステムの運用や具体的実践方法が問われることになる。

　たとえば，ニーズキャッチの視点と枠組みを考える場合，1980年の国際障害分類（ICIDH）といった，ニーズ把握の基点を身体的機能障害（impairment）におく医学モデルから捉えるのではなく，その人の生活上の機能障害を明らかにすることに基点をおく2001年の国際生活機能分類（ICF）の視点と枠組みとが重要になる。ICFでは，従来のような自立生活の捉え方ではなく，その人がどれだけ能力を活かした活動を展開しているのか，社会・経済・文化その他においてどれだけ多様な参加をしているかといったストレングスアプローチやエ

ンパワーメントアプローチからの支援のあり方が重視される。その視点と枠組みは，他の専門職種と共通言語として流通すると同時に，他の専門職からも評価される視点と枠組みになっていなければならない。

　したがって，地域福祉においては，地域での自立生活が可能になるように支援することを目的として，ICFの視点をふまえたケアマネジメントの方法を手段として活用する地域を基盤としたコミュニティ・ソーシャルワークという機能が重要となる。

　ところで，地域自立生活支援は個々人のニーズに応えるニードオリエンテッドのサービス提供が重要であると述べたが，そうであればあるほど個々人のおかれている状況を的確に判断（アセスメント）することが必要であり，その際にその人が地域の非制度的な，インフォーマルケアとしてのソーシャルサポート・ネットワークをどれだけ有しているかがアセスメントの大きなポイントとなる。そのような地域福祉の実践においては，2005年から完全実施された個人情報保護法との関わりは大きな課題を提起している。個人情報を衆目に晒すのではなく，人権をふまえた個人の尊厳の保障を旨として，ソーシャルサポート・ネットワークをどうつくるかが問われている。また，地域自立生活支援を必要としている人のなかには，サービスを自己選択，自己決定できず，民法にもとづく成年後見制度や社会福祉法にもとづく福祉サービス利用援助事業の活用を必要としている人も多い。このような状況のなかでは，社会福祉法がいう「個人の尊厳の保持」を旨として，個人の生き方を尊重し，人権擁護をふまえたうえで，多様な福祉サービスと保健・医療その他関連するサービスとが有機的に結びつけられ，創意工夫され，総合的に提供されるケアマネジメントの方法を手段としたコミュニティ・ソーシャルワークを展開できるシステムを確立することがポイントになる。

　戦後日本の社会福祉は「措置行政」の時代が長かったこともあり，福祉サービスを必要としている人が求めているニーズが，社会福祉行政が制度として提供しているサービスの要件に合うかどうかを判断することにウエイトがおかれ，ややもすると社会福祉制度等の社会資源を活用してソーシャルワーク機能を展開する実践は重要視されてこなかった。地域自立生活支援においては，福

祉サービスを必要としている人に対してサービスのマネジメントをすれば事足りるということではなく，それら制度化されたサービスを活用しつつ，どのように直接的な対人援助を継続的に展開するのか，時には家族全体への支援や近隣関係との調整，あるいは必要な，新しいサービスを開発していくという機能も求められるようになってきた。それこそが，ソーシャルワーク機能そのものであり，地域福祉の展開においては，それをふまえたコミュニティ・ソーシャルワーク機能の展開が欠かせないことになる。

そのためにも従来の行政指導のガバメントではなく，行政と住民がパートナーシップの協働関係を築きつつ，ソーシャル・キャピタルの視点をふまえたソーシャル・ガバナンスという新しい社会哲学が今求められている。ソーシャル・キャピタルの明確な定義の合意はまだないが，アメリカのパットナム（R. D. Putnam）は人々の協調行動を活発にすることによって社会の効率性を高めることのできる，「信頼」「互酬性の規範」「ネットワーク」といった社会組織を特徴としている（神野直彦・澤井安勇編著『ソーシャルガバナンス』東洋経済新報社，2004年，およびR・D・パットナム著〔柴内康文訳〕『孤独なボウリング』柏書房，2006年，R・D・パットナム著〔河田潤一訳〕『哲学する民主主義』NTT出版，2001年参照）。地域福祉という新しい社会福祉の考え方は，これらの社会哲学をいわば先取りした形で展開されているといっても過言ではない。

◉ 地域福祉展開に必要なシステム

地域福祉とは，属性分野にかかわらず，自立困難な，福祉サービスを必要としている個人および家族が，地域において自立生活が可能になるように在宅福祉サービスと保健・医療・その他関連サービスとを有機的に結びつけるとともに，近隣住民等によるソーシャル・ネットワークを組織化し，活用し，必要なサービスをその個人および家族の主体的生活，主体的意欲を尊重しつつ，"求めと必要と合意"にもとづき総合的に提供し支援する活動である。さらに，その営みに必要な住宅・都市構造等の物理的環境の整備，ともに生きる精神的環境醸成を図ることであり，その推進のポイントは福祉サービスを必要する人の地域自立生活を支えるための「福祉アクセシビリティ」と「ソーシャルサポー

ト・ネットワーク」づくりである。それらの構築はコミュニティ・ソーシャルワーク展開にとっても欠かせないものである。

　それだけに，地域福祉を展開するにあたっては，新しい社会福祉のサービスのあり方が重要になる。新しいサービスシステムとして考えられるものに次の6つがある。
① 市区町村単位という"地域"でサービスを提供するという考え方にとらわれずに，市区町村の特性を考えて，"地域"を重層的に捉え，より身近なところで在宅福祉サービスが総合的に提供されるように，市区町村をいくつかの「在宅福祉サービス地区」に分割し，権限を委譲する「第三の分権化」としての住民参加による「地域協議体」的機能を設置するシステム。
② 情報提供や相談への心理的・距離的抵抗感をなくしていくためにも，総合的な相談援助ができる「福祉アクセシビリティ」を身近に設置するシステム。それは福祉サービスを必要としている人にとって，在宅福祉サービスが身近で，気軽に，気持ちよく利用しやすいことをあらわす用語である。その具現化には，1か所の窓口で基本的にすべてに対応できるようにし，もしそれができない場合には専門機関につなげてあげるワンストップサービス，サービス相談と問題解決対応の総合性，サービスを必要としている人を励まし，支えるエンパワーメントアプローチを基にした支援体制を含めた距離的・空間的・心理的身近性が担保されているシステム。
③ 福祉サービスのみならず，保健・医療その他関連するサービスを総合的に提供できる，保健・医療・福祉の包括的ケアシステム。
④ 地域自立生活支援に必要なフォーマルケアとインフォーマルケアとを統合的に提供できるコミュニティ・ソーシャルワークを展開できるシステム。インフォーマルケアの中軸はソーシャルサポート・ネットワークである。ソーシャルサポート・ネットワークには，その人の社会関係の広がりと深さと機能に関するネットワークに関連する部分と，具体的支援の程度と内容に関するサポートの部分とがあるが，地域自立生活支援においては，その両者を統合的に捉える必要がある。ソーシャルサポート・ネットワークは(イ)人々の存在・役割を認め，評価するサポート，(ロ)情報を提供し，自己選択，自己決定を誤らないよう

にするサポート，㈦個別具体的な生活支援を提供するサポート，㈣精神的に励まし，支え，受け入れる情緒的サポートが考えられる。
⑤ 福祉サービスをすべて行政が提供するのではなく，サービス評価や苦情対応，財源の効率的運用に関しての行政責任を明確にしつつ，実際のサービス提供は多様にアウトソーシング（外注化）する，市町村の社会福祉行政のソーシャル・アドミニストレーション（運営管理）に関するシステム。
⑥ 行政と住民の協働によるパートナーシップに関するシステム。地方自治体の条例等で，制度的に住民参加の方法を明確化させると同時に，住民に対しても，これからは新しい社会哲学にもとづく，行政と住民の協働，新しい共助の関係性の必要をメッセージとして訴え，住民の判断能力，参加能力を高める活動も重要になる。

2 地域自立生活支援と地域トータルケアの必要性

● 地域自立生活支援におけるチームアプローチとソーシャルワーク実践

地域・在宅でのサービス提供にあたっては，病院や入所型社会福祉施設での治療・援助を想定した，個人の身体的状況の把握・分析・診断とその治療法を考える「医学モデル」では対応できず，同居の家族関係や近隣におけるソーシャルサポート・ネットワークの有無，あるいは経済的側面や家計管理的，生活技術的側面も視野に入れて援助を考えざるをえない。したがって，1つのソーシャルワークの理論モデルですべて対応できるということは事実上無理であり，その人および家族がかかえる課題やその援助の過程において，特別な個別分野にのみ適用できる理論モデルではなく，一般的に，福祉サービスを必要としている人への援助全般に適用できるジェネラルソーシャルワークアプローチが求められる。

しかも，福祉サービスを必要としている人は，慢性疾患の高齢者や精神障害者の生活をイメージすればわかるように，社会福祉法第5条が規定するような多様な福祉サービスと保健医療サービスやその他の関連するサービスとを有機的に結びつける創意工夫が必要になる。さらに，それらの人々は単発の，かつ

一時的なサービス提供で問題解決につながるのではなく，継続的な対人援助が必要になる。また，そこでは，福祉サービスを必要としている人およびその家族がどのようなサービス，支援を必要としているのかに関する多専門職種のチームによるアセスメントが必要であり，チームケアが求められることになる。

とすれば，医療職や保健・看護職，あるいは理学療法士・作業療法士・言語聴覚士等のリハビリテーションに関わる関係職員とチームを組んで，ソーシャルワーカーとしての社会福祉士やケアワーカーとしての介護福祉士が仕事をすることになる。そのようなチームアプローチ，チームケアを行う際に，社会福祉学固有の分析法と援助法が問われることになる。医学の発展は疾病の診断法と治療法の確立を発展させることであったといっても過言ではないだろう。それと同じく，社会福祉学の固有性とは，援助すべき課題に関する"診断法"と"援助法"を確立していくことであろう。

それゆえに，社会福祉士ならびに介護福祉士が何を問題とし，何をどのように分析するのかという"診断法"であるアセスメントが重要になる。かつては社会福祉実践において，貧困の分析が大きな課題であった時代もあるし，生活構造的分析を行ったこともある。医学モデルとは異なる生活モデルにおいて，どのような視点と枠組みによるアセスメントが必要なのか，その視点と枠組みは他の職種と異なる視点・枠組みとして，他の職種からも社会的評価を受けるものとして，社会福祉職種共通の技術として確立されていかなければならない。

● 保健・医療・福祉の連携の課題

保健・医療・福祉の連携とひと口でいうものの，それを計画上においても実践的にも具体化させるためには，その連携の内実について多角的な検討が必要である。そもそも連携が叫ばれる背景としては，大きく分ければ2つの要因がある。第1には，疾病構造が大きく変わり，慢性疾患が増え，かつ医療機器の開発・改善にともない在宅医療が可能になってきたこと等もあって，地域における在宅での医療と社会福祉との関係性が求められる事例が急速に増えてきていること。第2には，高齢者の増大にともなう高齢者医療の増加による医療費の抑制対策の1つとして，医療機能の構造化や疾病予防，健康増進と社会福祉

との連携，棲み分けが求められてきたことがあげられる。

　これらの背景をふまえ，現在，求められている市町村地域福祉計画において保健・医療・福祉の連携を視野に入れて，その計画化を図る場合の検討課題を列挙すると，次のような課題がある。①財源論からみて医療，年金，介護保険，社会福祉，地域保健の財源をどう調達し，その制度間の整合性をどうもたせるのかという課題。しかも，それはその各々の利用者の自己負担の割合を年金の支給水準とも関わらせてどう設定するのかという課題とも連動している。②保健・医療・福祉のサービス利用における利用圏域の違い，利用要件の違いを調整する課題，③個人の尊厳を旨として，ヒューマンケアサービスを提供する際に，医療の診断・治療法，個人および集団としての地域住民の健康管理・増進を行う地域保健のアプローチの視点と方法，自立生活上の生活課題をかかえた個人および家族に対して，その人々への直接的働きかけと同時に，社会福祉（ソーシャルワーク）の視点と方法のアプローチの違いをふまえつつ，それら関係職種間の同質性と異質性をふまえたチームアプローチとしての連携の課題，④個別支援に関わる関係職種のアプローチの違いをふまえつつ，事例（症例）に即し，地域におけるトータルケアとしてどのような支援，ケアプランが財源的にも，本人や家族のQOL（生活の質）の保障のうえからも効率的であるのか，サービスの質を確保し，サービス利用者も喜び，かつ地域におけるケアサービスとしての社会的コストが有効に使われるのかを総合的に考えるトータルケアシステム上の連携の課題，⑤地域保健における予防および健康増進と医療分野における治療および退院計画，そして受け皿としての在宅福祉サービスを軸にした地域福祉の推進を行うことを個人レベルでのサービスプログラムとして地域で展開できるシステム化とその運営管理（アドミニストレーション）に関する課題，⑥医療機能の構造化と地域化を前提として，医療機関，地域保健組織，地域福祉のサービス供給組織レベルの連携を図るシステムの課題，⑦医療・保健・福祉関係者の情報化の一元化と共通言語化としての連携の課題がある。

　さらに，このほかにも⑧計画づくりという面からいえば，1985年の医療法改正にともなう都道府県の医療計画（医療保健計画），1990年の老人福祉法，老人保健法改正にともなう老人保健福祉計画，2000年実施の介護保険法にもとづく

介護保険事業計画（介護保険事業支援計画），2000年改正，2003年実施の社会福祉法にもとづく市町村地域福祉計画（地域福祉支援計画）との法制度上異なる計画相互の整合性に関する課題もある。

　社会福祉行政が地方分権化された市町村においては，財源的にも，システム的にも，援助そのもののあり方を考えても地域トータルケアシステム構築の必要性がいわれている。このような状況を考えれば考えるほど，社会福祉学固有の"診断法"と"援助法"に関する研究を，他の職種とのチームケアのなかで考えていかなければならない。今後，社会福祉サービス従事者は，福祉サービスを必要としている人の日常生活の継続性と本人の意欲を最大限に尊重し，支援する視点からアセスメントを行い，ケアマネジメントを手段として活用した継続的支援を行うソーシャルワークを展開していくうえで，医療職等の他職種とチームアプローチができるようにならなければならない。

　2008年4月より，病院におけるソーシャルワーカーとしての社会福祉士の関与と位置づけが診療報酬上明記された。その業務を考えても，チームアプローチのもつ意味は大きい。その中で，ソーシャルワーカーとしての社会福祉士のコーディネート能力が期待されている。

3　地域自立支援生活に必要なコミュニティ・ソーシャルワーク

● 社会福祉方法論の統合化とコミュニティ・ソーシャルワークの登場

　日本の社会福祉における実践方法は長らくアメリカの影響を受けて，ケースワーク，グループワーク，コミュニティ・オーガニゼーション（コミュニティ・ワーク）といった3分類をしてきた。しかしながら，この社会福祉の実践方法の3分類法が1970年代においてコミュニティ・ケアというサービスシステムが展開されるなかで，アメリカやイギリスにおいて見直され，統合化の動きが強まってきた。

　イギリスにおいては，シーボーム報告を受け，1970年に地方自治体社会サービス法が制定され，コミュニティ・ケアが推進される。シーボーム報告では，コミュニティ・ケアを推進するにあたっては，1人の個人，1つの家庭には1

人のソーシャルワーカーが全体に責任をもって対応するという考え方を打ち出した。そして，そのような考え方にもとづく実践の展開のなかで，改めてソーシャルワーカーの役割と課題が論議され，1982年にバークレイ報告が出される。バークレイ報告はコミュニティ・ソーシャルワークという新しい考え方を打ち出した。報告書では，①対人福祉サービスは，コミュニティがもつ機能，力量をより評価し，それを強化することを重視するために市民との親密な，新しいパートナーシップを開発しなければならない。②コミュニティ・ソーシャルワークは非制度的ケア（インフォーマルケア）を十分に考慮に入れて，制度的サービス，民間サービス等との間にパートナーシップをもつこと，またそれら制度的社会サービスと非制度的ケアネットワークとのパートナーシップを重視し，それらをシステムとして総合的に展開できる地方自治体のコミュニティケア計画（日本でいう市町村の地域福祉計画）をつくり，実践すること，③コミュニティ・ソーシャルワークは個人および家族の現在ある社会的ケアニーズに応え，時にはサービス利用者に対する唯一のカウンセリング・サービス提供者（サービス利用者とソーシャルワーカーの間の直接的コミュニケーションおよび相互作用の過程）になること，同時にサービス利用者を支える親類，近隣，ボランティア等の社会的ケアネットワークづくりを統合的に行うこと，④コミュニティ・ソーシャルワーカーは，将来のニーズの発生を予防するコミュニティ・ケア計画を策定評価すること等が指摘された。

また，その後1988年にグリフィス報告と呼ばれる『コミュニティケア：活動のための指針』が出された。そこでは，個人のニーズを評価（アセスメント）し，サービス利用者ができる限り日常生活を営めるようケア・パッケージを作成すること，その際には非制度的な近隣の支援も含めて，在宅福祉サービス，施設福祉サービス等のサービス全体を考えることを前提に，各地方自治体はコミュニティ・ケアに関するニーズを把握し，サービス目標を明確にする計画を作ることが求められた。さらにはグリフィス報告は，どのような人間的，実践的援助を福祉サービス利用者から要請されても対応できるようにコミュニティ・ケアラーは1つの職業分野として確立させることを述べている。グリフィス報告は，ケアマネジメントを手段として活用したコミュニティ・ソーシャル

ワークと地域福祉計画とを事実上関連させて考えた報告といえる。

　日本でも1990年に厚生省社会局保護課（当時の課長は炭谷茂氏）の所管のもとに，生活支援事業研究会（座長・大橋謙策）が組織され，その研究会の報告書が同年8月に「生活支援地域福祉事業（仮称）の基本的考え方について」と題して発表された。それによれば，社会的孤立の問題，慢性疾患や医学的管理を必要としつつ在宅生活を送る人，家庭内暴力や学校不登校児等の家庭内の問題，生活管理能力に欠けている人の問題等従来の対応だけでは必ずしも十分な支援ができず，地域においてニーズ把握と適切な援助がないままの人がいることに着目し，地域における多様な社会福祉ニーズの把握（キャッチ）システムの確立と家族や地域社会全体を捉えたコミュニティ・ソーシャルワークの必要性を指摘した。コミュニティ・ソーシャルワーカーはどのような生活上の諸問題であっても相談に応じて，生活環境の分析等を通して問題の所在を明らかにし，トータルケアをコーディネートすべきであると述べている。その際に，コミュニティ・ソーシャルワーカーは単なる総合相談窓口の機能だけではなく，多数の社会資源をコーディネートし，ソーシャルワークの専門技術を駆使した問題解決に向けての実践援助活動を行う必要があり，個別自立生活計画案を作って自ら直接行う個別援助活動と地域福祉環境整備，地域組織化活動とを統合化させて実践を行う必要性と重要性を述べている。また，実践の展開においては，当然のことながらコミュニティ・ソーシャルワーカーがコーディネートするものの，多様な専門職やインフォーマルなネットワークづくりも含めてチームアプローチの必要性も述べている。

　今求められているコミュニティ・ソーシャルワークとは，地域自立生活上サービスを必要としている人に対し，ケアマネジメントによる具体的援助を提供しつつ，その人に必要なソーシャルサポート・ネットワークづくりを行い，かつその人がかかえる生活問題が同じように起きないよう福祉コミュニティづくりとを統合的に展開する，地域を基盤としたソーシャルワーク実践である。それは，地域自立生活支援のための個別援助を核として，歴史的に構築されてきたコミュニティ・オーガニゼーション，ならびにコミュニティ・ワークの理論，考え方を包含したものではあるが，それとは"似て非なる"ものといえ

る。コミュニティ・ソーシャルワークは，地域において個別支援と地域組織化を統合化させる実践である。

　これからの社会福祉の課題である地域自立生活支援という理念のもとでは，地域を基盤としたソーシャルワークの考え方が今後のソーシャルワークの中心的アプローチ法になると考えられる。従来，地域福祉に見合う社会福祉方法論として，コミュニティ・オーガニゼーションが考えられていたが，それは個別問題をかかえている人には必ずしも直接的に関わりをもたず，その抽象的・外延的援助のための地域住民の組織化とか，大多数の地域住民の共通関心事の解決とかには取り組んできたが，地域で個別生活課題をかかえながら，地域自立生活を望んでいた人々への個別援助とそれを支えるソーシャルサポート・ネットワークづくりとを個別具体的に統合的に展開するという実践は弱かったといわざるをえない。これからは，従来のコミュニティ・オーガニゼーションやコミュニティ・ワークといわれる理論モデルとカウンセリング的個別援助理論モデルとを地域で統合的に提供することが必要になってきている。そのことこそ，岡村重夫が1970年代に指摘した内容であるし，71年の「地域福祉センター構想」が求めたものであり，牧賢一が公民館と社会福祉協議会との関わりのなかで求めてきたことではないだろうか。

　今改めて，コミュニティ・ソーシャルワークとは何かを整理するとすれば，地域に顕在的に，あるいは潜在的に存在する地域住民の生活上のニーズを把握し，それら生活上の課題をかかえている人や家族との間にラポート（信頼関係）を築き，契約にもとづき対面式（フェイス・ツー・フェイス）によるカウンセリング的対応を行う。同時に，その人や家族の悩み，苦しみ，人生の見通し，希望等の個人因子とそれらの人々がかかえる生活環境，社会環境のどこに問題があるかという環境因子に関して分析，評価する。さらに，それらの問題解決に関する方針と解決に必要な支援方策（ケアプラン）を本人の求めと専門職の必要性との判断をふまえて，両者の合意で策定し，そのうえで制度化されたフォーマルケアを活用しつつ，足りないサービスに関してはインフォーマルケアを創意工夫して活用する等，必要なサービスを総合的に提供するケアマネジメントを手段として活用する援助を行う。それらの個別援助過程を重視しつつ，そ

の支援方策遂行に必要なインフォーマルケア，ソーシャルサポート・ネットワークの開発や新しいサービスの開発とそのコーディネート，ならびに"ともに生きる"精神的環境醸成，福祉コミュニティづくり，生活環境の改善等を同時並行的に，かつ統合的に推進していく活動および機能がコミュニティ・ソーシャルワークであるといえる。

● コミュニティ・ソーシャルワークの機能

　このようなコミュニティ・ソーシャルワークの機能を1人のソーシャルワーカーと呼ばれる人ができるかという懸念がある。コミュニティ・ソーシャルワークの機能とコミュニティ・ソーシャルワーカーの力量，専門性とを単純に同一化させることは危険である。今求められていることは，市町村を基盤として地域福祉という新しい考え方，新しいサービスシステムを展開するにあたって，コミュニティ・ソーシャルワークという機能を展開できるシステムがあるか，ないかが大きな課題である。地域自立支援にあたって，コミュニティ・ソーシャルワークの機能はそのすべてが1つの事例に必要な場合もあれば，必ずしも必要でない場合もある。また，その機能のすべてを1人のコミュニティ・ソーシャルワーカーが担う場合もあれば，チームとして，組織としてその機能の全体を展開する場合もある。要は，コミュニティ・ソーシャルワークという機能が意識化され，それを統合的に展開できるシステムが重要である。

　しかしながら，あるべきコミュニティ・ソーシャルワーカーの養成という視点から考えると，以下に述べるような機能すべてを養成訓練され，技術として体得しておくことが必要である。コミュニティ・ソーシャルワークとして求められる機能および留意すべきことを列挙するとすれば，以下の項目が考えられる。
① ニーズキャッチ機能：アウトリーチ型ニーズキャッチ方法やブラッドショウ（J. Bradshaw）のいうフェルト・ニーズ（Felt Need。表明されてはいないが，不安，不満として感得されている課題・ニーズ）やノーマティブ・ニーズ（Normative Need。サービスを必要としている人は表明，感得していないし，気がついていないが，専門家が専門性に照らして問題だと指摘できる事柄）の重要性に留意すること。

② 個別相談・家族全体への相談機能：エコロジカル・アプローチ（静態学的に分析すること）の考え方をふまえて，かつ多問題家族にもチームケアマネジメントを前提として1人のソーシャルワーカーがジェネラルソーシャルワークの視点で援助することに留意すること。
③ ICFの視点および自己実現アセスメントシートおよび健康生活支援ノート式アセスメントの視点をふまえたケアマネジメントをもとに，"求めと必要と合意"にもとづく援助方針の立案およびケアプランの遂行。
④ 本人のもっている良さ，強いところをより伸ばそうとするストレングスアプローチ，本人の意欲を喚起するエンパワーメントアプローチによる継続的対人援助を行うソーシャルワーク実践の機能。
⑤ インフォーマルケアの開発とその組織化機能：個別ニーズに即するボランティア活動の開発と組織化機能およびそれらボランティア活動のNPO法人化支援機能に留意すること。
⑥ 個別援助に必要なソーシャルサポート・ネットワークの組織化と個別事例ごとに必要なフォーマルサービスの担当者およびインフォーマルケアサービスの担当者との合同の個別ネットワーク会議の開催・運営機能：その際市町村内の機関レベルの関係者のネットワーク会議とは別に，個別事例ごとに地域自立生活支援のためのフォーマルサービスの担当者およびインフォーマルケアサービスの担当者との個別会議を開催することと，その両者の機能の違いに留意すること。
⑦ サービスを利用している人々の組織化とピアカウンセリング（仲間同士の助け合い，相談活動）活動促進機能：専門職のパターナリズムに気をつけること。専門職と福祉サービス利用者とのパートナーシップおよび専門職のノーマティブニーズキャッチ機能は専門職のパターナリズムとは違うことに留意すること。
⑧ 個別問題に代表される地域問題の再発予防および解決策のシステムづくり機能：地域に存在する個別問題と捉えられがちな問題も，実は他の生活問題との共通性を有していることがあるので，個別問題とみられがちな問題の普遍化，一般化を地域住民に提起する機能の重要性に留意すること。また，それら

の問題解決および予防に必要なシステムづくりも展望しつつ，個別解決に終わらせずに，予防対策も含めて考えられるように留意すること。

⑨ 市町村の地域福祉実践に関する運営管理機能：従来の社会福祉行政は機関委任事務であったこと，措置行政であったことから，行政により制度として委託を受けるか，補助金が支出されれば事業を実施するという社会福祉関係者の受動的態度と意識がある。しかしながら，ソーシャルワークには先に問題を発見し，解決するプログラムを考え，その実践に必要な財源も創意工夫することが求められる。助成団体への助成申請の仕方等も含めて財源確保に関する機能も重要であることに留意。また，市町村における分権化が推進される状況のなかで，市町村の保健，医療，福祉に関する財源が有効かつ合理的に活用され，なおかつ住民にとってそれがトータルケアになっているという視点から，また，住民が社会福祉政策決定過程や福祉サービスの運営管理にどれだけ参加しているのかという視点も含めて，市町村の地域福祉行政に関する運営管理機能が今後重要になることに留意すること。

⑩ 市町村における地域福祉計画づくり機能：市町村の地域福祉計画はコミュニティ・ソーシャルワークの機能を展開するうえで明らかになったこと，解決すべきことを盛り込むことが基本になる。在宅福祉サービスのサービス整備量にしても，サービスメニューにしても，コミュニティ・ソーシャルワークとしての判断のなかで明らかになってくる。しかも，地域自立生活支援に必要な支援システムもコミュニティ・ソーシャルワークという視点から考えられなければならない。かつ，地域福祉推進には住民の参加と協力が必要である。そういう意味では，地域福祉計画づくりはコミュニティ・ソーシャルワーク機能そのものの全体の理念および機能の具現化であるという意味があることに留意すること。

【付記】与えられたテーマについてはすでにいろいろ書いており，まったく新しい知見や新しい実践に裏づけられた理論がその後湧出しているわけではない。したがって，本稿は既存の論文等に若干の加筆修正をしたものであることをお断りしておきたい。　　　　　　　　　　　　　　　　　　　　　　　　〔大橋謙策〕

第Ⅳ部 地域福祉の展開

第1章
地域福祉計画 ■宇治市・奈良市・阪南市

1　宇治市——市社協からの参画と推進

● はじめに

　2000年に成立・施行された社会福祉法（以下，法と略す）は，地域福祉を社会福祉のあり方の基本と定め，市町村行政においては「地域福祉計画」，都道府県行政においては「地域福祉支援計画」を策定することを定めた[1]。このうち市町村地域福祉計画は，地域福祉の計画化にとどまらず，地域住民・専門機関，行政の合意形成と協働体制づくりの具体化という意味をあわせもつものである。

　また，「地方自治法第2条第4項の基本構想に即し，地域福祉の推進に関する事項として次に掲げる事項を一体的に定める計画」[2]として行政計画の性格をもち，地域福祉＝「公共」という領域を，住民や民間非営利セクター，企業セクター等を含めて形づくり，そのための行政の責務を明らかにするものでもある。

　本稿は，「宇治市地域福祉計画」（以下，「地域福祉計画」と略す），ならびに「宇治市地域福祉活動計画」（以下，「活動計画」と略す）の策定資料をもとに，宇治市社会福祉協議会（以下，市社協と略す）が果たした役割を検証し，地域福祉推進における市区町村社協の働きを考察することを目的としている。

●「宇治市地域福祉計画」の策定

　宇治市は京都盆地の東南部に位置しており，琵琶湖を水源とする水量豊かな宇治川を中心としたまちである。市行政では第4次総合計画のなかで，「地域福祉計画」を「地域福祉体制を確立し地域福祉社会を構築する計画」として位

図表1-1-1 地域福祉計画策定体制

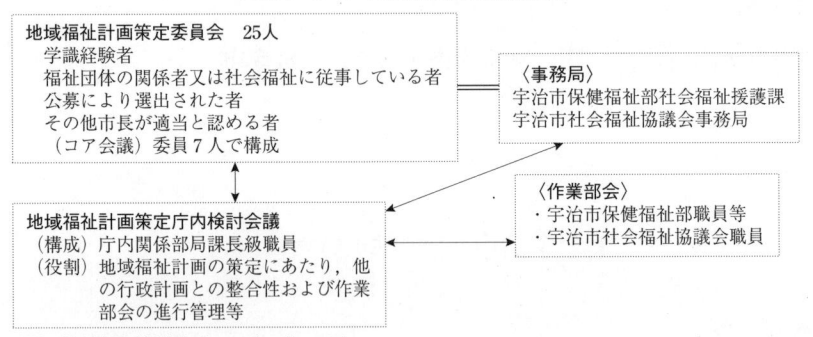

```
┌─────────────────────────────────┐
│ 地域福祉計画策定委員会　25人        │      ┌──────────────────────────┐
│　学識経験者                      │      │〈事務局〉                 │
│　福祉団体の関係者又は社会福祉に従事している者│─────│宇治市保健福祉部社会福祉援護課│
│　公募により選出された者           │      │宇治市社会福祉協議会事務局  │
│　その他市長が適当と認める者       │      └──────────────────────────┘
│　（コア会議）委員7人で構成        │
└─────────────────────────────────┘      ┌──────────────────────────┐
                 ↕                        │〈作業部会〉               │
┌─────────────────────────────────┐      │・宇治市保健福祉部職員等   │
│ 地域福祉計画策定庁内検討会議       │──────│・宇治市社会福祉協議会職員  │
│（構成）庁内関係部局課長級職員      │      └──────────────────────────┘
│（役割）地域福祉計画の策定にあたり，他│
│　の行政計画との整合性および作業    │
│　部会の進行管理等                  │
└─────────────────────────────────┘
```

出所：「宇治市地域福祉計画」2005年3月，3頁。

置づけ，地域福祉の理念や方針などを明示した。また，高齢者保健福祉計画・介護保険事業計画，障害者福祉基本計画，児童育成計画等の個別計画の共通理念を相互につなぐことで，これらが公民協働で，地域に根ざして推進されることをめざした。

これは，市の保健福祉行政において，それぞれの個別計画を策定推進している状況下で，地域福祉計画がそれらを統合・推進していくことは時期尚早であり，各個別計画において示された地域ネットワーク部分を相互に連携づけるとともに，これらに関わる住民福祉活動と保健福祉専門機関，行政の連携による，地域福祉の推進を図ることを，地域福祉計画の獲得課題としたものであった。

また市社協においてはすでに「宇治市地域福祉活動計画（2000～04年）[3]」を策定しており，この内容と地域福祉計画との整合性について検討を加えながら，さまざまな地域福祉活動を通じて住民ニーズの把握と住民参加のあり方について検討を加えてきた。「活動計画」においては，具体的なプログラムの企画実施という行動計画と，これらを推進する，より高次の公益性をもつことを想定している市社協の強化・発展計画として位置づける方向で調整が図られた。なお，「地域福祉計画」策定の体制は**図表1-1-1**を参照。

●「宇治市地域福祉計画」の特徴と課題

　宇治市で策定された「地域福祉計画」は，概略次のような特徴と課題を有している。

(1)「住民主体」の地域福祉推進を基本理念とする

　地域福祉活動の基本エリアをおおむね小学校区とし，実情に応じて重層的なエリアの設定を行うこととした。これは，住民が地域の福祉問題を捉え，地域福祉課題を明確にしながら地域福祉を進めることを基本とするとともに，保健福祉専門機関等が提供するサービスエリアは，それぞれのサービス内容に応じて設定されるべきであるとする考え方を意味している。

　しかし一方，地域福祉の視点からの保健福祉専門機関相互のネットワークづくりの展望は，具体的な方策が明示されなかったために，実践的な取り組みのなかで具体化していかなくてはならない課題として残っているほか，住民福祉活動（特に学区福祉委員会活動）[4]と保健福祉専門機関の連携のあり方についても，客観状況が成熟していなかったことから，明確な方策を示すことができなかった。

(2) 地域特性の把握と住民生活の実態に根ざした計画づくりを提起

　宇治市内の地域を，Ⅰ山間部や農村部をかかえた地域であり，人口密度は低いなかで人口が増加しているAグループ，Ⅱ地域面積が比較的広く，旧くからの町なみに新たに開発が進んだBグループ，Ⅲ地域面積が比較的小さく，宅地開発が進んでいるCグループ，Ⅳ昭和40年代後半から昭和50年代に開発されたDグループに分けた地域分析を試み，それぞれの小学校区の地域特性を明示し，住民の暮らしの実情にきめ細かく対応した地域福祉をめざし，小学校区における地区福祉活動計画づくりの必要性を示した。

　しかし，計画策定の段階では単一の小学校区の中においても複数の地域特性を有しているところが多く，画一的な方策提示にとどまっているために，暮らしに根ざしたプログラミングは，小地域懇談会を基本に据えた小地区レベルの計画づくり課題を提起することにとどまっている。

(3) 市社協の位置づけと役割の明確化

　市社協は当初から計画策定の共同事務局メンバーとして実務に参画したほ

か，さまざまな地域福祉推進組織や福祉サービス事業者などとの連絡調整と，地域福祉活動推進諸組織の要として，実際の地域福祉を推進していく役割が示された。一方，「地域福祉計画」と「活動計画」を別個に策定しながら，公民協働の実をあげていくことが行政との間で合意された。

しかし今日，人と人との連帯意識の希薄化による住民の地域への無関心化と少子・高齢化の進行，地方財政の逼迫は，住民の解決への意志の形成と知恵を引き出し寄せ集めることを地域福祉実践を通じて求めており，市社協はそのための体制や財政問題をはじめとした課題を山積させることとなった。

(4) 地域における福祉のまちづくり懇談会の開催と「地域協働コーディネーター」の育成

「地域福祉計画」を実行していく基盤をつくる取り組みとして，地域住民を主体とした地域福祉懇談会「いきいき福祉　ふれあいのつどい」を，行政と市社協が協働して小学校区域ごとに開催することとなり，住民の目を通した地域福祉問題の発見と課題抽出，活動企画の策定と実施，小地区福祉活動計画づくりへの取り組みにつなげていく実践が始められた。

この取り組みには，市社協職員が話し合い活動のファシリテーターとなって進行を担当していくとともに，研修講座を終了した「地域協働コーディネーター」（講座修了者25名）が地域懇談会のテーブルごとの進行管理を司り，この分野では珍しい中間支援型のボランティアの組織化が進められた。さまざまな課題をもちながらも新しい地域福祉活動の形として，今後の地域活動における大きな役割が期待されている。

● 市社協「活動計画」への連動

(1) 宇治市社協の「活動計画」

宇治市で地域福祉計画策定が取り組まれたことは，市社協が21世紀初頭にあたって事業，組織，財政のあり方を明らかにするために策定した「活動計画」を見直し，新たな民間サイドからの行動提起を示すことに連動していった。この「活動計画」は，「地域福祉計画」のより実践的で具体的行動計画としての側面と，地域福祉の推進役として，新たな公共的役割を期待されている市社協

の強化計画の両側面をもつものとして策定された。
(2) 地域福祉活動実践者へのアンケートによる地域福祉活動実践上の課題把握
　2006年度からむこう5年間にわたる「活動計画」の策定作業の基礎資料として，地域活動を実践している住民，ボランティア，当事者，NPOメンバー，保健・福祉専門機関の1000人を対象に，住民の視点から地域福祉の課題は何かを問い集約したものが下記のとおりである。
① 人権尊重（差別・偏見の解消）
　人権擁護組織，障がい者組織等の当事者組織が，その活動として差別・偏見の解消に向けた取り組みを行っているが，もっと広く住民の意識の中に浸透させることが必要。
② 助け合いの気持ちの醸成
　現在，小地域での福祉活動は学区福祉委員会が中心となって推進しているが，これからの地域福祉活動は，地域の課題を共有し，地域実践につなげる必要がある。
③ 地域での生活支援の仕組みづくりの取り組み
　行政施策でカバーしきれない地域生活上での個別的な課題に対して，多面的な協働による生活支援の仕組み（ソーシャルサポート・ネットワーク）形成の取り組みが必要。
④ 活動を知ってもらい仲間を増やす取り組み
　当事者組織では，担い手数の伸び悩みと高齢化が問題となっている。小地域での福祉活動でも青壮年層の関わりが少なく，もっと幅広い層での理解の促進が必要。
⑤ 活動の交流と連携
　地域福祉活動組織相互の交流は不十分な状況で，もっと理解者の輪を広げていくためにも，まず関係者間の相互理解と交流の機会をつくることが重要。
⑥ 非常時の取り組み
　近年，防災への関心は高まってきているが，必ずしも地域での組織活動に反映されていない。もしもの時のために具体的な活動展開のための条件整備が必要。

● 「活動計画」の基本目標と市社協の役割

　先のアンケート調査は地域活動を実際に担っている人々を対象に調査したため，地域福祉の推進に不可欠な活動拠点確保や，財源確保などの課題把握の不十分さは否めないが，「地域福祉計画」で示された「一人ひとりを認め合いともに支え合う　安心して暮らせる　住民主体の福祉のまちづくり」という基本理念に立ちながら，「活動計画」の基本目標として2点，また，市社協に期待される役割として4点を，以下のようにまとめた。なお，これらの作業は「活動計画」策定委員のなかから3名（NPO，ボランティア活動センターも代表者，学識経験者）と市社協事務局職員からなる作業コアスタッフによって取りまとめられた。

① 「活動計画」の基本目標
- 地域の福祉力「安心して暮らせる助け合い（ケアする）力と，その人らしく暮らせる自己実現の権利を認めて支え合う（サポートする）力」を高める。
- 福祉のまちづくりへの市民の共感の輪を広げるために，世代を超えて，だれもが地域福祉に関わりをもつ社会をめざす。

② 市社協に期待されている役割
　「活動計画」における市社協の役割として以下の4点を明確化した。
- 住民の主体的参画と協働による福祉のまちづくりの推進
- 住民，福祉サービス事業者，行政の協働体制づくりのコーディネート
- 地域福祉ニーズに基づく先駆的な取り組みへの挑戦
- 地域福祉活動の諸課題の整理と政策提言

● 「地域福祉計画」および「活動計画」策定の意義

　これまで示してきた「地域福祉計画」や「活動計画」の策定に市社協が関わることで，地域福祉を推進するうえで市社協が改革していかなければならないものとして，以下のものが認められた。

① 市社協の「上意下達」や「待ちの姿勢」からの脱皮
　市社協は民間の非営利ではあるが，公共性の高い組織である。また，全国ネ

ットを有するがゆえの画一的傾向，公民協働の協議体であるがゆえの受動的傾向，組織を経営していかなければならないがゆえの内向的傾向が指摘されてきた。しかし，今日の地域福祉は，「地域の現実からの出発」へと確実に変化してきている。住民が語り合い，考え，力を出し合い，築き上げる地域福祉のあり方，つまり地域のことは地域で決め実施するあり方へと変貌してきている。地域住民と接しながら第一線で活動している学区福祉委員会が，市社協との対等なパートナーシップを確立するために「宇治市学区福祉委員会連絡協議会」を組織化することや，市社協の内部組織だった宇治ボランティア活動センターの独立運営化のように，地域福祉推進組織が，「内で上下」の関係から「外で協働」の関係へと変貌を遂げるのも時の流れに沿ったものである。

② 「住民主体の原則」による市社協の運営

　新しい福祉理念のもとに，住民相互の新しい協働関係が意識化されてくるようになってきており，住民の自己実現意欲や自治意識の昂揚，意思決定場面への参画意欲の向上等がその原動力として意識されるようになってきている。地域福祉のあり方は，それにより影響を受ける住民にとって近いレベルで決定をされるべきであり，住民がいきいきと暮らし続けるため，人と人とのつながりのあり方が意識化され，市社協の組織運営に反映されなければ，市社協としての存在意義が不明確になってしまうことが確認された。

③ 行政と住民の合意形成と協働関係を基本にした地域福祉の推進

　今日，行政と住民の協働のための制度や方針の策定，行政の住民に対する横断的な対応が体系化が進められている。そのための担い手の活動領域の確認，活動資金や拠点・情報提供のあり方等の合意形成の機会が確保されつつあり，住民の福祉活動の促進にも寄与すると考えられ，「活動計画」の策定は，まさにその具体化を行う営為であることが証明された。

④ 地域福祉を推進するための地域福祉専門職の技術向上

　今日の地域福祉は住民と行政の協働のあり方（参画と自治）を高めていく営みである。実際に住民が主権者としての力を高め，地域福祉推進の主体として力を発揮していくためには，コミュニティ・ワーカー，特に市社協職員の技術向上は欠かすことができない。さまざまな地域福祉の問題を整理し，課題を明

確化させて地域福祉の取り組みを企画・実施していくために，コミュニティ・ワーカーとしての技法開発やノウハウ向上等，その力量の向上が望まれる。

「地域福祉計画」や「活動計画」の策定作業は，協働の積み重ねや地域懇談会の場の設定福祉情報の提供などのシステムづくり，実践研修や体験の場づくりなど，市社協職員にとってはコミュニティ・ワーク技術の向上を図るための絶好なのOJT（オン・ザ ジョブ・トレイニング）の場であった。

● 「地域福祉計画」および「地域福祉活動計画」の策定を通じて明らかとなった地域福祉の課題

宇治市における「地域福祉計画」と「活動計画」の策定を通じて，これからの地域福祉を推進していくうえでの課題について考えてみたい。

① 地域福祉がめざすコミュニティ像と推進戦略の明示

少子・高齢社会への突入，小規模家族化の進行，生活と労働の社会化のなかで，住民生活は一層の「個別化」と「機能化」が進行している。また，家庭や地域のなかで互いに人格的なふれあいの場も確実に減少してきている。これは，すでに親の子殺しや，子の親殺し，学童の登下校時の連れ去り等の社会問題を頻発させているが，身近にも地域生活上のマナー悪化（交通ルール違反，ペットの飼い方のマナー違反，ポイ捨て等々）が進行している。こうしたなか，地縁組織といわれる今までは空気のように自然にあった，つながりが急速に弱まり，地域福祉活動にも大きな影を落としている。このような地域社会のなかで，新たな人と人との自然な関係づくりを，保健福祉専門機関等の参画を得ながら，「地域福祉計画」のなかで新たな質のコミュニティ像をどのように示していくのかが課題となっている。

② 地域福祉を推進する（社協の）立脚点の明確化

住民と行政のパートナーシップを地域福祉の場面でどのように形成していくのか課題も多い。これまでの地域福祉の公民協働のスタイルは，社協が民間サイドの窓口ともいえる立場となり，形式的には有効に進められてきた。しかし，今日の公民協働，とりわけ住民と行政のパートナーシップ関係は，より多様で今まで届きにくかった住民の声やつぶやきを具体的な形にすることが求め

られている。そのため,福祉分野はいうに及ばず,住民生活に関するすべての領域において,いわゆる住民参加のあり方を,行政と住民(市民)の「協働の原則」として定式化しようとする取り組みが進められている。

　従来,行政に代わって福祉サービスの提供を行ってきた多くの社会福祉法人をはじめとする福祉サービス事業者と,住民を束ねて地域福祉における住民参加と連絡調整を担ってきた社協の立場が,改めて問い直されてくるものと思われる。

③ 地域福祉推進に向けた行政組織の改革

　「地域福祉計画」の策定のねらいのなかに,各個別分野ごとに進められている福祉行政のタテ割り状態を,地域をベースに地域福祉実践を横につなぐ志向があることはいうまでもない。しかし,この努力のみでは限界があり,行政組織全体においてタテ割り組織のあり方を克服していく努力が求められている。宇治市においては,庁内の横の連絡組織として,「地域福祉計画策定庁内検討会議」を発展解消して,「地域福祉計画推進会議」を設置した。また,地域懇談会等で抽出されるきめ細かな課題に対応するために,地域福祉の視点から施策の総合化を図るため,健康福祉部内に「地域福祉室」が設置された。

④ 地域福祉固有の普遍的財源の確保

　先に示した地域の実情のなかで,自治会や町内会などいわゆる地縁組織といわれてきた地域組織が,さまざまな制約(担い手の高齢化,脱退者の増加のほか,未組織地域が増加してきている)で困難をかかえるなか,これらに依存してきた地域福祉財源(市社協会員会費,共同募金,歳末助け合い募金等)が減少傾向をみせており,地域福祉の推進に固有な活動財源の確保が課題となっている。したがって,介護保険制度等から活用できる財源を調達することになるが,制約も多く,純粋に地域福祉の推進のために自由に活用できる幅は少ないのが現状である。「地域福祉計画」において「寄付文化の創造」を謳っているが,しっかりとした基盤の確立にはいたってないために,今後に大きな課題を残している。現在市社協では,地縁組織のみに依存しない会費募集の手立てを試行しているが,まだ定着したものとはなっていない。まさに「文化の創造」は地道で不屈な努力の積み重ねなくしてはなしえないものであろう。

1）「市町村地域福祉計画」は法第107条,「都道府県地域福祉支援計画」は法第108条に規定され,施行は2003年度からとされた。
2）　地方自治法第2条第4項においては,「市町村は,その事務を処理するにあたっては,議会の議決を経てその地域における総合的かつ計画的な行政の運営を図るための基本構想を定め,これに即して行なうようにしなければならない」とされている。
3）　宇治市社協においては,「地域福祉活動計画（1991～95年）」,「宇治市社協長期方針（1996年）を策定してきた後,「宇治市地域福祉活動計画（2000～04年）」,「宇治市地域福祉活動計画（2006～10年）」を策定している。この3計画の策定委員長はいずれも井岡勉同志社大学教授。
4）　宇治市における住民福祉活動を推進する組織として,市内22の小学校区に組織されている。

〔岡野英一〕

2　奈良市——住民参加と職員参加

● 計画策定体制の特徴

　「奈良市地域福祉計画」の策定は,井岡勉策定委員長の指導のもと,2004年2月の第1回「策定委員会」の開催以来,2年5か月を要して2006年7月に成案をみた。本計画は,「公民協働」による策定を重視して作業を進めていった。地域福祉の推進は,行政だけでも,また民間・住民だけでもまっとうできず,計画段階から両者が呼吸を合わせ,協力共同し,役割を分かち合って担うことが不可欠である。本計画は,テマとヒマをかけて住民座談会で意見を聴いたり,団体からのヒアリングやアンケートを重ねたり,地域福祉活動者を中心に構成された「検討部会」での議論や職員参加を積み重ねながら,地域福祉課題の確認と取り組みへの合意形成に努力し,それこそ試行錯誤しながら,みんなして手づくりでまとめ上げたものである。「支えあい,ともに生きる　安心と健康のまちづくり」に向けた多くの市民や職員の声,提案や工夫,取り組みの意欲を盛り込んだ手づくりならではの形と内容になっている（井岡委員長「計画の策定を終えて」から一部抜粋）。

（１）周到な準備から始まった
　地域福祉計画策定の詳細は個々の市町村の裁量に委ねられている。当初,事

務局（保健福祉部福祉総務課）が直面した「困惑」は，「何から始めなければならないのか，具体的には何をすればいいのか」の手がかりがなかったことと，「どうすれば実のある職員参加を具体化できるか」であった。ここに，検討部会専門員（井岡研究室竹川俊夫氏）が加わって，約2か月を要して周到なスケジュールづくりに取り組んだ。

　この期間は，同時に，検討部会や事務局の学習機会でもあった。地域福祉の基本的な考え方について学んだり，先行していた奈良市社会福祉協議会（以下，市社協と略す）「地域福祉活動計画」（2004年7月）から，民間計画と行政計画との関係性について理解を深めたり，また住民座談会実施のためのシミュレーションを行った。

（2）職員の主体的参加と横断的な取り組みの促進

　住民座談会や地域活動者などとの話し合いで，市民が注目しているのは行政（職員）の構えである。計画をつくるうえで，行政の主体性が問われることになった。市役所内関係各部署が横断的に参加するこの計画づくりにおいて，各所属長はもちろんのこと，特に関係部署の係長級職員からなる「作業部会」職員は，地域福祉における行政の役割や以後の作業に対する課題認識を共有することが大事であると考えた。そのための「しかけ」として，まず作業部会職員が保健師や市社協職員とチームを組んで，市内42の全地区社会福祉協議会に出向き，ヒアリングを実施した。それは，行政職員が初めて地域住民と対話する場となり，このときの話し合いが後々の作業へのスムーズな展開につながっていったものと考えることができる。

　策定作業2年目の2005年度における策定体制の特徴点は，保健福祉部の枠を超え，「タテ割り」を克服するべく行政組織をほぼ網羅する1局12部33課の所属長からなる「庁内連絡会」と，33課の係長級職員と市社協4人，民間組織からの8人を含む，計45人からなる「拡大作業部会」を編成したことである。策定組織が拡大することで，意見が拡散するとの懸念もあったが，実際には，拡大作業部会職員が市民との交流を深め，策定作業の役割と責任を担うことで，市民参加と職員参加による計画づくりへの理解を深めていくことになった（図表1-2-1）。

図表1-2-1　計画策定体制

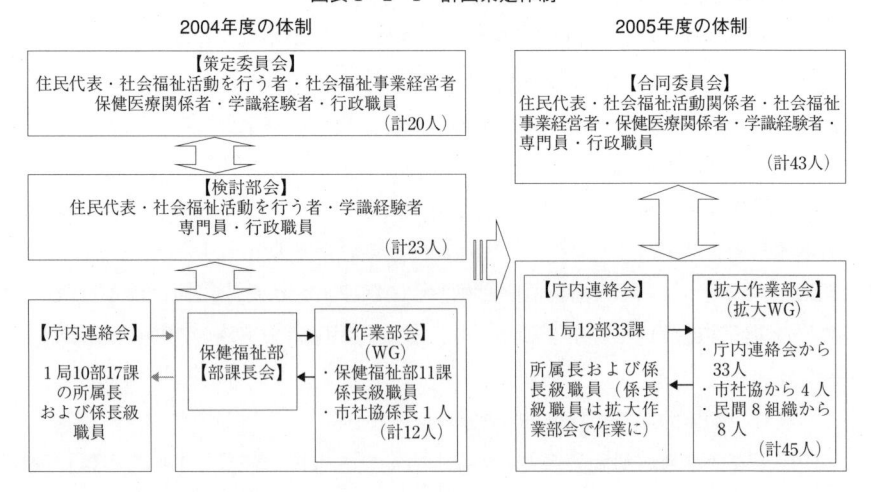

2004年度の体制

【策定委員会】
住民代表・社会福祉活動を行う者・社会福祉事業経営者
保健医療関係者・学識経験者・行政職員
　　　　　　　　　　　　　　　　　　　　　（計20人）

↕

【検討部会】
住民代表・社会福祉活動を行う者・学識経験者
専門員・行政職員
　　　　　　　　　　　　　　　　　（計23人）

【庁内連絡会】
1局10部17課
の所属長
および係長級
職員

保健福祉部
部課長会

【作業部会】
（WG）
・保健福祉部11課
　係長級職員
・市社協係長1人
　　　　　　（計12人）

2005年度の体制

【合同委員会】
住民代表・社会福祉活動関係者・社会福祉
事業経営者・保健医療関係者・学識経験者・
専門員・行政職員
　　　　　　　　　　　　　　　　　（計43人）

↕

【庁内連絡会】
1局12部33課
所属長および係
長級職員（係
長級職員は拡大作
業部会で作業に）

【拡大作業部会】
（拡大WG）
・庁内連絡会から
　33人
・市社協から4人
・民間8組織から
　8人
　　　　　（計45人）

　作業部会の活動は完成までの約2年間で33回を数え，それ以外にも拡大作業部会の3つの班での会議を進めながら，計画策定に求められる基礎作業を消化していった。これらの取り組みは，行政がかかえる組織課題の克服・改善に一定の役割を果たしたものと考えられる。

（3）最も重要な住民参加の促進

　計画策定において，最も重要でありながら最も困難な部分は，住民の実質的参加をどのように実現するかということにある。計画策定は，それ自体が住民参加を促進する目的をもつものであり，策定過程でどのような市民参加・住民参加の手法が実践されるかは，策定委員会やファシリテーターとしての事務局など，策定主体の手腕が問われる重要なポイントである。

　奈良市の計画策定では，①策定委員会・検討部会，②住民座談会，③NPO，市民生活協同組合，農業協同組合，社会福祉施設・社会福祉専門職員，サービス事業者などとの意見交換会，④ボランティア団体・当事者団体へのアンケート調査，⑤パブリックコメントの募集の5つを住民参加促進のプロセスに組み入れ，いずれも実施の趣旨と目的を明確にして，十分な事前準備のもと，全体的に望ましい結果を生み出すことができた。いくつもの場面を設定

し，合意を形成していく計画のプロセスが重要である。

　住民参加において，最も高く評価しうる取り組みは住民座談会であった。その評価は，住民や分担して取り組んだ作業部会職員自身から，そして議会からも得られた。2004～05年度にわたり，31会場（34地区）で約1450人の参加があった。一通り聞いてすますような住民座談会ではなく，予想以上に活発な話し合いが行われ，参加者の多くから行政職員と対話する座談会の継続を望む声が出された。

（4）計画づくりの中身は地域生活問題の実態にもとづいて

　計画づくりの中身は，地域の現状や生活課題の分析が基礎である。個別のニーズばかりでなく，生活問題の実態とそれを生み出す仕組みの把握が重要である。市民・住民との話し合いで得られたデータに加え，行政統計データや生活実態調査の結果を用いて小学校区単位の分析を行った結果，地域ごとの特徴や課題が明らかになり，住民座談会の席でその結果を情報提供できたことは住民からも歓迎された。

　また，市社協が策定した「地域福祉活動計画」は，全市約6000世帯を抽出した生活実態調査の結果から導き出された地域分析にもとづいている。同計画には，「福祉を語るつどい」などによる地域福祉課題の整理や行政への「提言」（今後期待される行政の役割）が収録されている。行政計画としての本計画は，これを受け止めるかたちで策定することができた。

● 計画の理念と基本計画の構成

（1）共通理念「支えあい，ともに生きる　安心と健康のまちづくり」

　計画の理念部分を「共通理念」として掲げ，理念を実現していくための基本的な考え方としての「地域福祉推進（福祉のまちづくり）の原則」とで構成した。共通理念としたのは，この計画が保健福祉部門のみならず，市役所全組織が目標とすべき理念であると考えたことによる。地域福祉推進の原則としてあげたのは，「①住民参加による住民自治の実現，②保健福祉サービスの積極的な整備拡充，③行政と民間の協力・協働」の3点である。

図表1-2-2 基本計画一覧表（例示）

基本計画	くらしの実態・住民ニーズ	推進課題	民間の役割	行政施策の具体的な方向性
①総合相談体制の確立	・いつでも心配ごとの相談のできる… ・窓口対応が1か所でできる ・縦割りでタライ回しが多い。 ・日本語の話せない外国人も気軽に…	(1)あらゆる生活問題を受け止める相談窓口の設置	・市社協事務局での総合相談窓口の設置 ・市社協拠点施設での相談窓口の設置 ・市社協における相談対応職員の養成	①保健福祉の総合的な相談窓口「保健福祉総合支援センター」の設置 ②マネジメント力を有する専門職 ③保健福祉部職員への研修強化
	・土日に相談したくても行政の窓口… ・24時間体制の気持ちをもって…	(2)24時間、365日切れ目のない体制づくり		①休日・夜間緊急の相談体制の整備 ②専門職員の研修の充実と雇用促進
	・歩いていける場所で手続きを… ・行政以外にも相談窓口があれば…	(3)地域における相談窓口の設置支援	・各拠点施設での相談窓口整備支援 ・「地区相談員（仮称）」養成と地区別配置	①民生委員・児童委員などとの連携強化 ②地域福祉活動支援
②福祉サービス情報	・どのような制度やサービスがあるのかわからない。	(1)市民向け情報提供の充実 (2)民間相談機関との連携	「福祉情報の手引き」（仮称）の作成	①市民だより・インターネットの活用 ②地域での情報提供活動の強化

（2）基本計画は，暮らしの実態や住民活動の役割，行政施策との関連づけを重視

　計画の根幹をなす「基本計画」を策定するにあたって，社会福祉法第107条に示された地域福祉の推進に関する事項としての3項目と奈良市独自の3項目とで「基本方向」（6項目）を定め，それにもとづいて「基本計画」を構想していった（図表1-2-2）。

　基本計画は，例示するように「基本計画」「くらしの実態・住民ニーズ」「推進課題」「民間の役割」「行政施策の具体的な方向性」の4つの項目からなる一覧表で表記した。実際の策定のプロセスでは，くらしの実態・住民ニーズの把握と整理が前提的に重要な作業である。検討部会や作業部会では住民の声の整

理に力を入れ，各項目との往復作業を積み重ねていった。
（３）行政施策の具体的な方向性を明示

　基本計画のなかでの大きな特徴は，これからの地域福祉の推進において行政が果たすべき役割を「行政施策の具体的な方向性」（130項目）として明記したことである。ただちに取りかかることが可能な目標もあれば，十分な予算の裏づけが必要な施策もある。市民の福祉活動を後押しするための行政施策と，市が独自に取り組まねばならない施策の分類と関連づけも明らかになっていった。

　策定期間の後半においては，基本計画の骨子にもとづいて拡大作業部会各班で「既存事業の評価作業」に着手し，市民の視点や地域の視点に立って，横断的に各事業の点検（評価）に取り組んだ。この組織的な経験が，計画完成以降の施策の具体化や継続的な取り組みに役立つことにつながっていくものと考えられる。

● 理念倒れにならない，実効性のある計画へ

（１）タテ割りからヨコ組みへの意識向上

　地域福祉計画は，従来のタテ割り計画ではなく，住民に身近な地域の特性と住民の地域生活・福祉課題に視点を定め，住民にとって使い勝手がよいように組み替えていこうとするものである。これは行政計画としても初めての試みだと思われる。当初はとまどいもみられたが，各部署および民間の協力を得た横断的な作業を通して，地域福祉の視点からの学習と業務点検を重ね，行政職員も地域に出向いて住民の声から学び取ることで，タテ割りからヨコ組みへの意識向上が図られたことは大きな成果であった。

　今後，事業を進める場合は，複数の事業を地域の視点で束ねる工夫や幅広い視点を盛り込むなど，職員が課題を共有して取り組んでいくことの重要性が明らかになった。この成果は，基本計画を実現するための「実施計画」の推進において，「優先プログラム」（関係各課の横断的取り組み事業）から着手した手法と既存事業の再編志向にあらわれている。

278　第Ⅳ部　地域福祉の展開

図表 1-2-3　計画の基本方向と基本計画

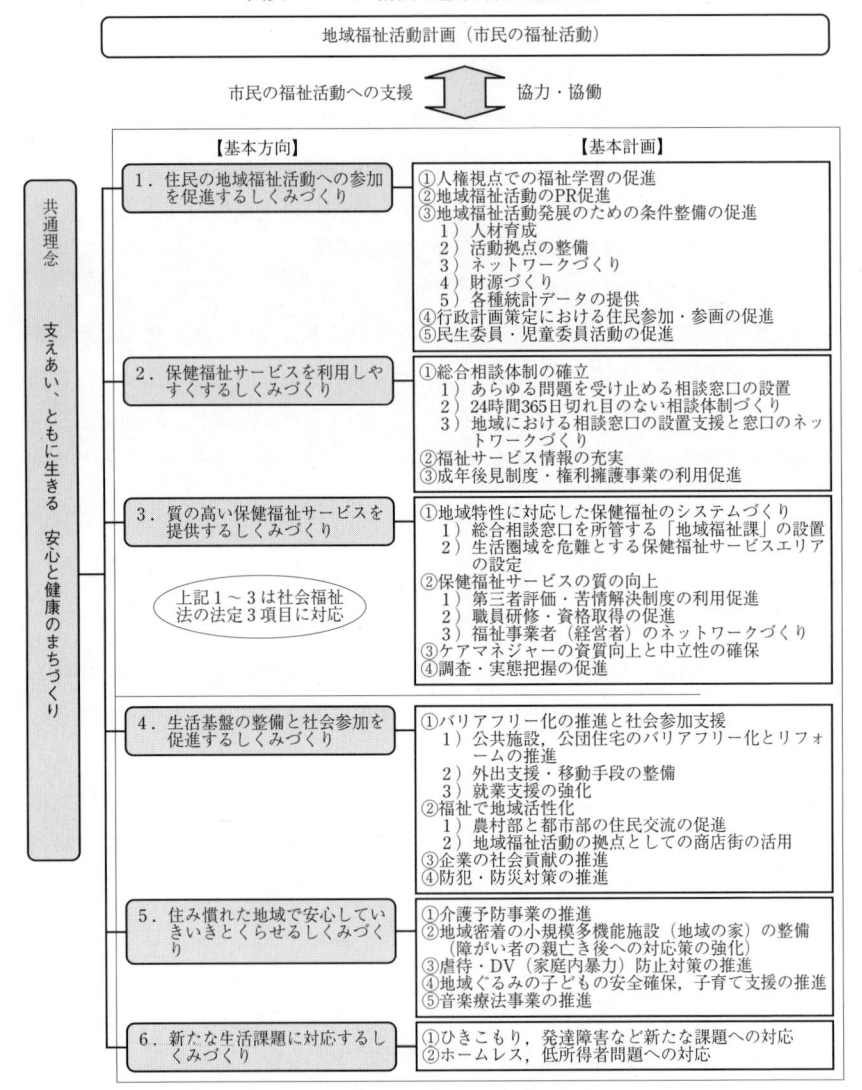

```
┌─────────────────────────────────────────────────┐
│        地域福祉活動計画（市民の福祉活動）         │
└─────────────────────────────────────────────────┘
     市民の福祉活動への支援 ⇅ 協力・協働
```

	【基本方向】	【基本計画】
共通理念　支えあい、ともに生きる　安心と健康のまちづくり	1. 住民の地域福祉活動への参加を促進するしくみづくり	①人権視点での福祉学習の促進 ②地域福祉活動のPR促進 ③地域福祉活動発展のための条件整備の促進 　1）人材育成 　2）活動拠点の整備 　3）ネットワークづくり 　4）財源づくり 　5）各種統計データの提供 ④行政計画策定における住民参加・参画の促進 ⑤民生委員・児童委員活動の促進
	2. 保健福祉サービスを利用しやすくするしくみづくり	①総合相談体制の確立 　1）あらゆる問題を受け止める相談窓口の設置 　2）24時間365日切れ目のない相談体制づくり 　3）地域における相談窓口の設置支援と窓口のネットワークづくり ②福祉サービス情報の充実 ③成年後見制度・権利擁護事業の利用促進
	3. 質の高い保健福祉サービスを提供するしくみづくり（上記1～3は社会福祉法の法定3項目に対応）	①地域特性に対応した保健福祉のシステムづくり 　1）総合相談窓口を所管する「地域福祉課」の設置 　2）生活圏域を基盤とする保健福祉サービスエリアの設定 ②保健福祉サービスの質の向上 　1）第三者評価・苦情解決制度の利用促進 　2）職員研修・資格取得の促進 　3）福祉事業者（経営者）のネットワークづくり ③ケアマネジャーの資質向上と中立性の確保 ④調査・実態把握の促進
	4. 生活基盤の整備と社会参加を促進するしくみづくり	①バリアフリー化の推進と社会参加支援 　1）公共施設，公団住宅のバリアフリー化とリフォームの推進 　2）外出支援・移動手段の整備 　3）就業支援の強化 ②福祉で地域活性化 　1）農村部と都市部の住民交流の促進 　2）地域福祉活動の拠点としての商店街の活用 ③企業の社会貢献の推進 ④防犯・防災対策の推進
	5. 住み慣れた地域で安心していきいきとくらせるしくみづくり	①介護予防事業の推進 ②地域密着の小規模多機能施設（地域の家）の整備（障がい者の親亡き後への対応強化） ③虐待・DV（家庭内暴力）防止対策の推進 ④地域ぐるみの子どもの安全確保，子育て支援の推進 ⑤音楽療法事業の推進
	6. 新たな生活課題に対応するしくみづくり	①ひきこもり，発達障害など新たな課題への対応 ②ホームレス，低所得者問題への対応

（2）ただちに実施計画へ着手，継続的な取り組みが重要

　2006年7月の計画の完成を受けて，同8月から，市社協「地域福祉活動計

第1章　地域福祉計画　279

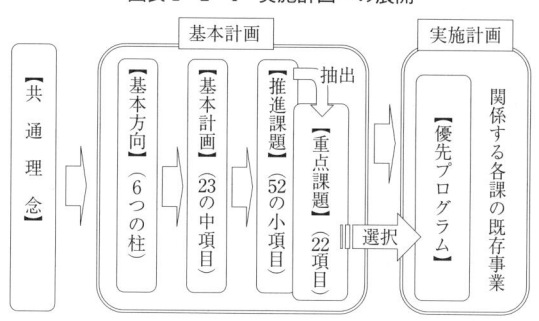

図表1-2-4　実施計画への展開

```
                    ┌──────基本計画──────┐        ┌──実施計画──┐
┌───┐   ┌───┐ ┌───┐ ┌───┐ 抽出           ┌───┐   ┌───────┐
│共 │   │基 │ │基 │ │推 │ ↑             │優 │   │関係する各課の│
│通 │ ⇒ │本 │ │本 │ │進 │ ┌───┐ ⇒      │先 │ ⇒ │既存事業    │
│理 │   │方 │ │計 │ │課 │ │重 │         │プ │   │           │
│念 │   │向 │ │画 │ │題 │ │点 │         │ロ │   │           │
│   │   │（6│ │（23│ │（52│ │課 │         │グ │   │           │
│   │   │つ │ │の │ │の │ │題 │         │ラ │   │           │
│   │   │の │ │中 │ │小 │ │（22│         │ム │   │           │
│   │   │柱 │ │項 │ │項 │ │項 │         │   │   │           │
│   │   │） │ │目）│ │目）│ │目）│ 選択   │   │   │           │
└───┘   └───┘ └───┘ └───┘ └───┘        └───┘   └───────┘
```

画」（2004年7月策定）と連携した進捗管理体制として，「奈良市地域福祉推進会議」を設置した。計画の策定に取りかかった当初から，計画進捗の方向づけを議論し，公民連携の推進管理を明確に謳っていたが，計画完成後は間髪を入れずに推進体制を設置し，計画の具体化に取り組んでいる。

　奈良市の進捗管理体制の特色は，2006〜10年にわたる実施期間において継続性を担保するために，市民参加の外部委員会，庁内連絡会，庁内・市社協・民間組織からなる拡大作業部会を推進組織として再編成したことである。庁内連絡会は計画推進のコンセンサスの確保にあたり，拡大作業部会は必要に応じて個別事業担当課と連携して実施プログラム単位の事業具体化の作業に取り組んでいる。

　また，地域福祉推進において，民間団体・市社協との連携が何よりも重要である。推進会議は進捗チェックのほか，地域福祉活動を育成・支援する市社協と連携して取り組んでいくこととなっている。

（3）優先プログラムを設定して着手

　基本計画23項目は，52項目にわたる「推進課題」で構成されているが，市民の期待が高い・着手が急がれる課題，比較的実現が容易であると判断される課題を「重点課題」（22項目）として抽出した。さらに，それらに取り組んでいくうえで，「優先プログラム」として再構成し，複数の関係課や関係団体が並行してそれぞれプログラムに取り組んでいる（**図表1-2-4**）。

　優先プログラムは，①人権を視点にした福祉学習の推進事業，②地域福祉活

動の担い手養成事業，③地域福祉活動拠点整備を考える会議，④地域福祉活動推進費補助事業，⑤市民参加型行政，⑥保健福祉総合支援センター（仮称）設置事業，⑦福祉情報発信事業，⑧生活圏域を重視した保健福祉サービスの整備事業，⑨福祉事業者（経営者）のネットワークづくりへの支援事業，⑩子どもの安全確保と子育て支援事業，の10項目である。

　すでに，活動拠点の確保に関して，具体的に取り組んでいる地区社会福祉協議会（以下，地区社協と略す）があったり，市社協の提唱で始まった地区社協単位での活動計画策定との関連で，活動の担い手養成事業などが進んでいる地域もある。また，総合相談窓口にかかる保健福祉総合支援センターの設置に向けても関係部局の連携で検討が始まった。130項目にもわたる「行政施策の具体的な方向性」が，実施計画への展開のなかで，関係部局・関係団体との優先プログラムのなかに位置づけられていきつつある。

　また，状況の変化に対応して，地域福祉計画と連動する事業，たとえば「災害時要援護者支援対策検討会議」のように，優先プログラムの枠外にある課題でも作業部会とは別途に検討を進めている。これは，住民が主体となって災害対策（要援護者の名簿づくり）に取り組んでいる地域が登場し，その積極的な動きに呼応したものである。住民活動の進展にともなって，計画推進を組み替えていくこともまた重要な視点である。

（4）政策目標や実現手段の再編成をめざして

　地域福祉計画の策定から推進管理に展開していくなかで，作業の中心となった作業部会職員や事務局が実感したことは，理念や目標の実現をめざして，行政・職員がどこまで市民生活に向き合って行政の目標や政策実現の手法を再編成できるかという点である。事業評価の過程は，今後は既存事業の再編や統廃合などを考えて，「関係課等が横断的に取り組む事業」を増やしていくことが大切であるとの指摘があった。すべての事業に対して横断的に関わり合って進めることはきわめてむずかしいことであるが，地域福祉の推進にあたって，行政職員が中心になって，柔軟かつ迅速に対応することが求められている。

　また，地域福祉推進の事業は，各地域固有の課題にも対応していかねばならない。これは市・地区社協や地域型NPO，社会福祉施設・団体などの事業や

活動とも連携しつつ，これからの推進過程でプログラムを検討していく必要がある。

地域福祉の推進は，住民の参加なくして実現することはできないが，すべてを住民の相互扶助に委ねてすむものではない。地域福祉計画の策定と推進のプロセスは，地方分権や社会福祉基礎構造改革の流れのなか，身近な暮らしの場において，住民の暮らしや健康，地域の文化などを守っていくべき施策や基盤整備，市民・住民との協力・協働のあり方について，自治体行政の役割を考え直す機会となっている。

地域福祉計画は，行政が初めて市民とともにつくりあげた公民協働の計画である。「この計画が，画に描いた餅にならないように着実に成果を生むようにしなければならない。この会議は，新たに物事を計画し新たに何かをつくりあげていくという場ではなく，2年以上かけてつくりあげてきた計画のプログラムが着実に実行されているかどうかをチェックする場である。行政の各部署が計画にもとづいて推進しているのか，あるいは新たな事業を企画しているのかなどを報告してもらって，それに対してわれわれが検討を加える会議ではないかと思う。」(第1回推進会議における委員の発言から，2006年8月28日)

〔山下憲昭・北森重信〕

3　阪南市——公民協働での地域福祉推進計画の策定と今後

● はじめに

阪南市は大阪府の南部に位置し，大阪市まで電車で40分，和歌山市まで20分で通える圏内での住宅都市としての色合いを強めている。高齢化率18％，少子化率15％と全国また府下市町に比べて若く，人口はここ数年5万9000人台で微減傾向にある。

● 私たちの地域福祉計画とは

2001年3月に公民協働で策定した「阪南市地域福祉推進計画」(以後，「計画」と略す) は地域福祉を推進させるための計画であり，公民の知恵や資源を集

め，どうすれば住みよい街となるか，「福祉のまちづくり」はどうすれば実現できるのか，市民のさまざまな生活要求に対応できる仕組みを，行政と市民がともに考えその方法を探り合い，計画的に取り組んでいくための計画とした。

　本市の地域福祉は「阪南市行財政改革実施計画」（1997年3月）の推進と介護保険制度導入が大きな契機となり，介護保険事業計画と平行して策定することとなった。それは措置から保険制度への大転換をきたした介護保険制度（2000年）が導入される前夜にありながら，私たちは1998年度の高齢者悉皆調査の結果をみるまでは，「他人を家に入れることを好まない田舎の土地柄」と公言していた。それが，公的サービスを利用して家で暮らし続けたいとの予想を超える市民の声に接し，大きく反省することとなった。重ねて，当時の阪南市は訪問介護の利用状況は非常に低調であり，自己決定・選択・契約を旨とする介護保険制度運営に必要な利用者自身の「自らの健康や暮らしは公的サービスを利用して維持し守る」という高い権利意識をどう醸成すればいいのか困惑していた。しかし，市民の自主的な地域活動が活発であるほど高まるという調査結果を得て「地域福祉」の必要を強く考えることとなった。

　私たちの計画が「阪南市モデル」として全国に注目されるにいたった理由は，社会福祉法の制定前に，市行政と市民が協働し地域福祉の推進の仕組みや課題の解決に向けた市民活動や施策を1つの計画につくり込めたことであり，住民懇談会などさまざまな手法を計画的に取り組み，市民が地域での暮らしを営むうえでの課題を共有しつくりあげた計画を市民が地域で動かせる態勢を築いた過程にある。そして，本計画は市の総合計画のもとにあって市民の暮らしから総合計画を見つめ直したものでもあり，保健福祉の各個別計画を統合するものと位置づけた。

【基本理念】①住民みんなの基本的人権を大切にする福祉のまちづくり　②住民自治・住民主体による福祉のまちづくり　③公・民協働による福祉のまちづくり

【重点課題】基本理念を具体的に示すものとして次の7つを重点課題とする。①基本的人権の保障　②共生社会の構築　③生活の質の向上　④市民の交流・連帯と住民自治・住民参画の促進　⑤健康づくりと自立の支援　⑥総

合的な保健福祉サービス・活動の展開　⑦地域保健福祉推進のためのシステムづくり

● 公民協働でつくること

　1991年10月の市制施行以前から市保健福祉部局では，きわめて多くの専門職をかかえて自主的な学習会が継続して開催されてきた。多くの実践から，高齢者の孤独死や障害をもつ方の自立支援は行政施策だけでは防ぎ・守りきれないが，近隣住民の協力があるときこそ守られ実現できることが判明している。そして住民による福祉活動を進めることは，保健福祉サービス等の提供における市の公的責任を住民に転嫁するものではなく，責任ある在宅サービスが市や介護保険等事業所から提供されているところにこそ，住民の主体的な活動や協力が生まれることの事例も多い。また，社会福祉協議会（以下，市社協と略す）を中心とするボランティアが阪南町立町営の知的障害者無認可作業所を支え，生活の場づくりに取り組んできた20年に及ぶ公民協働の貴重な経験をもっている。こうした若い専門職員の責任感や悩み，そして地域でのボランティアとの協働の実践が公民協働の地域福祉を産んだともいえる。

　私たちの計画は，公の責任として生命や暮らしに関わる「基本的人権」の保障をあげた『行政施策計画』（「地域福祉条例の制定」，「４つの保健福祉区域の設定と小学校区福祉活動の推進」，「総合的な相談・支援体制の確立」など10項目）と民の責任として地域で「孤立」させない（孤独は自由だが，孤立から生まれる自由はない）ことをあげた『市民活動計画』（「公民協働による地域福祉活動計画の定期的策定」，「くらしのSOSキャッチシステムと小地域ネットワーク活動の強化」，「住民主体・参加による小学校区福祉活動のさらなる展開」など11項目）が，暮らしの課題に対してキャッチボールするように協働し合い，１つの計画にまとめあげられている。そして，民としての活動の「要（カナメ）」役に市社協をパートナーとして位置づけた。

● 住民参画の重視とその過程─計画策定の過程が地域福祉を推進させる

　地域福祉を大きな「絵に描いた餅」にしないため，私たちの計画は地域福祉

を推進させるものとして，市民主体の活動を支援するための計画であり，公民協働するための計画であるとした。それには，自分たちでつくったといえるかどうかが重要であり，「一人ひとりを大切にした討議と合意の積み上げ」，「正確なデータ収集と切実な声の重視」を大切にした。計画策定がゴールではなくつくってから動かすことを重要とし，計画を推進する主体者づくりを計画策定のなかに組み入れ，計画策定の過程を住民の活動体制づくり・活動おこしにつなげたいと考えた。

そのため策定過程には独自の組織と調査手法などを必要とした。策定期間が1999年7月から9か月間という短期間であり，同志社大学井岡勉教授はじめ同博士課程の若い研究者たちと千代田短期大学の山本敏貢教授の協力を得て，まさに一気呵成につくりあげた（事務局会議18回）。

【組　織】策定委員会（6回）と作業委員会（15回）。市長と社協会長連盟の委嘱状を出した。ことに策定後は地域福祉をリード・推進していく責任と役割を担う直接サービス提供に関わる事業所を含めた公民の専門家や活動家で構成された「作業委員会」を重視した。

【過　程】埋もれている個別計画での調査データを再整理・分析を行い，地域福祉における問題や課題に関する「仮説」を立て，さらに地域（小学校区毎）の特性として明らかにした。地域での民の活動の調整役として期待される校区福祉委員会，およびすべての市民が参加する街づくりにおいて重要な当事者を含む各種団体とのヒヤリング，そして市および社会福祉協議会では初めて実施した2回の12校区別住民懇談会。地域に出向いて「暮らしの困りごと」を聞き合うことは，住民から要望を受ける場となり対立することが予想されるとの指摘が行政内部でも多くあったが，個別にかかえる不安や悩みが住民の前で披露され，受け止められるなかで多くの知恵が出され，即座に自治会などが改善を行っていった。また，「上戸の口は広いほど水の出る勢いは強い」と，多くの機会を求めて市民の声を聞いたが，計画において取り組むべき地域福祉課題を明らかにするために，モニター調査を実施した。公募委員・福祉委員388名が隣近所や友人・知人へと各自6名から10名に聞き取り調査を行い，計2117名（回答数）の地域福祉を進める市民のつながりをつくったことは圧巻であった。

● 蓄えられた「自治の力」と「福祉の力」

　以上のような計画の過程における取り組みは，確実に公民協働の福祉のまちづくりを担う地域での市民自らが考える基盤（体制）形成につながった。市の各部署が住民（作業委員会）に積極的に情報提供することで，保健・医療・福祉・教育にとどまらず，公共施設や公園等都市基盤の差が，自分たちが暮らす地域（校区）ごとの市の課題や住民自身の活動課題の違いであることを，公民で確認し合い，策定途中から公民協働の地域改善の動きが高まったのである。

　地縁型の福祉委員会やテーマ型の NPO 等の住民活動が多く誕生するなど量的にも，街づくりが飛躍的な展開をみせた。どう地域で協力し合い，市民（個人）をつなぎ合い「自治の力」「地域の力」「福祉の力」の高いコミュニティをつくるかがその後の課題となった。

● 阪南市の試み

　計画策定後の急速な少子高齢化とひとり暮らし世帯などの増加，介護保険制度および障害者自立支援法さらに医療保険制度など引き続く改革は，国における暮らしのセーフティネット機能を低下させ，そして三位一体改革等は結果として自治体財政の悪化をもたらしたことは，私たち 6 万人市民の小さい街に大きな覚悟と目標をいだかせ，『人権と福祉のまちづくり』として現計画を見直させることとなった。

　阪南市は「自治体経営」として財政主導での厳しい行財政改革を断行してきた。保健福祉部局では施策を再構築し，敬老祝い金や高齢・障害の各種給付金の廃止などを決定し，また保育料や国民健康保険料の値上げなど市民に直接痛みをともなう施策の実施をよぎなくされた。さらに，地方公共団体財政健全化法により，2008年度の決算から自治体の財政状況を判断する早期健全化基準，財政再生基準，経営健全化基準として，実質赤字比率および連結実質赤字比率など 5 指標が示され，一般会計に国民健康保険など特別会計や阪南市立病院など企業会計をあわせた決算として評価される。185床の自治体病院の経営はいうまでもなく，低所得階層が半数を占める国民健康保険運営は多額の累積赤字をかかえており，早期健全化団体への転落回避はきわめて現実的課題である。

しかし，派生的な福祉をはじめとする各種行政サービス低下の連続では，自治体として市民の付託・信頼に応えきれない。今以上の行財政改革を進めるにあたり市民参画での市政として独自の市民へ明確な「街づくりビジョン」を提示し，市民主体・市民責任による街づくり（市民活動）と市民参画型市政がお互いに必要とする形で協働することが求められる。

　そのために，2007年度からの見直し後の計画では以下3点を目標とした。①地域福祉を経営として推進する。福祉的配慮を必要とする人を含む阪南市で働き暮らす『全ての市民がボランティア』を合言葉として取り組んできた一人ひとりの人権と生活を大切（尊重）にした住み暮らし合える街づくり活動を確実に前進させるには，「事業また経営」として強化する必要があり，そのことで「阪南市の行財政経営」と両輪のごとく，さまざまな分野でまちづくりが展開できるのだと考える。

　それには，まちの財産（資源）である恵まれた山・海など自然や，人（知恵），物（42か所の住民センター等施設），資金，情報を結集すること。その場合の「人」とは自分たちの地域は自分たちで守り・作るという意識をもち，市の厳しい財政状況の現実を理解しかつ夢を語る者であり，その実現に向けて市行政と取り組める「市民」とは，これまでの狭い意味の福祉活動の担い手ではなく，皆が安心して自分らしく住み暮らし合えるまちづくりを理解し担える人であり，団塊の世代にその役割を期待したい。

②暮らしの場での市民参画協働を進める。地域福祉は一部を対象とする「福祉」ではなく，暮らしの場・学び働く場・交流し助け合う場である地域で，安心安全に住み暮らし合うことであり，それは「全ての市民を対象とした福祉」の向上をめざす「まちづくり」であるべきであろう。その「まちづくり」には市民・行政・事業者（法人）がまさに地域ぐるみで取り組むことが求められる。

③恒常的な公民協働の推進体制の確立。地域での暮らしを支える民のあらゆる機関・団体と行政により構成される「地域福祉推進連絡協議会」を設置し，その中に高齢・障害・次世代育成など各種テーマ（個別計画）毎の「作業委員会（テーマ委員会）」を設置する。委員会では市民参画と合意を大切に議論し，学

び合うことを重視し，公民協働による「優しく・健康で創意ある街・全ての市民が住み暮らし合える街つくり」をめざすことにした。こうした推進体制は，行政の効率化を図るとともに，行政への広い市民参画と協働を進め，地域における福祉の個別対象者の問題を通した地域力と福祉力を高めることにつながる。

　計画の見直しにあたってはすべての委員が積極的に議論に参加するだけではなく，調査・研究・資料作成・そして原案作成にまで責任ある参加をうながすものである。

● 動き始めた住民自治の力

　阪南市立病院が内科医師全員の退職にともない内科を休診したのは2007年6月30日である。内科のない公立総合病院の運営は容易に予想される。なぜこうした事態にいたったのかという議論が巷で交わされるなか，市職員あげて近畿一帯の医科系大学への医師の招聘に取り組むものの効果がみられず，病院がなくなるのではという不安が広がってきた。

　阪南市立病院は1953年に1町2村による国民健康保険組合直営尾崎病院として設立され，今日まで53年間阪南市6万市民はもとより，隣市町を含めた15万医療圏を支えてきた。安心安全に住み暮らし合え，『人権と福祉のまちづくり』として地域で支え合う活動を進める阪南市民は，暮らしに直結した医療問題は避けて通れないとして，7月3日には地域福祉推進連絡協議会および同作業委員会を開催し，行政批判でなく改めて市立病院の果たしてきた役割を確認し，なくしてはいけないという気持ちを確かめ合い，「地域医療を守る緊急アピール（市民病院内科の再開と医師確保に向け努力します。および地域医療の拠点としての市立病院の存続を求め市と病院と協働し推進します）」を採択した。その後は今日までに市民主体の「地域福祉の推進と地域医療の集い」を4回開催している。第3回（2月5日）の集いでは，連絡協議会に参加する市民の団体・機関すべての名による，大学病院はじめ和歌山県知事・県議会，大阪府知事・府議会，内閣総理大臣・厚生労働大臣・衆参議長に対する「地域医療を守るための要望書」を採択し，直接に出向くなどした。この活動は婦人会や子ども会を中心と

した切実な声の確かめ合い，また市立病院の医師や看護師，医師会の訴えに支えられた。

　この間の取り組みを通して，医師の補充として医師確保に奔走するが大学医局にも医師がいないこと，そして，医師不足は研修医制度改革などによる社会問題として捉え，市民の暮らしと健康を守り，要援護者などの在宅生活を支えるために求められる市の保健福祉と連携する医療政策として取り組む必要を学んだ。

　こうした市民の継続した活動は，病院を存続したいという市長および市議会の意思を支え，マスコミを動かし，そして地域医療への高い志しをもつ医師たちを集めることに成功した。いったん休止を宣言した入院再開の目途はたったが，市立病院を地域医療の中核として安定させるまでには時間がかかる。途中経過報告としての病院問題の改善への過程は，まさに市・議会・市民それぞれが協働することの意義と公民でつくる地域福祉の推進（まちづくり）への自信を得た。重要なことは，市民活動がソーシャルアクションとしての意味をもち，住民自治への道を歩み出したことだと考える。

〔水野謙二〕

第2章
イギリスの地域福祉 ■貧困問題とセツルメント

1　バーミンガム・セツルメントによる地域再生の意義

● イギリスにおける地域福祉の実践とバーミンガム・セツルメント

　井岡勉先生はイギリスにおいて地域福祉の実践に関わる機関として，民間福祉協議会［井岡　1986；1988］や，農村地域協議会［井岡　1986；1988］，セツルメント［井岡　1989］を先駆的に紹介されたが，私は本稿でセツルメントを取り上げたい。セツルメントでもトインビー・ホールについては日本でもすでに Toynbee Hall the First Hundred Years［Briggs & Macartney　1884＝1987］が翻訳されているため，イギリスで貧困に取り組むセツルメントのモデルとして評価されているバーミンガム・セツルメント（Birmingham Settlement）を紹介したい。
　バーミンガム・セツルメントは1899年9月29日から，人々の自助を支え，意識を高め，機会を築き，協働によって必要に応じた新たなサービスを開発し，社会的不利を克服するために，活動を進めてきた。1998年から99年にかけては120名の職員と250名のボランティアが，①事務局長や財務，人事など「核となるサービス」，②人々が意思決定過程に参加し，雇用や職業訓練を最大限度に行うための「能力開発」，③財源造成，デイセンター，児童向けのサービスなど「ケアと支援のサービス」，④金銭問題助言センターなど「助言」，⑤女性の訓練，雇用の支援，在宅ケア，ボランティア活動の推進など「雇用とトレーニング」，⑥「バーミンガム・セツルメント・ショップ」という組織体制のもとで，24のプロジェクトを運営していた［Glasby　1999：2, 22-23］。

● 貧困地域における地域再生の意義

　バーミンガム・セツルメントは，バーミンガム市のサマーレーンに設立され

た。この近辺はかつてスラム地区であったが、第2次世界大戦の空襲によって住宅が焼失したため、市が高層住宅を建築して再開発を行い、ニュータウンと呼ばれるようになった。その結果、地域住民のつながりは失われ、高層住宅は維持費がかかることもあって退廃し、ニュータウンは1980年代にはイングランドとウェールズで最も貧困と剥奪が集中する地域となった［Glasby 1999：25-28, 125-128］。

　バーミンガム市では1978年から89年の間に10万7205人がレイ－オフ（一時解雇）となり、現業労働の雇用は43％に減少した。ニュータウンの1991年の失業率は市内平均の14％を大きく上回り、32％であった。また1993年の統計によるとニュータウンのあるアストン地区では、白人は45.3％、アフリカ・カリブ系は19.8％、インド・パキスタン・バングラデシュ系は37.2％、その他は2.2％、という構成であった［Glasby 1999：31-33］。

　このような貧困地域に行政は、アーバン・エイドやインナー・シティ・パートナーシップ、シティ・チャレンジ、単一都市再生予算などの都市政策によって対応を試みた。しかしバーミンガムでは、これらの物理的な環境への投資だけではニュータウンの問題を解決することはできず、コミュニティの活気をよびおこし、つながりを創造するような社会変革も必要であるという、全体的な合意が存在した［Glasby 1999：128-129］。そしてボランタリーな組織であるバーミンガム・セツルメントは、社会開発の側面から地域再生に取り組んできたのであった。

2　バーミンガム・セツルメントによる貧困への取り組み

● 金銭の欠乏と物質的剥奪への取り組み

　バーミンガム・セツルメントは設立当初から金銭の欠乏や物質的剥奪に対して、「倹約のための小銭の収集」（Provident Collecting）として、週に1度家庭を訪問して3～4ペンスを収集し貯金する事業や、慈善組織協会との協力による貧困な世帯への財政的支援（Financial Aid）など、セツルメントの伝統的な手法を用いて取り組んできた［Glasby 1999：42-45］。

その後バーミンガム・セツルメントは、上述のような伝統的な活動ではなく、貧困の1つの形態である借金をかかえた人への支援によって、貧困に取り組むセツルメントのモデルという評価を受けるようになった。1969年には借金問題をかかえた人に法的な助言を提供するために、西ミッドランド・カウンティ・カウンシルの財源によって金銭問題助言センター（Money Advice Centre）を設立し、借金や税金、社会保障、賃貸借購入、消費者契約などの問題に取り組んだ。その後も上記のような要請が増加したため、1987年にはサリー・オーク大学と共同で、金銭問題について助言するカウンセラーの訓練を開始した。また、バーミンガム大学の監修のもとで調査を行い、借金問題が無責任な行動から生じるのではなく、病気や失業などの契機によって生じることを明らかにした。金銭問題についての助言は借金によるホームレス化の予防につながるため、1987年に住宅借金問題相談電話が設立され、やがて全国借金問題相談電話へと発展していった。小規模な商業者が同様の相談を必要としたため、1992年には銀行からアドバイザーに出向してもらい、ビジネス借金問題相談電話を開始した。またアウトリーチのために、シティ・チャレンジの財源によりCHAT（Ctiy Challenge Home Advice Team）を設立し、賃貸料の滞納や手当の受給、慈善の補助金への申請などについて、助言を開始した [Glasby 1999：49-58]。

バーミンガム・セツルメントはそれ以外にも、借金先が高利貸ししかいない貧困地域の住民が借金の罠から逃れるためにローンとキャンペーンを行うアストン再投資財団の設立を進めた。この財団はお金を貸すだけでなく、1999年までに48の仕事を創り出し、123の仕事を守った。財団が支援した団体には、製造業だけでなく児童のケア計画や依存から立ち直るために登録されたチャリティなども含まれていた [Glasby 1999：59-61]。

● 保健衛生への取り組み

バーミンガム・セツルメントは設立当初から、肢体不自由児連合と協力して障害児を訪問し、保健や教育サービスにつなげる活動を行っていたが、国民保健サービスが誕生すると、幼児や児童向けの保健サービスにセツルメントが関わる必要がなくなったため、高齢者のコミュニティケアを進めるようになっ

た。バーミンガム・セツルメントは1948年には訪問サービスを，56年にはデイケアを，70年には給食サービスを，80年には移送サービスを開発した。移送サービスはやがてコミュニティ移送として独立していった［Glasby　1999：69-85］。

● 教育による貧困への取り組み

　バーミンガム・セツルメントは，障害をもつ子どもの教育やクラブ活動，1907年の幼稚園の開設などにより，貧困地域での教育活動に取り組んだ。また，イギリス・セツルメントとソーシャル・アクションセンター協会が提起した「読む権利」キャンペーンにも協力し，1975年から資金援助が終了する78年まで識字プロジェクトを継続した［Glasby　1999：96-103］。

　バーミンガム・セツルメントはバーミンガム大学でセツルメントについての講義を行うなど，貧困地域の住民以外の人にも貧困についての教育を試みた。1982年に将来研究センターを設置し，それを88年に調査部門に再編して，94年にはバーミンガム大学社会政策・ソーシャルワーク学部の協力によりENACT（Enquiry into Action）という社会調査プロジェクトへと発展させた［Glasby　1999：109-118］。

● 住宅問題と地域再生

　バーミンガム・セツルメントは第2次世界大戦以前には住宅改善協会の設立を支援し，終戦直後には，女性と子どものホームレス向けの一時的な夜間のシェルターを開設して，住宅問題に関わってきたが，その後はニュータウンの再開発に，地域住民のグループづくりを通じて取り組むようになった。1980年にはインナー・シティ・パートナーシップの財源により2名のコミュニティ・デベロップメント・ワーカーを雇用し，20名ほどのボランティアが孤立を解決するために訪問や行事の企画を行う「友人と隣人計画（FANS）」を進めた［Glasby　1999：132-143］。

　1980年代後半から90年代初期にかけてニュータウンの住宅の老朽化が顕著になると，バーミンガム・セツルメントは1989年にアストン委員会を設立し，ニュータウンの再生の推進に乗り出した。アストン委員会は1993年に財源補助が

終了したために終結したが，その後単一都市再生予算の補助を得て，ボランタリー部門のパートナーシップ組織を設立し，地域住民による組織が力をつけるためにトレーニングを実施するようになった。この過程でバーミンガム・セツルメントは，バングラデッシュ人のコミュニティに焦点を当てるようになった。また1992年からバーミンガム市議会と協力して「ニュータウンの再生を主導する活動」を開始し，借家人組合など地域住民によるグループの設立を支援した。たとえば，バーミンガム市社会サービス部の財源によって，ボランティアが孤立した人の友人になる「訪問計画」を開始したところ，1998年には「自宅を基盤としたケア」（Home-based Care）に発展した［Glasby 1999：147-149］。

　バーミンガム・セツルメントはそれ以外にも，1994年からファークロフト大学と共同で「地域住民の声を強めるプロジェクト」として，アウトリーチによる教育とトレーニングに取り組んだ。またシティ・チャレンジの財源により，地域住民の声が再開発に取り入れられるようにコミュニティの組織を設立し，個人の能力を高めることにも取り組んだ。1997年からは能力向上（capacity building）チームを設立し，マイノリティの民族や若者のグループづくりと，バングラデシュの女性やアジア系の若者，アジア系の聴覚障害者向けのプログラムを開始した。バーミンガム・セツルメントはこの時期には，社会，経済，環境という多機能のアプローチを採用するようになった。地域住民の声を政策に届けるために，「地域住民による情報連携協会」や「地域で組織される市民教育におけるコミュニティを主導する活動」も設立された［Glasby 1999：150-151］。

● 雇用の支援とレクリエーション

　バーミンガム・セツルメントは第2次世界大戦以前には，学校を卒業した直後の若者のアフターケアや就職相談によって失業問題に取り組んでいたが，完全雇用の時代を迎えると，セツルメントが失業問題に取り組む必要も乏しくなり，失業問題への取り組みは途絶えた。

　しかし不況により，1980年代以降バーミンガム・セツルメントは再び失業問題に取り組むようになった。1979年にはインナー・シティ・パートナーシップ

の財源とバーミンガム高等専門学校の協力により，転職支援（Job Change）プロジェクトとして，40歳以上の失業者に再トレーニングや福祉権についての情報を提供するセンターを設置して，個別相談や面接における自己表現の能力向上を行った。1984年にはカウンティ議会経済開発部局の支援により独立した会社組織として「コミュニティ起業と商業開発センター」を開設し，ワークショップや個別の支援による技術やビジネスの能力の向上を支援した。このプロジェクトは後にセツルメントの外部でコミュニティ起業センターへと発展し，インフォーマルな経済をビジネスに発展させようとしたが，財政難により会社は解散した。このような仕事づくりは，人材サービス委員会との協力による職業訓練のプログラムでも取り組まれた。それ以外にも，1991年から95年まではニュータウンのコミュニティ・センターで「就職準備クラブ」を週1回開催し，求職者に履歴書の書き方などの実践的な助言を行った。また，労働党政権が"Welfare to Work"を導入すると，失業した若者にボランタリー組織でトレーニングと就労体験を提供する「ニューディール」にも取り組んだ。母親の就労を支えるために，児童のケアにも取り組んできた［Glasby 1999: 158-171］。

　バーミンガム・セツルメントは少女クラブや母親の会，少年クラブの設立や，パーティ，行事，キャンプ，遠足，スポーツ，音楽，演劇などのレクリエーションに取り組んだが，第2次世界大戦後は，指導者や財源の不足によりユースワークは困難になった［Glasby 1999: 177-187］。

3　ボランタリー組織の役割と生存

　バーミンガム・セツルメントの100年史を執筆したグラスビー（Jon Glasby）は，バーミンガム・セツルメントの成功の秘訣として，①変化への対応，②革新，③地域住民やボランタリー組織，研究機関，公私部門との協力，④財源，⑤ボランティアも含めた人材，⑥設立の理念と核となる業務の維持と新たな機会への柔軟な対応，⑦多様な社会的，教育的背景をもつ人が出会い，互いに理解するための支援をあげている［Glasby 1999: 196-197］。

　しかし筆者が2005年11月30日にバーミンガム・セツルメントを訪問したとこ

ろ,バーミンガム・セツルメントは毎年の欠損の累積により,土地を売却し,賃貸の事務所で再出発する準備をしていた。[1] ブレア政権がボランタリー部門にサービス供給の役割を期待するなかで,バーミンガム・セツルメントは収入につながるサービスの供給ではなく,地域再生の役割を選択したために,サービス部門を閉鎖し,組織を縮小して生き残る決断を下したのであった。

　バーミンガム・セツルメントの事例は地域再生を進める機関の職員には,サービスの供給による収入よりも,組織の使命を実現するために小規模な組織で働くことを選択する覚悟が必要なことを示唆している。

1) バーミンガム・セツルメントにおけるヒアリングは,日本学術振興会平成16〜18年度科学研究費補助金(基盤研究B)「地域福祉の国際比較」(研究代表・井岡勉・同志社大学教授。課題番号16333012)の一環として行われた。

【引用・参考文献】

井岡勉(1986)「英国グロースターシャー県下の社会福祉とその周辺」同志社大学人文学会『評論・社会科学』29号

井岡勉(1986)「ロンドン・カムデン社協の組織と活動」同志社大学人文学会『評論・社会科学』30号

井岡勉(1988)「英国における民間福祉協議会CVSの今日的展開」同志社大学人文学会『評論・社会科学』35号

井岡勉(1988)「英国農村地域協議会RCCの動向」ソーシャルワーク研究所編『ソーシャルワーク研究』vol. 14, No. 3

井岡勉(1989)「英国セツルメントおよびソーシャル・アクション・センターの今日的展開」同志社大学人文学会『評論・社会科学』38号

Briggs, Asa & Macartney, Anne (1884) *Toynbee Hall the First Hundred Years*, Routledge & Kegan Paul. 阿部志郎監訳(1987)『トインビー・ホールの100年』全国社会福祉協議会

Glasby, Jon (1999) *Poverty and Opportunity: 100 years of the Birmingham Settlement*, Brewin Books

【付記】2006年秋に本稿脱稿後,依頼により2007年6月に日本社会福祉学会の政策・理論フォーラム「福祉政策・理論の源流と展望」でバーミンガム・セツルメントについてふれた発表を行い,その内容が日本社会福祉学会『社会福祉学』vol. 48-4(No. 84, 2008年2月発行)に掲載された。両稿では設立の目的と事業,地域の概要についての記述は共通しているが,本稿ではバーミンガム・セツルメントの幅広い活動を紹介

し，政策・理論フォーラムでは貧困への取り組みに限定して発表，執筆した。

〔柴田謙治〕

第3章
デンマークの地域福祉

はじめに

　デンマーク，スウェーデンなどの北欧諸国は，早くから脱施設化を進め，だれもが住み慣れた地域で生活できるよう，諸施策を充実させてきた。また，ノーマライゼーションの思想はデンマークのN. E. バンク・ミケルセン（N. E. Bank-Mikkelsen）によって提唱され，スウェーデンのベンクト・ニリェ（Bengt Nirje）らによって発展させられたもので，この思想は北欧社会の諸制度に色濃くあらわれている。

　北欧の地域福祉について述べるにあたり，本章ではデンマークの高齢者福祉に焦点を当てたい。まずデンマークの高齢者福祉の基本原則をみてみよう。デンマーク社会省によると，①生活の継続性，②持てる能力の活用，③自己決定の尊重，④自分の生活に対する影響力を保障することと選択の可能性を与えること，の4点が高齢者福祉の基本原則である。

　このうち最初の3つの原則は1979～82年にデンマークの社会省下に設置された高齢者政策委員会がその報告書で提唱した有名な高齢者福祉の3原則と同じである。4つめの原則は2つの要素を含んでいる。1つめは「自分の生活に対する影響力を保障すること」であるが，これには高齢者個人の受けるサービスや生活に対して行政や家族がすべてを決定するのではなく，自分の希望や決定に配慮されるように保障するという側面と，高齢者が国または地域の高齢者福祉政策に影響力をもてるように住民参加を保障するという側面とがあるだろう。2つめの「選択の可能性を与えること」は，現在の自由党・保守党連立内閣が重点的に進めている政策目標であり，たとえば，民間の力を活用し，高齢者が行政サービスと民間サービスのなかからサービス提供者を選択できるとい

う新しい制度がそれにあたる。

　上記の高齢者福祉の目標からもわかるように，デンマークでは「高齢者が住み慣れた地域で自分らしい自立した生活をおくることができるよう支える」ことをめざしている。本章ではこれを可能にするための施策と理念について，「施設と在宅との融合」と「地域社会における住民参加」の2つの側面から論じたい。施設と在宅を融合させ，地域で住み続けられるハード面での基盤整備を進めるとともに，住民が主体的に社会参加し，影響力を行使できるようにすることが，このような目標の実現につながるのではないかと考えるからである。

1　施設と在宅との融合

　デンマークでは，社会保障の大きな部分が公的に保障されている。社会保障給付費の対GDP比率（2001年）は，日本が16.9%であるのに対し，デンマークは29.2%と非常に高い［OECD　2005：14］。高齢者が安心して暮らすことができるよう支える年金や社会サービスの大部分も公的責任として行政が担っている。

　デンマークは日本より早く社会の高齢化を迎えたため，高齢社会への対応は比較的早くからなされていた。介護が必要な高齢者のための入所施設であるプライイェムや，在宅ケアサービスを，コムーネ[1]が整備し，高齢者が家族や民間サービスに過度に依存せずに生活を継続できるシステムを構築している。

　このようなデンマークであるが，1988年にはプライイェムの新規建設をストップし，さらに既存の施設を介護型住宅[2]に改築することによるプライイェム全廃政策を進めてきた[3]。デンマークのプライイェムは以前から伝統的に1部屋に1人が入居する個室制で，ハード面で非常にレベルの高いものであった。それでもデンマークでは1人あたり1室のみの居住スペースは不十分であるという認識が広くあり，1987年の高齢者住宅法施行以降，原則的に1戸が2部屋からなる高齢者住宅または介護型住宅への改築が進められてきた。また，「居住とケアサービスの分離」が必要であることが，前述の高齢者政策委員会の報告書

で指摘されていたこともその背景にある。つまり，高齢者それぞれが必要なサービスを居住形態に関係なく常に提供することが必要であり，プライイェムのようにケアサービスが居住の場にリンクした施設では，高齢者が必要としていないサービスまで含まれていたり，逆に重度のケアが必要な高齢者は施設に入居しないとそれを受けることができない事態を招きかねないのである。そこで，在宅ケアサービスを充実させ，高齢者が自宅で住み続けることを可能にするとともに，自宅がバリアフリーでなく住みにくい環境におかれている高齢者や，より安心感を得たいと考える高齢者には，居住とケアサービスが別建ての地域の高齢者住宅や介護型住宅への住み替えができるように保障している。高齢者住宅や介護型住宅では，在宅に住む高齢者と同様，介護ニーズ判定により必要と認められた内容の援助が提供される。

　さらにデンマークでは，社会福祉・保健教育システムの改革が1991年に行われた。それ以前はたとえば，プライイェムで働くのはプライイェム・アシスタント，在宅ケアで働くのはホームヘルパーなど，職域や働く場所などによって資格教育が分類されていたが，改革ではタテ割りの専門職教育を統合し，社会福祉・保健ヘルパー（義務教育後1年間の基礎教育とその後1年2か月の専門教育の修了後に資格が与えられる），社会福祉・保健アシスタント（社会福祉・保健ヘルパー教育修了後，1年8か月の専門教育が必要）などの専門職が創設され，従前のプライイェム・アシスタント，ホームヘルパー，看護ヘルパーなどの教育制度が廃止された。社会福祉・保健ヘルパー，社会福祉・保健アシスタントともに在宅，施設，病院で働くことができるようになり，施設と在宅という居住の場に関係なく，どこでも同様の資格と技量をもったケアスタッフがケアサービスを提供するようになった。

　介護型住宅と高齢者住宅が全国でどの程度提供されているかをみると，2006年の統計では介護型住宅が3万2016戸，高齢者住宅が2万6276戸で，介護型住宅とみなして存続しているプライイェムの戸数1万5424戸（注2参照）とあわせると7万3716戸となり，これは高齢者人口の9.0％と高い割合である。また，ホームヘルプサービスを受けている高齢者は全国に17万8211人おり，高齢者の21.7％に相当する［デンマーク統計局ホームページ］。

このようにデンマークでは居住とケアの分離や専門職教育の統合により，在宅と施設の垣根を取り払うことによって，だれもが必要なサービスを住み慣れた地域の自宅で受けながら生活することを可能にする制度的基盤が形成されてきたといえる。

2　地域社会における住民参加

デンマーク人は政治や社会問題に対する関心が高い国民といわれている。政治・行政に対する目は厳しいが，批判するだけでなく，自らも積極的に関わってよりよい社会をつくっていこうとする意識が強くみられる。たとえば，選挙の投票率は国際的にみて非常に高く，4年ごとに行われる国政選挙では毎回約85％の投票率で，地方選挙においても毎回70％ほどである。このようなデンマーク社会で住民が地域でどのように高齢者福祉に関わっているかについてみていく。

● ボランティア活動

「共通の関心を持った人が3人集まれば即座に組織を結成する」といわれるほどデンマーク人は組織・団体の活動を好む。国民のほとんどが1つ以上の組織・団体に所属しているといわれており［danmark. dk ホームページ］，全国規模または地域のNPOやボランティア組織などが多様な活動を行っている。高齢者福祉分野においてもこのような組織の存在意義は大きい。たとえば，登録会員がひとり暮らしの高齢者に対する友愛訪問を行ったり，地域の高齢者の昼食会や趣味のサークルを開催したり，パソコンを学びたい高齢者に対するパソコン講座を実施したりと，さまざまな活動がみられる。デンマーク国民の約35％（2004年）が何らかのボランティア活動に携わっているという調査結果もある［Koch-Nielsen, Inger & David Rosdahl 2004：1］。

デンマークの社会福祉分野の基本的な法律である社会サービス法（lov om social service）に，地方自治体がボランティア組織やNPO組織と協力し合い，毎年このような組織に補助金を配分することが定められている（同法115条）点

は特筆すべきである。その具体的な方法・補助の規模などは各自治体に任されている。

たとえば「高齢者問題全国連盟（Ældre Sagen）」というNPOは，2006年末現在で約49万人の会員を擁しており，約200の地方支部をもっている。そして約4000人が友愛訪問などのボランティア活動を行っている。地方支部の多くはコムーネと協力関係にある。しかし，同組織は「ボランティア活動は行政が住民に対して提供しなければならないと法で定められているサービスの代行をすべきではない」と明確に述べており，ボランティアの仕事は行政の下請けではなく，組織・活動の目的に沿って主体的に定めるとしている［Ældre Sagen 2005：8-9］。

● 高齢者の高齢者政策・サービス決定過程への参加
（1）高齢住民委員会と苦情委員会

デンマークでは，高齢者施策に対して高齢者自身が影響力を及ぼすことを保障する民主的な仕組みが整備されている。その1つが各コムーネに設置されている高齢住民委員会である。これはコムーネに住む60歳以上の高齢の住民のなかから選出されるもので，コムーネの高齢者政策に対して提言を行い，高齢者の声を政策に反映させる役割を果たす。高齢住民委員会はノルウェーやスウェーデンにもあるが，法で設置が定められており（デンマークでは1997年より各コムーネに設置が義務づけられている），委員を直接選挙で選出しているのはデンマークだけである［福島 2005：176-177］。高齢住民委員会の選挙は4年ごとに行われ，60歳以上のすべての住民が選挙権と被選挙権をもっている。委員の人数は5人以上と定められており，各コムーネが自由に設定する。コムーネ議会で高齢者に関わる提案をする際には必ず高齢住民委員会に意見を求めなければならないと定められている。

苦情委員会（klageråd）の設置もコムーネに法的に義務づけられている。これはホームヘルプ等のサービスのニーズ判定の結果に対する苦情を取り扱う組織である。6人の委員のうち3人が高齢者住民委員から選出され，2人がコムーネ議会，残りの1人が障害者団体から選出される。

（2）入居者・家族委員会

　デンマークのプライイェムや介護型住宅などに入居者・家族委員会を設置することが社会サービス法第112条に規定されている。同条項によるとその目的は，入居者を代表して利益を守ることであり，当該施設・住宅の日常の介護ガイドライン等の作成にも関わることになっている。委員会のメンバーは入居者，家族，当該施設の職員，コムーネの職員，コムーネ議会議員，コムーネの高齢者住民委員会メンバーなどである。介護型住宅の入居者は要介護度が高い場合が多く，委員会のメンバー選定に困難をきわめることがあったり，委員会の活動への参加が限られてしまうこともあるが，入居者の声を代表して当該施設の改善を図り，入居者の利益を守るという点で非常に重要な制度である。

おわりに

　デンマークではケアと居住の分離を行い，だれもが住む場所に関係なく必要なケアを受けながら生活を継続することができる制度を構築してきた。このような仕組みをつくりあげた背景には，住民の地域社会への積極的な関わり──ボランティア活動への参加や政策・サービス決定過程への参加など──がある。

　自治体はボランティア組織やNPOとの協力体制を整え，補助金を支給して，ボランタリーな住民の関わりを支えている。行政と民間組織が「本来の力のバランスを維持しながら，同時に互いに相手を必要不可欠なスパーリング・パートナーとして同一領域でそれぞれ独自の活動を展開するという，相互補完の関係が築き上げられている」［田口　1999：120-121］のである。さらに，政策やサービス内容の審議・決定過程に住民を参加させ，住民の意見を汲み取る制度を整備し，住民の視点から施策をつくり，地域で自立した生活を継続することができる基盤をさらに固めていく。と同時に，地域の福祉力を形成し，住みやすい地域をつくろうという住民の強い意志と主体的な関わりを促進し，地域づくりはすべての住民によるものであるという意識を醸成する。さらに政治家の意識を高め，よりよい地域づくりをするよう導いていく。

デンマークでは「共同責任」(medansvar)という言葉がよく使われる。だれもが安心して生活できる地域づくりは行政だけの責任ではなく，すべての住民が積極的に関与して進めていかなければならないという意識が社会に広く行き渡っているといえるだろう。

1) コムーネ(kommune)はデンマークの基礎自治体である。270あったコムーネが地方自治体改革で統廃合され，2007年1月から98になった。一方，広域自治体であるアムツコムーネ(amtskommune)は改革以前は14あったが，5つのレギオン(region)に再編成された。
2) 介護型住宅とは，介護スタッフの拠点が建物内に配置されている高齢者住宅のことである。高齢者住宅とは，高齢者に配慮したデザインの住宅で，1987年の高齢者住宅法施行以降，供給されている。高齢者住宅法は現在では公営住宅法に統合されており，現在の高齢者住宅は同法にもとづいて設置される。
3) プライイェムは2005年までに全廃するという政策が進められたが，プライイェムのうち介護型住宅としての条件を満たしているものはプライイェムでありながら介護型住宅とみなすことができることになっているため，実際には1万5424人分のプライイェムが介護型住宅として残っている[デンマーク統計局ホームページ]。

【引用・参考文献】
田口繁夫(1999)「民間福祉の組織と活動」仲村優一・一番ヶ瀬康子編『世界の社会福祉⑥　デンマーク・ノルウェー』旬報社
福島容子(2005)「高齢住民委員会について」『デンマークのユーザー・デモクラシー』新評論
Koch-Nielsen, Inger & David Rosdahl (2004) *Danskernes frivillige arbejde – en foreløbig oversigt. Frivillighedsundersøgelsen*. Socialforskningsinstituttet.
OECD (2005) *Net social expenditure 2005 edition*. OECD.
Ældre Sagen (2005) *Frivilliges samarbejde med det offentlige. Hvor langt vil vi gå?* Ældre Sagen
デンマーク統計局(Danmarks Statistik)ホームページ　　http://www.dst.dk/
Danmark.dk ホームページ　　http://denmark.dk/

〔石黒　暢〕

第4章
韓国の地域福祉

はじめに

　韓国の地域福祉に関する研究は大きく分けて2つの接近方法がある。1番めは，韓国の地域福祉を発展過程を通して接近する方法であって，2番めは，地域福祉を推進していく推進システムを中心に分析する方法である。本章では，韓国の地域福祉推進システムのなかで，地域福祉改革の新供給体系である「地域社会福祉協議体」を中心に分析する。

　1990年代後半から地域別に組織され始めた「地域社会福祉協議会」という民間組織があるが，韓国における市郡区の住民はこの組織に馴染む前に，似たような「地域社会福祉協議体」という名称の機構の登場に非常に混乱をきたしている。

　2003年度に改定された社会福祉事業法第7条で，地域社会福祉協議体という機構が新設された。改定された社会福祉事業法に依拠し，2005年8月までに全国234か所（市：77，郡：88，区：69）の基礎自治団体では，地域ごとに地域社会福祉協議体条例を制定し，代表協議体と実務協議体を構成することになっている。そのため，韓国の地域社会福祉を改革しようとしている研究チームは，なぜ地域社会福祉協議体を制定しようとするのか，また，保健福祉部はなぜそのような必要性を認め，地域社会福祉協議体という新しい機構を設置しようとしているのか，等の問題点を提起しており，この点が最近の韓国の地域社会福祉領域での争点として浮上している。なお，234か所の基礎自治団体のうち社会福祉協議会が組織されている所は，2006年10月現在で111か所である。そのために，地域社会福祉協議体に対する認識は，社会福祉協議会がすでに組織されている地域とそうではない地域との間に非常に大きな開きがある。

地域社会福祉協議体が登場するようになった背景は大きく 2 つに分けられよう。第 1 に，21世紀を迎え保健福祉医療が連携事業を推進しなければならない状況にあるが，既存の地域社会福祉協議会がこうした業務を十分なし遂げられる団体として認定できない点があげられる［韓国保健社会研究院　2000］。第 2 に，韓国では1995年から99年まで既存の保健所に物理的に福祉の機能を追加して保健福祉事務所モデル事業を推進したが，成功しないことが明らかになったことがあげられる。

そこで，本章では韓国地域社会の新供給体系としての地域社会福祉協議体が新設される背景と機能および役割を分析し，市郡区の地域社会福祉協議体の予想される類型と課題を提示する。なお本章では，質的研究の範疇にある歴史研究と文献研究を研究方法として採用した。

1　地域社会福祉協議体機構の組織化の背景

● 社会事業施設連合会としての社会福祉協議会（1952～69年）

韓国の社会福祉界で連合機関としての機能を遂行してきた最初の連合組織は，朝鮮総督府時代に組織された「財団法人朝鮮社会事業協会（1929年）」であり，この組織は1945年以前に解散した［具　1984］。その後，1952年 2 月15日当時の社会部（現保健福祉部）の主催で，釜山で開催された全国社会事業大会において社会事業施設を中心として韓国社会事業連合会（初代会長オグンソン）が創立された。

今日，韓国社会福祉協議会では，1952年に創立された韓国社会事業連合会を最初の社会福祉協議会と位置づけている。韓国社会事業連合会は1965年 8 月，財団法人朝鮮社会事業連合会の残余財産として西大門区デヒョン洞にある不動産土地 1 万1405坪を連合会に寄贈されるように社会部長官の許可を得た。

1968年 2 月，麻浦区孔徳洞427-5番地に社会福祉会館新築工事起工式が開催され，75年 2 月に地下 1 階，地上 8 階，延べ坪1580坪の会館を竣工している［金　1995］。

以上のことから明らかなように，1952年から68年の韓国社会事業協議会の機

能と役割は，会員施設の連絡と調整，セミナー等を通して外国援助機関の撤収にともなう対処方法などを論議・協議する協会（association）に位置する役割を遂行してきた。

● 広域地方（広域市，道）を中心とする組織化事業を展開した韓国社会福祉協議会（1970～92年）

　1970年5月，韓国社会福祉事業連合会は名称を社会福祉法人韓国社会福祉協議会（以下，韓社協と略す）に変更した。1970年に制定された社会福祉事業法にもとづき，71年に社会福祉法人韓国社会福祉共同募金会が設立された。1972年，韓社協は韓国最初の社会福祉共同募金を全国的に実施したが，当時，政治・経済・社会的に困難な状況下にあり，共同募金は成功しなかった。1973年9月に国際社会福祉協議会アジア・太平洋地域大会がソウルで開催され，78年にはボランティアセンターが設立され，ボランティアを募集，訓練・連携するプログラムが開始された。1984年までは「社会福祉事業従事者」資格制度を「社会福祉士」資格とするよう社会福祉事業法を改定し，社会福祉新聞を創刊した。広域地方社会福祉協議会は，第1次として1984年に京畿道をはじめとして，92年までに全国15か所の広域地方で社会福祉協議会（以下，社協と略す）を組織した。もっとも，蔚山市の場合，人口の増加とともに蔚山広域市に昇格すると同時に，2000年4月には社協が組織され，現在は16か所の広域地域で社協が組織・運営されている。

　韓社協は1983年に，広域単位の社協は98年に，社会福祉事業法改定にともなって社会福祉法人として承認された。当時の社協は広域地方を中心として，地域社協として機能することに寄与した。

　以上のように，当時の社協は外国援助機関の撤収はじめ困難な状況下，第1回社会福祉共同募金の展開，ボランティアセンターの設立運営，社会福祉新聞創刊，社会福祉従事者資格を社会福祉士資格として改定，広域市社協の組織化等，組織化事業を展開してきたとみなすことができよう。

● 時代状況に対して誤った対処をした韓国社会福祉協議会（1993～2002年）

　1990年代に入って韓国の社会福祉界は，経済成長とともに大きな変化がもたらされるようになった。地域社会福祉の最も大きな変化は次の点に要約される。第1は，1989年社会福祉館設立運営規程にもとづき，1990年代初めから社会福祉館が急速に増加するようになった点。第2は，1980年に制定された社会福祉基金法によって官主導で運営管理されてきた「近隣助け合い誠金（韓国型共同募金）」が，90年から韓社協が中心になり，「年末近隣助け合い誠金協議会」を組織し，募金活動を展開するようになった点。第3は，1994年から中・高校生に年間ボランティア参加時間を義務化し，一般企業や社会団体で社会奉仕活動の必要性を認定しつつ，ボランティアセンターが急速に増加した点。第4は，1995年から99年までの4年間，保健所で福祉事務所機能をモデルとした保健福祉事務所の設立運営をした点。第5は，1997年社会福祉共同募金法が制定され，98年社会福祉共同募金会が16か所の広域地方に設立・運営された点。第6は，2000年度に社会福祉施設評価が全国的に拡大されるようになった点。第7は，社会福祉協議体設立のための社会福祉事業法改定の動向，である。

　しかし，当時の韓社協を導いてきた会長および理事グループは，このような急速な変化をもたらす時代的状況に適切に対処することができなかった。そのために，2001年6月初め，韓社協の職員たちは，会長団と理事陣の全員辞退を主張して無期限ストライキに入った。結局，韓社協職員は会長団の全員退陣を取りつけ，1か月半ほどでストライキを中断した。これ以降にも韓社協の混乱は継続し，2002年11月代議員選挙によって社会福祉団体の民間会長が誕生するようになった。

　このように韓社協が1990年代にリーダーシップを発揮できなかった理由は，80年代後半から社協の機能と役割をよく理解していなかった公務員退職者や国会議員出身者が会長職にあたっていたためと推察される。特に，1990年代に入ってから，経済が急成長し，社会福祉界周辺の状況が急変しているにもかかわらず，韓社協会長団と理事陣には適切な対応をすることができなかった。

● 保健福祉事務所モデル事業の推進

　韓国における福祉事務所に関する論争は，1980年代に入って韓国社会開発研究院で発表された福祉事務所設立に関する研究［徐ほか　1981］，社会福祉館を韓国型福祉事務所として設立しようとする研究報告書［韓国福祉政策研究所　1985］が発表されてから始まった。しかし，福祉事務所設立に関しては，財政的な困難さによって設立が保留にされた。

　結局，1980年代中盤に論議された福祉事務所の設立は保留になった。しかし，1987年，政府は社会福祉専門職公務員（社会福祉士資格証所持者）100名を採用し，公共領域である洞事務所（区役所）に配置し始めた。社会福祉専門職公務員は毎年500名程度を採用することになった。福祉事務所がない状況下で，社会福祉専門職公務員は他の業務を担当している洞事務所職員とともに勤務しながら社会福祉業務を遂行するので，多くの隘路を経験しながら，各種セミナーを通して福祉事務所の必要性を提起した。

　こうしたなかで，政府は，当時先進国の社会福祉が保健・福祉・医療を統合していることを参考にしつつ，一時的に市郡区単位で組織運営されている保健所に福祉機能を追加し，5つの地域で保健福祉事務所という名称でモデル事業を開始した。このような必要性に依拠し，韓国保健社会研究院では，1985年に『保健福祉事務所モデル開発及び1次年度運用評価』研究報告書［韓国保健社会研究院　1995］を発表した。結局，物理的に保健所機能に福祉の機能を統合した4年間の保健福祉事務所モデル事業は効果性がないという結論が出され，保健と福祉事業の連携の必要性は継続的に提起された。

● 地域社会福祉協議体の必要性の提起および制度化

　こうしたなかで，まず最初に地域社会福祉協議体の必要性を提起したのは韓国保健社会研究院で，1998年のことであった。当時，保健と福祉を地域社会で一緒にすることができる団体として韓社協が提起されていたが，当時の韓社協ではこれらを責任をもって担当するのがむずかしいという批判も強かった。そのとき提起されたのが「地域社会福祉協議体」という機構を新しく設立する案であった［韓国保健社会研究院　2000］。

地域社会福祉協議体という機構を新しく設立する案が出現したとき，韓社協と16の広域団体社協，そして施設会員団体は全国的な反対運動を始めた。しかし，韓社協の地域社会福祉協議体設立阻止運動は結局，成就できなかった。

　その後，2000年12月，地域社会福祉協議体の設置根拠を明示した社会福祉事業法改正法案が国会に上程され，地域社会福祉協議体運営の成果を検証するために2001年から2年間，15の市郡を対象としたモデル事業が実施された。2003年7月には社会福祉事業法第7条に，地域社会福祉協議体の設置根拠を提示するようになった。そのほかにも2003年2月の"参加型政府"の出現とともに7月に発表された"参加型政府5か年計画"によって，社会福祉サービス関連事業の地方移譲と財政分権により地方自治体レベルの行政体系に大きな変化がもたらされることが予測された。

2　市郡区の社会福祉協議会の組織化の現況

　韓国の広域地方社協は，1984年から92年までに15の地域で組織化された。その後，基礎団体である市郡区の社協は，1995年に江原道原州，98年に京畿道，安城，99年に平澤地域に組織をし始め，現在では115か所（49.1％）の地域で組織されており，そのうち107か所（45.7％）の社協が社会福祉法人に承認された。

　市郡区社協の設置現況は**図表4-1**のとおりである。表に示すように，光州廣域市，大田廣域市，江原道，全羅南道全地域で社協が組織された。このように社協が比較的早く組織された地域は，社協に対する関心と推進力あるリーダーがいる

図表4-1　市郡区社協の設置現況

区　分	設置社協/全体市郡区
ソウル特別市	7/25
釜山廣域市	4/16
大邱廣域市	0/8
仁川廣域市	5/10
光州廣域市	5/5
大田廣域市	5/5
蔚山廣域市	0/5
京畿道	19/31
江原道	18/18
忠清北道	11/12
忠清南道	14/16
全羅北道	14/14
全羅南道	7/22
慶尚北道	5/23
慶尚南道	1/20
濟州道	0/4
合　計	115/234

資料：韓国社会福祉協議会「市郡区社協の設置現況」2007年12月

ためであると考えられる。

しかし, 社協の組織率39.5％の状況下で地域社会福祉協議体という機構が出現したことによって, 今後社協組織の必要性を感じることができない市郡区の基礎自治体もあらわれてくるであろう。

3 地域社会福祉協議体の機能と類型

2005年度8月から234か所の地方自治団体で, 地域社会福祉協議体（以下, 協議体と略す）の新たな機構が出現するとともに, 地域社会福祉計画および審議に参画するようになる。本節では, 協議体の機能と地域モデルおよび類型に関して明らかにしたい。

◉ 地域社会福祉協議体の定義

社会福祉事業法第7条の2項において,「地域社会福祉協議体とは, ①管轄地域内の社会福祉事業に関する重要事項と地域社会福祉計画を審議又は建議し, 社会福祉, 保健, 医療関連機関・団体が提供する社会福祉サービスおよび保健医療サービスの連携協力を強化するために, 市郡区に置く組織である」と規定されている。

同法第15条3項（地域社会福祉計画の樹立）では, ①市長・郡守・区庁長は地域住民等利害関係人の意見を聞いた後, 協議体の審議を経て, 当該市郡区の地域社会福祉計画を樹立し, これを市・道知事に提出しなければならないとなっている。

さらに, 協議体の新設は, 地域福祉を強化するための方案として, 地域福祉サービス提供で地方政府と民間, そして民間と民間との共同協力のための機構として把握しなければならない。特に政府は, 民・官のネットワークの概念として地域社会の福祉に関して, 民・官がともに論議することができる常設的な構造を備えようとしている。

協議体は①地域福祉計画の審議, ②サービス連携・調整, ③地域社会資源開発, を核心的機能としている。地方政府の地域福祉計画樹立が義務化され, そ

図表4-2 地域社会福祉協議体の基本形

代表協議体

[協議体の機能]
・地域社会福祉協議体運営についての論議
・地域の福祉問題全般についての論議および協議
・地域福祉計画と関連する多様な論議，協議，決定
・サービス提供，連携と関連する事案の論議，協議
・協議された事項についての協議体内下部組織および地域社会に対する伝達
・協議された事項についてのモニタリング

↕

実務協議体

[実務協議体の機能]
・サービス提供およびサービス連携に関する協議
・サービスの質向上のための多様な事業案を協議，提案
・協議された案の地域社会福祉協議体への提案
・実務分課の現況点検
・実務分課間の連携および調整
・実務分課から発議されたイシューについての論議

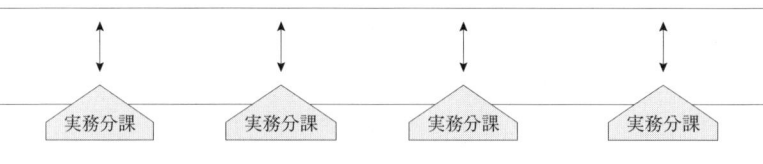

↕　↕　↕　↕

実務分課　**実務分課**　**実務分課**　**実務分課**

[実務分課の機能]
・分野別サービスの連携方法についての論議
・多様なクライエントに対するサービス改善のための計画樹立
・分野別サービス提供と関連する共同事業推進および運営
・協議された案を実務協議体へ伝達

のために民間協議体である協議体の審議が受けられるように義務化することは，社会福祉サービスの需要と供給において，主たる一線伝達体系を占めている民間部門供給者とサービスの消費者の理解とニーズを反映するもので，参加型政府の参加民主主義の拡大であると思われる［イインゼ　2004］。

　以上のような協議体という機構が出現し，地域社会福祉を研究する懇談会において，協議体は委員会や組織，一般団体とはどのように違うのかについて論

図表 4 - 3　地域社会福祉協議体の参加者別主要機能

参加者	主要機能
市・郡・区　公務員	・地域社会の公的社会福祉資源代表として意見開陳 ・地域社会の公共部門の意見調節 ・必要時に公共福祉サービスおよび対象者への情報提供 ・協議体の意見事項を公共部門に伝達および施行 ・市・道および中央政府に対する地域社会福祉計画の提出 ・その他協議体の活動を推進する催しの準備
社会福祉施設長	・社会福祉施設のサービス関連意見の収集および開陳 ・社会福祉施設のサービス実態および対象者関連情報交換 ・関連サービス間の調整および協力方法に関する協議 ・地域社会福祉計画にともなう施設およびサービス改善の推進
保健所長	・地域保健医療計画をはじめとする保健サービスと関連する情報の提供 ・保健分野の意見の集約および開陳 ・保健サービスとの連携および調整と関連した協議 ・保健分野サービス連携支援
専門家	・地域福祉の目的および目的の具現化に関連した意見の開陳 ・地域社会福祉協議体の活動に対する意見開陳 ・地域社会福祉計画樹立についての意見開陳 ・実務チームのサービス提供と関連した意見開陳 ・その他協議体の運営と関連した研究遂行
地域住民代表 社会福祉関連市民団体代表（宗教界代表を含む）	・地域社会住民のニーズおよび意見代弁 ・地域の非公式的資源についての情報提供 ・福祉関連サービスについての情報提供および協議 ・地域社会資源の開発と関連した意見開陳および協議 ・地域社会資源と関連した情報の提供
福祉サービス受領者組織代表	・福祉サービス受領者のニーズ代弁 ・既存の福祉サービスに対する意見開陳 ・近隣地域サービス利用関連させた意見開陳および協議
協力委員	・該当施設の社会福祉サービスおよび利用者関連情報の提供

資料：李賢珠ほか『地域社会福祉協議体示範事業評価とモデル開発』韓国保健社会研究院，2002年。

議されたところである。協議体は委員会や組織，団体ではなく，民間と政府との中間で，地域社会福祉のニーズ調査，審議，建議をし，政策に反映させる1つの独特な機構であると定義され（地域社会福祉を研究する懇談会より〔2005年8月9日〕），地域社会福祉計画の樹立はもちろん，審議や建議する機能を有しており，その役割は非常に大きいといえる。協議体の基本形および機能については，図表4-2および4-3を参照のこと。

● 地域社会福祉協議体の類型

　保健福祉部は，図表4-4のように資源（社会福祉利用施設）の実態に応じて地域を3つに区分し，それによって代表協議体と実務協議体を構成することを提

図表 4-4　地域区分基準にともなう地域社会福祉協議体の地域類型

地域区分	資源の実態（例示）
資源が不足している地域	社会福祉利用施設が2か所以下の地域
中間地域	社会福祉利用施設が3か所以上10か所未満の地域
資源が十分な地域	社会福祉利用施設が10か所以上の地域

資料：ハンイクヒ『地域社会福祉協議体事業施策，保健福祉部』韓国保健福祉人力開発院，2005年。

図表 4-5　地域区分基準にともなう地域社会福祉協議体の地域類型（案）

地域区分	資源の実態（例示）
資源が不足している地域	社会福祉利用施設が2か所以下の地域 ・地域社会福祉協議会がまったく組織されていない所 ・大学の社会福祉学科や地域内に大学がまったくない所
中間地域	社会福祉利用施設が3か所以上10か所未満の地域 ・地域社会福祉協議会が組織されて3年未満であり，社協のプログラムをかろうじて維持している所 ・大学の社会福祉学科が設立されていないが関連学科がある所
資源が豊富な地域	社会福祉利用施設が10か所以上の地域 ・地域社会福祉協議会が組織されて3年以上であり，プログラムが活発な所 ・大学の社会福祉学科がある所

案しているが，それは非常に望ましくないものといえよう。

　筆者は，資源が豊富な地域や中間または不足した地域を，単純に利用施設の数で区別するのは非常に偏狭的であると考える。協議体を構成するとき，地域社会資源として必ず含まなければならない内容は，社協組織ができているか，地域内に社会福祉学科をもつ大学があるか等であり，これらを資源を見積もる尺度とみなすことが望ましいといえよう。筆者の考える地域区分基準とその類型は図表4-5のとおりである。

おわりに

　以上，韓国の地域福祉計画の新供給体系である協議体の登場背景および機能と類型について明らかにした。それでは，協議体の登場で韓国の市郡区の地域はどのように変化していくのか，今後の展望と課題を提示すると次のとおりである。

第1に，韓国の協議体は，1990年代中盤の社協が時代的経過に十分対処することができなかった点と，保健福祉事務所の試験的事業が成功しなかった現実から登場した機構といえる。急変する韓国の状況下で福祉と保健・医療を総轄することができる協議体が出現することで，一部地域間の偏差が生じるであろうけれども，民間の参加を制度化することによって肯定的な側面がより多くなると思われる。最も大きな課題は，協議体の役割と機能を公共領域と民間領域から効率的に運営できるように理解し政策化することであろう。

　第2に，市郡区において地域社協がすでに組織され活動している地域は別にして，組織されていない所では協議体の新設以降，民間領域の社協を組織化するのに多くの困難がともなうことが予想される。一部の地方自治団体では，協議体を設置しようとするとき，社協の組織が理解できないために，協議体の設置を拒否する動きもある。したがって，協議体と社協の相違点を公共領域において認識させる作業が必要である。

　第3に，保健福祉部で提示している地域区分基準にしたがった協議体の地域類型の基準が変更されなければならない。保健福祉部で提示した地域類型の基準は，資源が不足している地域と豊富な地域，中間地域を単純に社会福祉利用施設の設置数で区分しているが，非常に不適切であるといわざるをえない。地域社会の資源として必ず含まなければならない内容は，地域内に社会福祉学科を有する学校があるか，または専門家グループが居住しているかであり，それらを尺度にしなければならない。

　第4に，協議体の新設について中央政府では，地域社会福祉についての予算や地域福祉計画等の権限を大幅に委任しながら，地域住民の参加と責任性を強調している。こうした計画は地方財政の成り立ちにともなう市郡区の地域社会福祉格差を大きくする以外の何ものでもない。さらに，地域内における社会福祉施設や大学，企業，民間団体の参加いかんによって偏差が一層大きくなるのである。こうした自立が困難な基礎自治団体（市郡区）を中心にして，中央政府と広域団体（広域市，道）が特別な関心をもち，行政および財政的支援を行っていかなければならないといえよう。

【引用・参考文献】

イインゼ（LEE, In-Je）（2004）「地方分権政策の意義と社会福祉界の役割」韓国社会福祉行政学会『学術大会発表資料集』

韓国社會福祉協議会（2005）「事業報告書」

韓国福祉政策研究所（1985）『福祉事務所モデル開発のため基礎調査』

韓国保健社会研究院（1995）『保健福祉事務所模型開発及び一次年度運営評価』

韓国保健社会研究院（2000）『福祉・保健　機能　連繋　模型　研究』

金範洙（1995）『地域社会福祉館の発展過程』弘益斎

具滋憲（1984）『社会福祉発達史』弘益斎

徐相穆ほか（1981）『貧困の実態と零細民対策』韓国開発研究院

ハンイクヒ（HAN, Ik-Hee）（2005）『地域社会福祉協議体事業施策』保健福祉部韓国保健福祉人力開発院

李賢珠ほか（2002）『地域社会福祉協議体示範事業評価と模型開発』韓国保健社会研究院

李賢珠（2003）「参与の機済として地域社会福祉協議体の可能性」批判社会福祉学会『春季発表資料集』

〔金　範洙〕

結
これからの地域福祉の行方

　これからの地域福祉の行方を論じることはとてもむずかしい。時代の変化はめまぐるしく複雑で，たとえば10年，20年先を読み解くといっても，少子高齢社会，人口減社会の進展，脱工業化・情報化の一層の進展といったことなどを除けば，その間に何が起こるか予測もつかない。そういう不確実な展望のもとでは，せいぜい現在の延長線上に数年後の地域福祉の状況を予測しうることでしかないのかもしれない。

　しかし，地域福祉はこれまで政策面でも実践面でも自然に形成展開をみたものではなく，政治・経済・社会的な諸条件に規定されつつ，目的意識的に追求されてきた社会的所産であることに注目する必要がある。つまり，地域福祉は社会的につくられてきたものなのである。したがって，これからの地域福祉の行方を問う意義は，単に地域福祉がどうなるだろうかという客観的予測で終わるのではなく，今後どのような視点に立って地域福祉をどう発展させていくか，そのためにどのような条件が必要か，ということにあるのではないだろうか。

　省みれば，戦後日本の近代的・民主的課題を担って地域福祉が形成され始めてより，半世紀を経過した。当初地域福祉はスローガンにとどまり，住民参加による地域福祉推進なども全体として理念倒れで現実味が乏しかったといっても過言ではない。ところが今日では，住民主体，住民参加の地域福祉推進は当然のこととして全国各地で追求されており，社会福祉法にも「地域福祉」がキーワードとして規定され，社会福祉における地域福祉重視の状況は「地域福祉の主流化」とまで評されるにいたっている。半世紀かけてようやくここまできたといえよう

　ただし同じ地域福祉といっても，政策サイドの意図する方向・内容と地域住民が求めるものとは，必ずしも一致するとは限らず，相反することもしばしば

である。地域福祉政策として格調高い理念を掲げていても、地域福祉推進の名のもとに実際には公的責任・負担の極小化と住民への責任・負担の増大を迫る傾向がある。その結果、地域福祉の内容は豊かなものとはならず、かえって住民の生活不安と貧困化を助長しかねないおそれが多分にある。

これに対して地域住民にとっての地域福祉は、住民主体の原則を貫いて、住民自治と参加・参画によって福祉のまちづくりを推し進め、地域生活の安定と向上を権利として確保できるものでなければならない。地域住民の立場からは、地域福祉政策に対しても、その「分断と支配」や「抑制・削減」、「住民負担増」志向に抗して、地域・自治体の主権者として、生活と権利を守り抜く支援連帯の輪を広げ、政策のなかに権利保障と活動および参加・参画の条件整備を迫っていかざるをえない。こうした住民自治としての不断の組織的努力を通して地域福祉政策を住民自ら方向づけ、地方自治の確立を住民のものにしていく必要がある。そのことはまた自治体の本来目的・側面でもあり、ここに公・民協働の共通目的がある。このような地域福祉の民主的確立をめざして、これからどのように展望を切り開いていけばいいのか、若干の課題を提起しておきたい。

まず第1に、地域生活問題の社会的解決をめざす地域福祉推進のスタンスである。今日の競争原理本位、弱肉強食を助長する市場経済・政治体制は今後どうなるのか、このまま持続するのか、それとも転換されるのか。現時点で近い将来転換されるという兆候は見あたらないし、その条件も備わってはいないのではないか。とするならば、現下の経済政治体制・運営が基本的に転換されない限り、その社会矛盾として格差社会の広がりとワーキング・プアーをはじめ貧困・生活不安が一層顕在化し、地域的孤立のなかで生命と健康、暮らしの危機的状況をともなって、さまざまな形態の地域生活問題はさらに拡大し、困難の度合いを加えるものとみなさざるをえない。ここに地域住民の生活安定へのセーフティネットを形成し、さらに生活向上と福祉増進に資する地域福祉施策・活動はますます必要とされてくるであろう。地域福祉は住民の死活問題にも関わる重要任務を担わされよう。

そのとき、地域福祉政策として財政困難などを理由に、公的責任・負担をも

っぱら民間・住民に転嫁し，自助と相互扶助を一面的に押しつけるならば，住民の生活不安と貧困化をさらに助長し，行政不信とあきらめの意識を広げ，あるいは行政との葛藤を招くこととともなろう。とりわけ自治体行政としては財政窮迫のもとでも，最低限の住民の生活防衛・福祉増進の責務・役割を明示したうえで，窮状打開に向けて民間・住民の理解・協力を求めていくことが肝要である。民間・住民サイドの地域福祉活動としても，行政からの丸投げの受け皿に終始することなく，住民の生活防衛・福祉増進への願いを丹念に掘り起こし，つなげて権利保障への支援連帯活動を発展させ，自治体行政への提言・要請を積極展開する必要がある。

　第2に，地域福祉推進における民主的公・民パートナーシップ確立の課題がある。これまで地域福祉推進において公・民協働が強調されてきたが，これからも公・民協働は地域福祉推進の不可欠の要件として追求されていくであろう。地域福祉推進においては，行政による地域生活権保障と民間活動・住民参加への支援促進の責務・役割に加え，民間サイドならではの自主的・主体的な補充・開拓・柔軟性・運動展開の役割を結びつけ，両者の緊張関係をもともなう対等平等な合意形成のもとで，相互の協働と役割分担を図ることにより，初めて本格的推進が可能となるからである。

　ところが，これまで日本においては公的部門のカウンターパート，主体的勢力としての民間部門が十分確立してこなかったという歴史的経緯がある。民間部門の歴史的形成として，1908年創設の中央慈善協会は「行政翼賛」を掲げてスタートし，以降，中央・地方組織ともに行政の外郭団体の体質が濃厚となっていった。これは「日本型COS（慈善組織協会）」というべく，1869年ロンドンCOSが救貧行政を批判し，「友愛訪問」を提起実践するなど民間優位の立場を主張するといった主体的姿勢と対照的である。当初から行政との緊張関係は欠落していたのである。

　1951年以降，社会福祉への市民参加組織として社会福祉協議会（以下，社協と略す）が中央から地方へトップダウンでつくられていったが，実質的に行政のコントロールが強く，戦前からの外郭団体的体質をひきずり，半世紀を経たいまなお完全に脱皮しえたとはいえない。今日，社協は民間部門の代表的存在

であり，地域福祉推進の中核団体と目されるが，その組織・事業活動・財政各面において行政のコントロールから自由ではない状況がしばしば見受けられる。社協のみならず，他の社会福祉法人もまた程度の差こそあれ，「公の支配」下におかれている現実を否定できない。近年NPOが発展し，民間部門の活性化と基盤強化に貢献しているが，そのNPOにしても公費補助や委託を通じて，旧来の民間部門と同じ轍をふまないとは限らないであろう。

これからの課題としては，①民間部門が自らのアイデンティティと主体的姿勢を確立し，広く住民に開き，支えられる関係を築きつつ，住民の多様な生活課題に即したボランタリー・アクションを発展させ，実績を積み力量強化を図ること，②地域における民間部門のヨコの連携，ネットワークを形成し，民間部門総体としての主体形成と結束を図り，社会的発信を重ねつつ，地域福祉推進に向け行政との情報・意見交換・交渉を積極的に行っていくこと，そうした努力をふまえて③公的部門との対等平等の民主的なパートナーシップを築き，批判的協力関係を樹立していくことが肝要である。しかし，この歴史的課題は短時日で達成できるわけではなく，かなり長期にわたる持続的追求課題となろう。

第3に，地域福祉推進，福祉のまちづくりへの戦略として，「地域福祉（活動）計画」（民間の地域福祉活動計画および行政の地域福祉計画をあわせて呼称）の策定と取り組むことが格別に重要である。これは第2の課題取り組みへの好個の足場を築くものとしても重視されてよい。行政の地域福祉計画は社会福祉法に規定されたが，平成の大合併の影響や財源の裏づけがないことなどから，これまで策定ずみ・策定予定をあわせても3分の1にとどまる。民間（社協）の地域福祉活動計画は1980年代半ば以降，各地で策定の経験をもつが，総体としてこれまた策定ずみ・策定予定は3分の1にとどまる。またいずれの計画の場合も，実際に策定された計画のなかには，地域性をふまえず，理念を散りばめるだけで実効性の乏しい内容であったりする問題傾向もなしとしない。

しかし，他方では住民主体の地域福祉推進を基本視点として，地域の特性と住民の生活実態を明確化し，住民参加と職員参加を丹念に積み重ねて計画策定し，さらに民主的な計画推進体制を立ち上げ，進捗状況の点検と見直しを行

い，確かな実践展開を期している先進例も各地で生まれている。地域福祉（活動）計画は，手間暇をかけて，科学的・民主的手順をふんで策定・推進するならば，その過程と結果において行政や社協，事業者の幹部・スタッフ集団および地域のリーダー・活動者・一般住民の意識向上・主体形成と協働志向にみるべき成果をもたらすものであることが確認されよう。換言すれば，「地域の福祉力」形成，「ソーシャル・キャピタル」や「ローカル・ガバナンス」形成に威力を発揮するといえよう。

　これからの地域福祉（活動）計画は，一連の策定・推進過程を通して，住民主体の福祉のまちづくりに向けて，①広く各階層の住民・職員・関係者の巻き込み，②地域福祉課題の共有，③取り組みへの合意形成，④意識変革・主体形成と活動おこし，以上4つのプロセスがラセン状に旋回する運動展開過程として組織的に追求される必要がある。

　行政の計画と社協の活動計画との関係性については，地域福祉推進をめざして公・民協働と役割分担のもとに取り組むことが基本である。一定の条件が備わるならば，公・民一体型で計画策定と見直しを行うことは可能で望ましい選択肢であろう。一般的には社協の活動計画策定を先行させ，そのなかに行政への要請・提言を明示し，行政の計画策定に協働しつつ民間・住民サイドの要請・提言を反映させていく必要がある。住民に最も身近な地区レベルにおける活動計画の策定・推進はおおいに推奨されてよい。特に平成の大合併以降，旧市町村や地区・集落レベルの地域福祉を確保する課題は重要であり，そのための地区別活動計画の策定・推進を行うとともに，合併自治体レベルの行政（活動）計画への反映を働きかけていくことが肝要である。

　今後地域住民の生活を取り巻く状況は厳しさを増すものとみなさざるをえないが，それゆえにこそ，地域の特性と住民の切実な生活課題に焦点をあわせた，地域福祉（活動）計画の科学的・民主的策定・推進を通して，住民の地域生活権を守り，住民自治・地方自治の確立につなげていく公・民の協働努力は一層重要課題となろう。

　そのなかで地域福祉推進への住民の関心・理解と参加・参画の裾野を大きく広げ，人権意識を高めて偏見・差別を取り除き，地域的孤立をなくす支援ネッ

トワークを構築することなども期待されよう。また，当事者の仲間づくりの支援を進め，地縁型住民組織と当事者組織，テーマ型市民活動・NPOとの連携・協働を図る課題もある。こうした地域福祉（活動）計画・推進に向けて，調査活動，情報・相談活動，住民懇談会，住民福祉教育・学習活動など組織化手法の開発・向上と駆使展開が求められよう。計画推進（進行管理）において達成状況をどのように評価するか，評価基準の開発も課題である。自治体行政や議会の地域福祉（活動）計画・推進への認識と積極姿勢が必要なことはいうまでもない。

　最後に，地域福祉推進に資する研究課題を2点指摘しておきたい。1点は，各地の先進的な地域福祉活動の事例（計画策定・推進を含む）を収集・分析し，それらの教訓を明らかにして普及に供することである。地域福祉分野では豊富な実践が積まれてきたにもかかわらず，意外に活動事例の研究方法が立ち遅れている。活動の事例研究作業は研究者と現場とが組織的に協働して行う必要があるが，そのため学会と社協組織がこれを支援・促進する方策を講じることを要請したい。

　2点めは，地域福祉の国際比較・交流の展開である。日本の地域福祉は国内だけの視野では独善的になりかねず，その特質や問題傾向は客観的に認識できないのではないか。視野を国際的に広げ，他国の地域福祉の事情を知り，自国と比べてみて共通点や類似性，違いが認識でき，自己覚知できるものといえよう。そしてお互いに理解を深め，学び合い，地域福祉の発展に向けて国際協力を行う必要がある。日本はこれまで西欧から一方的に摂取することが多かった。これからは日本の地域福祉実践を世界に発信する努力を払い，まずは近隣の東アジア諸国との比較・交流から始め，グローバルに展開していくことが課題である。これもまた学会・研究者と現場との組織的協働の課題である。すでに学会レベルで韓国・中国との国際比較・交流が開始されていることは心強い。今後さらなる発展を望みたい。

〔井岡　勉〕

あとがき

　井岡先生との出会いは，およそ30年前のことである。古い話である。私が大学院生の頃，同志社大学研究棟のある個人研究室を探していたところ，先生がご自分の部屋から顔を出され，親切にその場所を教えていただいたのが最初の出会いであった。このことが示すように，井岡先生は気さくで，実に心優しい方である。また当時を思い出すに，新進気鋭の研究者でおられた。社会福祉学の独自の視点，理論をもっておられ，地域福祉を語る際に，現代資本主義社会という枠組みから地域の諸問題を捉えておられた。視座として，市場経済のもとで住民の生活条件が不安定にさらされ，そこからさまざまな社会問題が生まれるところに着目されていた。したがって，その解決には社会運動・住民運動を必要とし，住民主体の原則——住民自治と参加・参画——にもとづく草の根活動の重要性を常に語っておられた。ここに，井岡理論のエッセンスがある。私事で恐縮であるが，私が福祉財政を研究するようになったのは，井岡先生のアドバイスによるものである。

　先生は1980年代にイギリス留学を果たされているが，その頃のイギリス福祉はバークレイ報告の時代である。帰国後，大変興味ある話を多くしていただいた。先生が発せられる言葉の1つひとつを心に刻み込んだものである。こうしてイギリス研究を通して，さらに先生への師事が強まったと思う。イギリスでのご友人も多く，"ベニオカ（Ben Ioka）"と呼ばれて，いまも慕われておられる。

　当事，先生のお人柄で授業は楽しかったが，議論は熱いものであった。ただ，講義の後で，ごひいきの阪神タイガースの成績にふれられることがあり，当時勝利に恵まれなかった阪神を懸命に応援されていた。最近では強い阪神がよみがえって，鼻高々，意気揚々である。

　最近では，科学研究費のプロジェクト「地域福祉の国際比較」に参加させていただいた。ヨーロッパ，東アジア，日本の地域福祉を比較する，まさに壮大

なプロジェクトである。この成果は近く公刊される予定である。国際比較の枠組みの構築も，井岡理論の魅力である。ご一読をお勧めしたい。

　教育者としては，先生はいつも暖かく学生を見守り，キャンパスでのファンはとても多い。卒業生は多士済々，福祉現場で活躍しており，イオカイズムを発揮している。

　今もなお先生はお若くて，颯爽とされている。もちろん研究への熱い姿勢にいささかも変わりはない。これからもご指導，叱咤激励を賜りたいとせつに願う次第である。

編者を代表して　山　本　隆

謝　辞

　本書は私の定年退職記念ということで，もともと木下武徳君（北星学園大学）ら教え子たちが提案し，牧里毎治先生（関西学院大学）や山本隆先生（関西学院大学）に編者と出版社への打診・交渉を依頼，幸い法律文化社が出版を引き受けてくださることとなりました。執筆者に長年交流の深い先生方や現場の方，教え子たちにお願いし，ここに多くの方々のご協力により上梓をみた次第です。この間私自身はほとんど関与せず，みなさまのご厚意・ご労苦にまかせきりでありました。正直言って，私のような非力で業績の乏しい者が，退職記念の出版をしていただくことなど，とても面映く，身に余る光栄である反面，逃げ出してしまいたいような恥ずかしさで一杯です。けれども，私個人の思いとは別に，みなさまの献身的なご協力によって，みごとに本書が仕上がり，世に送り出される運びとなりました。まことに有難く深謝申し上げるばかりです。

　いま地域福祉はますます脚光を浴びていますが，地域では格差社会と住民の生活不安・貧困化が進み，さまざまな地域生活問題が多発し，そのうえ社会保障・社会福祉の抑制・削減，庶民の増税や保険料，介護・福祉サービス利用料の負担増など高齢者・障害者・母子世帯を中心に地域住民および介護現場から悲鳴があがっています。今後も一層の厳しささえ予測されるなかで，住民主体のスタンスを貫いて地域福祉を推進していくことがとても重要になってきます。その意味で本書は示唆に富む諸論稿を収めており，研究・実践両面で参考になるものと確信します。

　牧里毎治先生と山本隆先生には超多忙のなか，格別のご厚意を以て編者の労をとっていただき，本書の刊行を導いてくださったことに対して，心より厚く御礼申し上げます。木下武徳君には企画・編集の裏方として，一方ならぬご苦労をかけ，申し訳なく衷心謝意を表します。大橋謙策先生をはじめ執筆者のみなさんにはご多用にもかかわらず，貴重なご論稿をお寄せいただき，まことに有難く，お一人お一人の厚い友情を胸に刻む次第です。法律文化社の秋山泰社

長には，出版事情の厳しいなかで，本書を出版してくださったことに対して深甚の謝意を表します。編集部の田靡純子さんには本書の編集・出版過程でいろいろと適切なご配意をいただき，お手数を煩わせるとともに，完成まで私たちを忍耐つよく励ましてくださったことを心より感謝いたします。

　読者のみなさまには本書をご一読のうえ，率直なご批評を賜れば幸甚です。

　　　　　　　　　　　　　　　　　　　　2008年4月　井岡　勉 記す

2008年6月5日　初版第1刷発行

住民主体の地域福祉論
―理論と実践―

監修　井岡(いおか)　勉(つとむ)

編者　牧里(まきさと)　毎治(つねじ)
　　　山本(やまもと)　隆(たかし)

発行者　秋山　泰

発行所　株式会社　法律文化社

〒603-8053　京都市北区上賀茂岩ヶ垣内町71
電話075（791）7131　FAX 075（721）8400
URL：http://www.hou-bun.co.jp/

©2008 T. Ioka, T. Makisato, T. Yamamoto Printed in Japan
印刷：共同印刷工業㈱／製本：㈱藤沢製本
装幀　白沢　正
ISBN 978-4-589-03101-3

佐藤　進・小倉襄二監修，山路克文・加藤博史編 **現代社会保障・福祉小事典** A5判・222頁・2520円	各項目を1頁または2頁の読み切りで解説。複雑化する諸制度の関連や脈絡をたどれるよう各項目の設定を工夫し，現在進行形の動態を立体的にとらえる。社会保障・社会福祉のいまを批判的に検証した「読む事典」。
橋本篤孝・古橋エツ子編集代表 **介護・医療・福祉小辞典〔第2版〕** B6判・274頁・1890円	研究者と専門家の共同執筆により介護に必要な基本的かつ重要な用語（約1500項目）を収録したコンパクトな辞典。試験対策だけでなく，介護現場で働く人にも最適。最近の法制度に対応して「地域支援事業」など用語を拡充。
武川正吾著 **地域福祉の主流化** ―福祉国家と市民社会Ⅲ― 四六判・224頁・2415円	社会福祉法成立（2000年）により位置づけられた，地域が基軸となって社会福祉を推進していく状況を「地域福祉の主流化」ととらえ，その背景や概念をさぐる。総合化と住民参加の理念をもとに地域福祉計画の具体策を示す。
真田　是・宮田和明・加藤薗子・河合克義編 **図説日本の社会福祉〔第2版〕** A5判・238頁・2625円	初版（04年）以降の制度の動向，改変をふまえ，加筆修正を施した最新版。人権としての社会保障の視点から，制度の現実を直視して問題点と課題を整理し，今後の展望を示す。左頁に本文，右頁に資料を収載したハンドブック。
山本　隆著 **イギリスの福祉行財政** ―政府間関係の視点― A5判・410頁・6825円	福祉の財源，権限，人員の視点から，1960年代以降の英国の社会福祉における中央政府と地方自治体の関係の内実を解明する。中央の役割，自治体の自主財源や政策決定での自律性，民間の規制等を通して福祉改革を学ぶ。
秋元美世著 **福祉政策と権利保障** ―社会福祉学と法律学との接点― A5判・228頁・3360円	社会福祉政策においてともすれば無視される福祉の権利について，その構造と特質を英米の理論と日本の福祉政策に基づき論究する。権利か裁量かの二者択一的な従来の議論に対して新しい権利保障の枠組みを提示する。

―法律文化社―

表示価格は定価（税込価格）です